POPULAIR

Mitch Prinstein

POPULAIR

De kracht van innemendheid in een wereld
geobsedeerd door status

Vertaald door Susan Ridder

Uitgeverij De Arbeiderspers
Amsterdam · Antwerpen

Voor SAMARA en MAX
en voor TINA,
de liefdes van mijn leven

Copyright © Mitchell Prinstein, 2017
This book is published by arrangement with Inkwell Management
Copyright Nederlandse vertaling © 2017 Susan Ridder/
BV Uitgeverij De Arbeiderspers, Amsterdam
Oorspronkelijke titel: *Popular. The Power of Likability in a Status-Obsessed World*
Oorspronkelijke uitgave: VIKING/Penguin Random House LLC, New York

Omslagontwerp: Bloemendaal & Dekkers
Omslagillustratie: iStock/Bloemendaal & Dekkers
Zetwerk Mat-Zet bv, Soest

ISBN 978 90 295 0670 0/NUR 770

www.arbeiderspers.nl
www.mitchprinstein.com

Inhoud

Woord vooraf

Zo'n twee jaar voordat dit boek af was ben ik er serieus aan gaan werken. Maar met het onderzoek dat ik ervóór gedaan heb, ben ik al veel eerder begonnen. Misschien al wel op de kleuterschool. Ik ben altijd geïnteresseerd geweest in het bestuderen van relaties met leeftijdgenoten en in psychologie in het algemeen. Ik weet nog dat ik een iq-test heb proberen te doen met aardappelkoekjes terwijl ik tussen de middag in de rij stond in de schoolkantine van de basisschool; toen ik in groep 6 zat, heb ik faseontwikkelingsmodellen op toetsen toegepast; en als tiener heb ik mijn eigen hiërarchische ordening gemaakt voor verschillende gradaties van populariteit. Deze voorbeelden zeggen twee dingen die relevant zijn voor dit boek. Ten eerste ben ik altijd al een psychologienerd geweest. En ten tweede was ik lang voordat ik wist dat ik *Populair* zou schrijven al bezig met het verzamelen van karakterschetsen van mensen die geen idee hadden dat hun ervaringen ooit als toepasselijke voorbeelden in dit boek gebruikt zouden worden. Ter bescherming van hun privacy en zoals op het gebied van de klinische psychologie gebruikelijk is, heb ik in alle verhalen die hierin zijn opgenomen de namen veranderd en onbelangrijke details weggelaten. Om de vertrouwelijkheid van sommige extra gevoelige voorbeelden verder te waarborgen zijn de verhalen over Steve en Peggy uit een aantal soortgelij-ke ervaringen opgebouwd.

Maar niet in alle verhalen zijn de namen veranderd. Mijn sterleerling aan de Yale-universiteit is Daniel Clemens. Onder-zoeken naar en citaten van openbare figuren en beroemdheden zijn ook niet aangepast, en als laatste zijn de verhalen over mijn eigen leven niet veranderd, voor zover ik weet.

Inleiding

Het was een bewolkte dag in de herfst van 1977 en het geluid van schreeuwende kinderen op een grasveld in Old Bethpage, New York, was enkele straten verderop nog te horen. Jongens en meisjes van de basisschool raakten in hoog tempo met een mysterieuze besmettelijke ziekte geïnfecteerd. Om de minuut werd er een kind ziek, dat dan door zijn leeftijdgenoten meteen gemeden werd; ze werden gemeden door degenen die even daarvoor nog hun vriendjes of vriendinnetjes waren geweest.

Kleine beentjes in geruite broekjes renden zo hard mogelijk weg om zich in veiligheid te stellen. De kinderen op het schoolplein vlogen alle kanten op. Sommige verstopten zich achter een boom, in de struiken of onder het klimrek, waar ze even op adem konden komen voordat ze weer wegrenden. De meeste meesters en juffen waren binnen, en de paar leerkrachten die er wel waren, stonden gewoon toe te kijken terwijl het ene na het andere kind aan de ziekte bezweek.

Ik ben opgegroeid in New York en was op de dag van de epidemie ook op dat schoolplein. Ik weet nog dat ik liep te schreeuwen en wegrende toen de kinderen om me heen ziek werden. Maar uiteindelijk kwam er hulp: Doug en Jill, twee van mijn klasgenoten, kondigden aan dat ze een middel hadden ontdekt dat zo goed werkte dat elk ziek kind genezen kon worden. Het geneesmiddel was krachtig en effectief, maar veel kinderen werden daarna toch weer ziek. Algauw zei een andere jongen, David, dat hij ook een geneesmiddel had, maar er waren maar weinig kinderen die zijn middeltje wilden. We wilden allemaal door Doug en Jill genezen worden. Aan het eind van de pauze was de grote luizenepidemie ten einde – tot de volgende dag, tenminste, toen die opnieuw uitbrak.

Ik kan me die dag en veel soortgelijke dagen nog goed herinneren. Ik weet nog hoe leuk het was om zorgeloos te gillen en weg te rennen. En ook toen al was ik geïnteresseerd in kinderen als Doug en Jill. Waarom waren zij leuker dan alle anderen? Waarom waren zij altijd het middelpunt van de aandacht?

Ik weet ook nog dat ik medelijden had met David, en hoe moeilijk het voor hem was om de interesse van de anderen te wekken. Waarom werd hij zo vaak genegeerd?

Het verschil was natuurlijk dat Doug en Jill populair waren en dat de rest van hun leven zouden blijven, en dat David dat niet was. Op die dag werd hem heel duidelijk wat zijn plaats in de sociale hiërarchie was.

Er zijn relatief weinig Dougs en Jills op de wereld, mensen die moeiteloos populair zijn waar ze ook gaan of staan. Er zijn er misschien in elke klas[1], in elk bedrijf of in elke groep maar een of twee van. Ook zijn er maar weinig Davids. Iedereen weet precies wie het zijn. In sommige gevallen staat de populariteitshiërarchie al vast wanneer kinderen nog heel jong zijn, maar zeker al in groep 1.

De meesten van ons zijn ergens in het midden beland en op een gegeven moment is op een of ander schoolplein onze relatie met populariteit ontstaan. We wisten dat we bewonderd werden en begonnen ons af te vragen hoe we onze invloed op anderen konden behouden, of we beseften dat er kinderen waren die populairder waren dan wij en begonnen naar meer aandacht en waardering van onze leeftijdgenoten te verlangen.

Onze positie in de sociale hiërarchie was toen heel belangrijk, en daar is een goede reden voor: populariteit is het meest waardevolle en voor iedereen beschikbare ruilmiddel van de jeugd. Maar ook onder mensen van andere leeftijden is populariteit iets wat gauw opvalt. Ik kan me nog herinneren dat de impopulaire kinderen op de basisschool moesten huilen als ze niet voor mochten gaan in de rij in de kantine, terwijl de populaire kinderen dat wel mochten. Toen we ouder waren, bepaalde onze populariteit met welke leeftijdgenoten we bevriend waren en met wie we zeker niet bevriend konden zijn. De statushiërarchie bepaalde zelfs waar we met ons groepje tijdens de lunchpauze in de kantine zaten. Toen we op de middelbare school zaten, praatten we bijna nooit met mensen die minder populair waren dan wij, en we hadden al helemaal geen afspraakjes met ze. We luisterden urenlang naar volwassenen die ons berispten omdat we niet genoeg tijd aan ons huiswerk besteedden of onze groenten niet opaten, maar wat voor ons belangrijk was, was of de populaire kinderen van school ons de volgende dag zouden groeten.

Nu we volwassen zijn, snappen we het advies van onze ouders veel beter. Onze cijfers waren inderdaad van invloed op onze opleiding, onze carrière en onze financiën, en onze eetgewoonten hadden gevolgen voor onze gezondheid en vitaliteit. De vraag is of hetzelfde geldt voor onze populariteit. Maakt het uit hoe populair we waren?

Het antwoord is ja. Toen was het van belang en dat is het nog steeds. Het zal je misschien verbazen hoe belangrijk het is dat we ons iets aantrekken van hoe populair we zijn.

Onze populariteit blijft ons leven lang van invloed, en vaak op manieren waar we geen idee van hebben. Dat weet je misschien ergens al wel. Is het niet interessant dat als we terugdenken aan wie het populairst of minst populair waren op de middelbare school, dat dezelfde gevoelens veroorzaakt als die we er toen bij hadden? Alleen het woord 'populair' al doet ons aan onze tienerjaren denken. We halen onze schooldiploma's, krijgen nieuwe vrienden, gaan stabiele relaties aan en bouwen onze carrière op, maar ergens diep vanbinnen weten we dat een deel van wie we nu zijn – onze eigenwaarde, onze onzekerheden en de successen of mislukkingen in onze carrière, misschien zelfs het feit dat we gelukkig zijn – beïnvloed is door hoe populair we destijds waren. Er is iets met betrekking tot onze populariteit in onze jeugd dat onderdeel blijft van wie we zijn, alsof het voor altijd in onze ziel verankerd is.

Misschien is populariteit nog steeds van invloed omdat dezelfde dynamiek nog steeds een rol speelt in ons dagelijks leven. Dat ziet er misschien wat anders uit dan in onze jeugd, maar we komen nog steeds op elk kantoor, op elke club en in elke buurt populaire en impopulaire mensen tegen. En de factoren die volwassenen populair maken, verschillen niet veel van wat op school belangrijk was.

Misschien vinden we populariteit nog steeds interessant omdat de meeste mensen, of ze het nou toegeven of niet, er nog steeds naar verlangen om populair te zijn. Dat oude verlangen is nog steeds van invloed, niet alleen op ons eigen leven, maar ook op de eigenschappen die door de samenleving het meest gewaardeerd worden. Dit is misschien zelfs wel meer dan ooit in de geschiedenis het geval. In een samenleving waarin langs elektronische weg genetwerkt wordt, kun je eindeloos lang adolescent blijven, is het meer dan ooit mogelijk om te verklaren waarom sommige mensen zo populair zijn, zijn er allerlei manieren waarop we deze mensen kunnen imiteren en met ze kunnen communiceren, en kunnen we zelfs onze eigen populariteit vergroten door middel van nieuwe creatieve platforms die iedere gemiddelde persoon de kans geeft om populair te worden, al is het maar voor even. Ook ons privéleven wordt door dit verlangen beïnvloed. Onze onuitgesproken behoefte om populair te zijn beïnvloedt de beslissingen die we nemen, de soort relaties die we opbouwen, en zelfs hoe we onze kinderen opvoeden, iets waar we ons meestal niet eens van bewust zijn. En als we niet uitkijken, kunnen deze verlangens ons uiteindelijk ook heel ongelukkig maken.

Populariteit is een onderwerp waar andere sociale wetenschappers en ik al decennialang in geïnteresseerd zijn, en de resultaten van duizenden onderzoeken hebben van alles aan het licht gebracht over de oorsprong en het belang ervan in de omgang met anderen. Wat we geleerd hebben is dat populariteit een zekere paradox is: het verlangen om populair te zijn is een fundamenteel kenmerk van de menselijke natuur, maar dat betekent niet dat populair zijn altijd goed is voor ons.

In de tijd dat ik op het schoolplein in Old Bethpage rondrende, gebeurde er iets heel interessants op het gebied van de psychologie. Tot dan toe werd de discipline gedomineerd door freudiaanse ideeën over het id, het superego en zelfs onbewuste seksuele verlangens. De meeste wegen om onze gevoelens en ons gedrag te verklaren leidden uiteindelijk naar de moeder en de manier waarop haar manier van opvoeden een bepaalde persoonlijkheid vormde.

Maar van de jaren vijftig tot zeventig, waarin veel veteranen van de Tweede Wereldoorlog en de oorlogen in Korea en Vietnam psychische hulp nodig hadden, begon de Amerikaanse regering als nooit tevoren initiatieven op het gebied van de geestelijke gezondheid te financieren[2]. Zo werd het National Institute of Mental Health (Nationaal instituut voor geestelijke gezondheid) opgericht, het uitkeringssysteem Veterans Affairs werd in het leven geroepen, aan Amerikaanse universiteiten werden vakgroepen psychologie opgericht en er werd een veel uitgebreidere versie van de op wetenschappelijk onderzoek gebaseerde *Diagnostische en statistische handleiding voor psychi-*

sche aandoeningen (DSM) geschreven. In die tijd ontstond de moderne psychologie, en het bracht een enorme toename van grondig wetenschappelijk onderzoek met zich mee.

Veel onderzoek dat destijds gefinancierd werd door de staat, was erop gericht te verklaren waarom sommige soldaten eervol dienden en andere oneervol ontslagen werden,[3] wat de regering miljoenen kostte en militaire missies in gevaar bracht. De psychologen onderzochten niet alleen de gevechtservaring van hun studieobjecten, maar ook hun IQ, schoolprestaties, socio-economische status, de band met hun ouders, psychische aandoeningen en of ze een agressieve achtergrond hadden. Wat de psychologen ontdekten was volkomen onverwacht: een van de meest bepalende factoren die verklaarde hoe een soldaat functioneerde in het leger was hoe populair hij was geweest op de basisschool. Hoe populair een soldaat op de basisschool was voorspelde zelfs zijn gedrag nadat rekening was gehouden met alle andere factoren die de onderzoekers in aanmerking namen.

In de twee decennia die volgden leverden verscheidene onderzoeken onder niet-militairen[4] vergelijkbare resultaten op wat betreft het belang van populariteit. Meer nog dan onze intelligentie, familieachtergrond, eerdere psychische aandoeningen en de relatie met onze moeder voorspelt hoe populair we waren hoe gelukkig we worden als volwassene. Gaan we 's morgens met plezier naar ons werk of niet? Is de relatie met onze partner gelukkig of wordt die gekenmerkt door conflicten? Beschouwen we het ouderschap als plezierig of als een last? Leveren we belangrijke bijdragen in ons leven? Hebben we het gevoel dat we een gewaardeerd lid van de samenleving zijn? De antwoorden op deze vragen kunnen allemaal worden teruggevoerd op het schoolplein van onze jeugd.

Een wereldwijd onderzoek[5] dat door mijn eigen team is gedaan, heeft aangetoond dat de kans groot is dat volwassenen die populair waren in hun jeugd een gelukkig huwelijk en een betere relatie met hun collega's hebben, en dat ze geloven dat ze het goed doen in de maatschappij. Mensen die herinneringen aan een impopulaire jeugd hebben, geven juist het tegenovergestelde aan.

Populaire kinderen hebben later meer academisch succes[6], sterkere persoonlijke relaties[7] en ze verdienen meer[8], terwijl degenen die impopulair waren een grotere kans lopen op een verslaving[9], obesitas[10], angstgevoelens, depressiviteit[11], problemen op het werk[12], crimineel gedrag[13], verwondingen, ziektes[14] en zelfs zelfmoord[15]. We begrijpen nu ook dat populariteit onze hersens zodanig beïnvloedt dat onze perceptie van andere mensen, onze emoties en de manier waarop ons lichaam op stress reageert erdoor veranderen. Zoals in dit boek beschreven wordt, kunnen onze ervaringen met populariteit zelfs ons DNA veranderen.

Er wordt in *Populair* gekeken naar de invloed die populariteit op ons leven van nu heeft, ook al beseffen we dat niet. We vragen ons af waarom populariteit belangrijk was voor de mens die tienduizenden jaren geleden leefde en hoe dat in de eenentwintigste eeuw zit. We reizen van de krochten van Google naar ons eigen huis, en duiken diep in de structuur van onze hersenen en individuele cellen. Tegen de tijd dat je dit boek uit hebt, zal het je verbazen hoe groot de invloed van populariteit nog steeds is op ons leven.

Het zijn echter niet altijd de populairste mensen die het gelukkigst zijn. Dat komt omdat er meerdere soorten populariteit[16] zijn. Iedereen die naar de middelbare school is geweest, zal zich herinneren dat sommige populaire tieners – de populairste jongen of het populairste meisje van de klas of school – ook door veel mensen gehaat werd. Dat lijkt tegenstrijdig, maar het geeft aan dat de meeste mensen die in één opzicht populair zijn, dat in andere opzichten niet zijn. De eerste vorm van populariteit geeft iemands *status* weer: of iemand bekend is, door veel mensen geïmiteerd wordt en anderen zijn of haar wil kan opleggen. Als pubers noemden we zulke jongeren populair, maar uit onderzoek blijkt dat deze jongeren een hoog risico lopen op verschillende problemen wanneer ze ouder zijn. De andere vorm van populariteit is *innemendheid* (vriendelijkheid). Deze vorm van populariteit hebben de mensen die we graag mogen, die we vertrouwen, en de mensen die ons gelukkig maken wanneer we bij hen zijn. Natuurlijk zijn status en vriendelijkheid niet alleen relevant op de middelbare school, ze spelen ook een cruciale rol in de sociale hiërarchie van volwassenen. Maar veel mensen beseffen niet dat er een onderscheid bestaat tussen deze heel verschillende vormen van populariteit en blijven hun leven lang op zoek naar de verkeerde vorm.

Ik heb *Populair* geschreven met als doel je te helpen dit tijdloze en universele onderwerp – dat ons allemaal bezighoudt en diep raakt – beter te begrijpen en om inzichten te bieden die jou op minstens vijf manieren in het dagelijks leven kunnen helpen. Ten eerste hoop ik iets te kunnen betekenen voor degenen die op school weleens bezorgd, teleurgesteld of onzeker zijn geweest over hun populariteit. Mijn bedoeling met dit boek is te helpen die ervaringen te begrijpen en een plek te geven, en uit te leggen dat het soort populariteit waar deze mensen voor hun gevoel zo'n gebrek aan hadden niet per se zo geweldig is als het lijkt.

Ten tweede hoop ik dat *Populair* een heroverweging stimuleert van de huidige relatie tussen onze cultuur en het begrip populariteit. De maatschappij is gefixeerd geraakt op status en alles wat daarbij hoort – roem, macht en rijkdom – ook al heeft onderzoek uitgewezen dat dit precies is wat we moeten vermijden als we een cultuur van vriendelijkheid en tevredenheid willen cultiveren. Dit gaat ons allemaal aan, maar het is vooral van belang voor de jeugd, die opgroeit in een maatschappij waarin zoveel waarde aan status wordt toegekend dat het gevaarlijk kan zijn.

Ten derde hoop ik dat dit boek je zal helpen beter na te denken over de keuzes die je in het dagelijks leven maakt. Hoe vaak nemen we geen beslissingen waarvan we denken dat ze ons meer macht en invloed zullen bezorgen zonder te beseffen dat we onwillekeurig onze kansen op geluk ondermijnen? Hoeveel energie verspillen we niet aan het opkrikken van ons imago vanwege onze misvattingen over hoe we het best waardering van anderen kunnen krijgen? Van hoeveel invloed is ons blijvende verlangen om populair te zijn op ons gedrag zonder dat we het ons realiseren?

Ten vierde geeft *Populair* ouders informatie om te kunnen beslissen of ze willen dat hun kinderen populair worden, en laat het zien welke vorm van populariteit hun kinderen in de toekomst waarschijnlijk het best van pas zal komen. In een wereld waarin pesten en buitensluiten een ernstig probleem voor de volksgezondheid vormen, is het belangrijk dat ouders en verzorgers begrijpen welke jongeren pestkoppen worden, wie waarschijnlijk het slachtoffer van pesten wordt en wat onderzoeksresultaten ons vertellen over de beste manier waarop we tegenwoordig kinderen kunnen opvoeden.

Ten laatste hoop ik dat *Populair* iedereen zal helpen die onbewust zijn middelbareschooltijd herleeft en een patroon van interpersoonlijke ervaringen herhaalt dat jaren geleden begon met zorgen over populariteit. Degenen die impopulair waren blijven zich maar al te vaak hun leven lang afgewezen voelen – thuis, op het werk en zelfs door mensen van wie ze houden. Mensen die populair waren lopen het risico om het patroon te herhalen dat destijds werkte, maar dat hen nu niet meer gelukkig maakt. Hoe meer we begrijpen over populariteit en over de manier waarop die van invloed is op ons leven, hoe groter de kans dat we de cyclus van interpersoonlijke ervaringen die destijds op school begon kunnen doorbreken. En hoe groter onze kans is op betekenisvolle, voldoening schenkende relaties met anderen.

DEEL I

De vormen van populariteit die
tegenwoordig op ons van invloed zijn

1

Het schoolplein van de volwassenen

Populariteit is nog steeds van belang

Populariteit helpt je geen zier na de middelbare school;
het is zelfs het laatste waar je aan denkt.

ANONIEM

Op een dinsdagavond in oktober probeerde een vrouw in een
korte rok op een elegante manier op een stoel te zitten die voor
een kind was gemaakt. Dat was Paula, een vriendin van mij uit
mijn studietijd. Toen ik Paula voor het eerst ontmoette, had ze
bruin, rommelig haar en was ze kort daarvoor flink afgevallen.
Nu werkt ze als verpleegster op de eerste hulp. Ze is getrouwd,
heeft twee zoons en houdt van de nieuwste mode – ze koopt vaak
nieuwe schoenen en trendy handtassen. Toch ziet ze zichzelf
meestal nog als 'dat dikke meisje met het slordige kapsel' en die
dinsdagavond, vlak voor de vergadering van de schoolleiding
van de middelbare school van haar zoon, zo'n twee uur rijden
van Chicago, stuurde ze me een sms'je. 'Het komt allemaal weer
boven nu ik hier zit. De plagerijen, de angst, het huiswerk. Het
voelt alsof er op elk moment iemand een propje naar me kan
schieten. :)'

Paula was op de vergadering om te proberen geld los te krijgen voor een programma voor hoogbegaafde kinderen dat ze

heel graag voor haar kinderen wilde. Na zes maanden proberen zonder enige vooruitgang te boeken begon ze haar geduld te verliezen. Ze had een duidelijk voorstel geschreven, een begroting gemaakt, informatie over vergelijkbare programma's in omliggende wijken verzameld en zelfs een paar leerkrachten gevraagd om haar idee te steunen.

'Als we een beter programma voor hoogbegaafde kinderen hebben, zullen minder ouders hun kinderen naar de plaatselijke privéschool sturen,' had ze gesteld. 'Als het bestaande schoolsysteem bijzonder getalenteerde kinderen weet te behouden, zal dat tot betere toetsresultaten leiden en zal de hoeveelheid subsidie weer het niveau van drie jaar geleden bereiken. Het programma zal zich in feite terugbetalen.' Maar een maand eerder had de schoolleiding besloten om geld te besteden aan de bouw van een koffiekamer.

Een paar dagen later vroeg ik Paula hoe haar bijeenkomst was verlopen. Ze vertelde me dat er vlak voor aanvang van de vergadering ene Susan arriveerde.

'Ze kwam binnen, waarschijnlijk alleen maar om haar nieuwe Birkin-tas te showen, en keek de zaal rond alsof we rozenblaadjes om haar heen moesten strooien of zo,' zei Paula.

De dochter van Susan zat in dezelfde klas als de zoon van Paula. Het was de eerste keer dat Susan op een vergadering van de schoolleiding kwam. Een aantal andere ouders in de zaal zag haar en zwaaide enthousiast. Een van de vrouwen rende meteen naar haar toe, omhelsde haar en riep: 'Jeetje, dat is lang geleden, we moeten weer eens bijkletsen!'

'Bah, ik vond het zó irritant dat iedereen zo slijmde bij die Susan,' vertelde Paula me. 'Maar ik heb haar ook maar omhelsd.'

De vergadering begon en de voorzitter begon met vragen naar ideeën om het imago van de school in de omgeving te versterken. Na een paar minuten stond Susan op en sprak de aanwezigen toe.

'Ik ben het ermee eens dat we moeten nadenken over de vraag hoe we ervoor kunnen zorgen dat onze school zich meer onderscheidt. Ik was vorige week op bezoek bij mijn zus in Michigan en een paar kinderen van het programma voor hoogbegaafde kinderen op de middelbare school van haar kids hadden net een wetenschapstoernooi gewonnen. Prompt stond de school in de krant en gaf de geneesmiddelenfabrikant die het toernooi had gesponsord de school een grote som geld. Waarom doen we dat hier niet? Hebben we eigenlijk wel een programma voor hoogbegaafde kinderen?'

Binnen een halfuur stemde de schoolleiding voor meer geld voor het programma. Paula was blij en woedend tegelijk. Aan de ene kant was het geweldig nieuws voor haar zoon, maar aan de andere kant was het Susan in een paar minuten gelukt voor elkaar te krijgen wat Paula in zes maanden niet was gelukt. Susan had geen nieuwe argumenten aangevoerd of onderzoeksresultaten laten zien over financieringstrends bij scholen. Maar op de een of andere manier klonken haar ideeën gewoon aantrekkelijk.

'Iedereen is altijd zo enthousiast over wat Susan wil,' klaagde Paula. 'Ik kan het soms niet uitstaan.'

Joe is docent aan een bekende universiteit. Hij geeft er al tien jaar les, maar is niet aan de beurt voor een promotie. Zijn collega Franklin is drie jaar langer docent en heeft een indrukwekkend aantal wetenschappelijke artikelen gepubliceerd. Franklin heeft het afgelopen jaar een prestigieuze beurs gekregen voor zijn werk, en een gerenommeerd tijdschrift heeft een van zijn artikelen als hoofdartikel geplaatst, wat aangeeft dat zijn onderzoek van grote invloed is op het vakgebied.

Joe heeft ook gepubliceerd, maar in tijdschriften van een veel lager niveau, en hij heeft nooit een beurs gekregen.

Toch houdt iedereen van Joe. Hij heeft altijd wel iets grappigs te vertellen op faculteitsvergaderingen. Hij loopt vaak door de gangen van zijn vakgroep, voert energieke gesprekken in deuropeningen en is altijd ruimdenkend als het om meningen over het reilen en zeilen van de vakgroep gaat. Mensen glimlachen automatisch wanneer ze hem zien.

Met Franklin is dat anders. Hij is zo tegendraads dat zijn naam in de vakgroep als bijvoeglijk naamwoord wordt gebruikt, bijvoorbeeld: 'Laten we dit op het lijstje zetten van zaken waar overeenstemming over is, zodat niemand er nog Franklin over gaat doen.'

Op een van de faculteitsvergaderingen stond een discussie op de agenda over de vraag welk vak onderdeel moest worden van een tweede hoofdstudie voor bachelorstudenten. Een commissie die de afgelopen drie maanden aan een voorstel had gewerkt, gaf een overzicht van de voor- en nadelen van de twee vakken die in aanmerking kwamen en vroeg om een reactie en vragen. Toen Franklin zijn hand opstak, ging de rest van de faculteit verzitten en vermeed oogcontact met hem.

'Ik weet eigenlijk niet waarom we een tweede hoofdstudie willen,' zei hij. 'Ik zeg al jaren dat dit grote tijdverspilling is en dat het enorm belastend is voor onze docenten, en ook voor ons. Ik heb hier vorige week drie uur lang met studenten over gesproken, en ik weet echt niet waarom we dit overwegen. Eén hoofdstudie is genoeg voor onze vakgroep!'

Overal in de zaal klonk gekreun. Veel faculteitsleden bogen hun hoofd, zogenaamd om hun telefoon te checken. Na een ongemakkelijke stilte vroeg de voorzitter of er nog meer opmerkingen waren. Een paar mensen prezen de commissieleden om hun werk en gaven een duidelijke reden waarom een bepaald vak onderdeel van de hoofdstudie moest worden. Al snel werd duidelijk dat de meerderheid vóór was en werd er overal in de zaal enthousiast geknikt.

Franklin was echter niet overtuigd. 'Luister, dit is echt een grote vergissing,' viel hij de volgende spreker in de rede. 'Jullie zullen allemaal wensen dat jullie deze tweede hoofdstudie hadden tegengehouden toen het nog kon,' waarop hij boos zijn iPad pakte en zich de rest van de vergadering afzijdig hield.

Twee weken later was er een vacature voor een hogere positie dan die van Franklin en Joe. Joe kreeg de positie aangeboden.

Jennifer is een succesvol statisticus die bij een door de overheid gefinancierd onderzoekslab werkt, waar nieuwe medicijnen voor kanker worden getest. Op haar vijfendertigste was ze al hoofd van haar afdeling op het instituut, en de voorzitter van de landelijke beroepsvereniging voor statistici. Ze is zelfs uitgenodigd op het Witte Huis als lid van een groep deskundigen. Ze houdt verder ontzettend veel van de vrouw met wie ze al vijftien jaar is getrouwd, een oncoloog.

Maar Jennifer is niet gelukkig. Ze is zelfs regelmatig neerslachtig. Ook al weet ze dat ze het professioneel goed doet, ze blijft maar het gevoel houden dat ze minderwaardig is in vergelijking met haar collega's. Verder komt die zwaarmoedigheid tot uiting in haar relaties met anderen. Haar vrouw zegt vaak dat ze heel veel van haar houdt, maar toch heeft Jennifer voortdurend het gevoel dat er over haar geoordeeld wordt en dat ze bekritiseerd wordt. Zelfs bij vrienden en collega's heeft ze het gevoel dat iedereen plannen heeft, maar dat zij wordt buitengesloten. Ze zijn allemaal zo arrogant, denkt ze. Maar ze zijn geen haar beter dan ik.

Dus toen Jennifer gevraagd werd om een team te leiden in een gebied in North Carolina dat ook wel de Research Triangle wordt genoemd, een team dat een prestigieuze subsidie had gekregen, verhuisde ze graag. Ze koos ervoor om in de wijk Southern Village in de stad Chapel Hill[1] te gaan wonen.

Als statisticus sprak het haar aan dat deze wijk gebouwd was op basis van modern stadsplanningsonderzoek. De mengeling van appartementen, stadshuizen en eengezinswoningen die om het ouderwetse centrum lag was ontworpen ter bevordering van betrokkenheid in de gemeenschap en sociale interactie. De principes die aan het stadsplan ten grondslag lagen leken te werken: het stadscentrum werd inderdaad het middelpunt van bijna utopisch vriendelijke gesprekken. Op de eerste woensdag van de maand werd er een hondenparade in de wijk gehouden. Op vrijdagavond kwamen de wijkbewoners bijeen op het grasveld midden op het plein om te picknicken en naar films te kijken. Dit is een plek waar ik me thuis zal voelen, dacht Jennifer.

Maar na zes jaar was er nog niet veel veranderd voor haar. Jennifer hoorde haar collega's nog steeds plannen voor na het werk maken, maar ze werd nooit uitgenodigd om mee te doen. Als ze op filmavonden naar het grasveld ging, stoorde ze zich aan het feit dat iedereen die voorbijkwam meer met haar echtgenote praatte dan met haar. En het irriteerde haar vooral dat de buren 's morgens aan het eind van haar oprit gezellig met elkaar gingen staan praten. 'Ik weet niet wat ik misdaan heb,' zei ze eens tegen me, 'maar ze vragen nooit of ik mee ga hardlopen of naar yogales of wat dan ook, zelfs als ik pal naast ze sta!'

Alan is zesenveertig jaar oud en heeft een zwak voor taart. Hij heeft een prachtig kantoor in het centrum van Sunnyville, maar hij had de hele week al niet achter zijn bureau gezeten. In plaats daarvan zat hij aan de laatste tafel in een plaatselijk restaurant om vanuit de enorme erker bij zijn tafel van het uitzicht te genieten. Op een heldere dag was het de ideale plek van waaruit je het hele winkelgebied in het centrum kon zien en die middag had hij niet alleen zijn eigen tafel, maar ook die naast hem vol mappen, post-its en stapels papier liggen, waar hier en daar een strategisch geplaatste lege kop koffie op stond.

Niemand in dat restaurant in Sunnyville leek het erg te vinden. Een van de serveersters, Lateesha, zwaaide naar hem toen ze met haar dienst begon.

'De dag begint pas wanneer ik jou zie!' riep Alan. Lateesha lachte en hield speels een theedoek voor haar gezicht.

Toen Donna, de medewerkster die de gasten ontvangt en die recent gescheiden was naar zijn tafel kwam, pakte hij met beide handen haar hand vast en vroeg: 'Hoe gaat het met je?'

Zelfs de kok glimlachte en knikte naar hem toen hij naar de voorkant van het restaurant liep. 'Beste taart ooit!' zei Alan met zijn mond vol.

Om een uur of vijf werd Alan begroet door Mike, een collega van het vastgoedbedrijf waar hij eerder werkte.

'Het lijkt wel of je hier je intrek hebt genomen,' grapte Mike. 'Werk je aan een presentatie?'

'Yup, noorden van de stad. Vier hectare, verschillende typen woning plus een nieuw hotel,' antwoordde Alan terwijl hij op het koffiekopje aan de rand van de tafel wees. Terwijl Mike hem vragen stelde over het project, gaf Alan met een laserpen de omtrek van het project aan, de beek die erdoorheen zou lopen en het cluster nieuwe appartementen, dat werd aangegeven door een suikerpot midden op tafel.

Mike had minstens een minuut lang niet met zijn ogen geknipperd terwijl hij naar Alans plannen luisterde en schudde uiteindelijk zijn hoofd. 'Je hebt wel lef, man. Het noorden? Hier in Sunnyville? Je weet dat ze óns hebben afgewezen toen wij daar vorig jaar een presentatie voor deden? "Er komt deze generatie geen enkele nieuwbouw in dat deel van de stad," zeiden ze tegen ons. Veel geluk ermee, je zult het nodig hebben!'

Alans presentatie voor het stadsbestuur duurde meer dan drie uur en voor het grootste deel zag het er niet best uit. Al na een kwartier vielen twee bestuursleden hem in de rede en zeiden dat ze het project niet konden subsidiëren.

'Dit is geen goede investering voor Sunnyville,' verklaarde een van hen. 'Alleen al de implicaties voor het verkeer en de wegreparaties zijn veel te groot om welke vorm van gemengde woningbouw in dat deel van de stad dan ook serieus te overwegen.'

Maar Alan hield vol, gewapend met grafieken, archiefmateriaal uit het stadsarchief, en verklaringen van experts over woningen die hij in de buurt had laten bouwen en die daar zeer positief over waren. Maar Alan bleef vooral rustig, vriendelijk en enthousiast terwijl hij over de details van zijn plannen vertelde. Toen iemand twijfels had over de geschatte kosten van het project, glimlachte hij, deed een stap terug en legde de vragensteller rustig zijn cijfers voor. Toen de leden van het bestuur hem aan de tand voelden over zijn ideeën over mogelijk commercieel gebruik van de nieuwbouw, bleef Alan vastberaden maar stond ook open voor nieuwe ideeën. Toen ze de door hem voorgestelde tijdsduur in twijfel trokken, maakte hij een grapje en stemde met hun beoordeling in.

Om negen uur 's avonds waren de leden van het stadsbestuur zo ver dat de aanwezige inwoners van de stad vragen konden stellen. Een van hen had kritiek op Alans voorstel en schreeuwde zelfs een belediging naar hem. Alan reageerde zonder omhaal en cijferde zichzelf zelfs weg. Toen andere inwoners hem complimenteerden, was hij bescheiden en toen ze zichzelf voor schut zetten door onbegrijpelijke vragen te stellen, redde hij hun waardigheid. Na een half uur discussiëren was het uiteindelijk tijd om te stemmen.

Het voorstel werd unaniem aangenomen. De aanwezigen applaudisseerden en Alan had de grootste deal van zijn carrière gesloten. Veel mensen waren enthousiast over de veranderingen die er in hun stad zouden komen. Maar toen sommige hem de hand schudden en hem feliciteerden, leek het alsof ze eerder hém hun steun betuigden dan zijn voorstel.

Nadat iedereen de zaal had verlaten bleef Alan nog even verbaasd zitten. Mike had de hele bijeenkomst bijgewoond en liep nu naar Alan toe om hem te feliciteren.

'Ik ben echt blij dat ik die archiefstukken erbij heb gehaald,' zei Alan. 'Ik denk dat die hen over de streep hebben getrokken.'

Mike schudde zijn hoofd en gaf zijn vriend een klopje op de schouder. 'Het waren de archiefstukken niet,' zei hij. 'En ook niet de experts. Zelfs niet de kansen die je ze hebt geboden. Wij hebben dat vorig jaar ook allemaal gedaan, maar ze hebben niet één voorstel aangenomen. Het lag aan jou, man. Ze hebben niet voor het project gestemd, maar voor jou.'

Iedereen kent wel zo'n verhaal. Sommige buren en collega's hebben altijd succes, en niet om redenen die je zou verwachten, terwijl andere altijd aan het kortste eind trekken, hoe ze ook hun best doen. We kennen allemaal wel mensen die zich in elke context buitengesloten voelen, terwijl andere een mysterieus zelfvertrouwen en voortdurend succes bij hun medemens hebben. We denken misschien dat we de mores van de middelbare school achter ons hebben gelaten, maar populariteit speelt nog steeds een grote rol op het schoolplein van de volwassenen. Het is de enige factor waar niemand het echt over heeft, maar hij maakt een groot verschil in ons leven. De dynamiek van populariteit is van invloed op onze carrière, op het bereiken van onze doelen, op onze persoonlijke en werkgerelateerde relaties, en op ons geluk.

Ook ik wist niet dat populariteit nog steeds zo'n grote rol speelt onder volwassenen, totdat mijn eigen studenten me een lesje leerden.

In augustus 2001 gebeurde er iets vreemds op de campus van de Yale-universiteit. Ik was kort daarvoor in dienst getreden als docent psychologie bij de vakgroep psychologie en stond op het punt mijn eerste college te geven van een collegereeks die ikzelf had geschreven over populariteit onder kinderen en jongeren. Je hoefde je op Yale niet van tevoren op te geven voor een collegereeks, dus iedereen die voor het eerste college kwam opdagen, was welkom zich ervoor in te schrijven. Ik had een klein lokaal toegewezen gekregen, omdat er zo'n vijfendertig studenten werden verwacht.

Toen ik het gebouw naderde, zag ik een hele menigte bij de ingang. Ik nam aan dat er een brandoefening werd gehouden, dus bleef ik een tijdje buiten staan en begon met de studenten te praten. Algauw ontdekte ik dat er helemaal geen sprake was van een brandoefening en dat ze allemaal stonden te wachten omdat ze mijn college wilden bijwonen. Allemaal!

Ik baande me een weg door de menigte buiten, in de gangen en op de trap naar boven, totdat ik bij het lokaal kwam. Intussen vroeg ik me almaar af: was iedereen daar echt om over populariteit te leren? Voor het volgende college kreeg ik de collegezaal van de vakgroep rechtsgeleerdheid toegewezen, de grootste op de hele campus, en aan het eind van de eerste week had een op de tien bachelorstudenten zich ingeschreven. Het waren meer dan 550 studenten. In de loop van de collegereeks werd ik door bestuurders van de universiteit, wetenschappelijk adviseurs voor nationale jeugdorganisaties en door ABC News benaderd. Het ging als een lopend vuurtje: 'populariteit' was populair. Maar waarom?

In het begin zeiden de meeste mensen over het grote aantal inschrijvingen voor mijn collegereeks zoiets als: 'Natuurlijk is het druk, dit is Yale. Dit zijn de studenten die op de middelbare school door pestkoppen werden geterroriseerd, en die zitten nu allemaal in jouw lokaal om betere sociale vaardigheden te leren.'

Maar deze verklaring bleek helemaal niet te kloppen. Er zaten allerlei verschillende studenten in de groep. Er waren er zeker bij die als kind waren afgewezen, maar andere waren bijzonder populair. Sommige waren de zoon of dochter van een Senaatslid of regeringsadviseur, andere waren uitstekende atleten. Eén student was filmster, enkele waren muzikale wonderkinderen die de hele wereld al waren rondgereisd, en andere werkten 's zomers als assistent op het Witte Huis. De groep bevatte toekomstige artsen en advocaten, wetenschappers en politici, economen en ceo's die op de Fortune 500-lijst staan. Een van hen werd bestsellerauteur, een ander kreeg later een Rhodes-beurs.

'Wat doen jullie hier allemaal?' vroeg ik de studenten in de loop van het semester.

Ze vertelden me dat hoewel ze de tijd van het schoolplein en de schoolkantine al lang achter zich hadden gelaten, ze nog steeds in een wereld leefden waarin populariteit een grote rol speelde. Tijdens hun zomerstage zagen ze dat populariteit een rol speelde in directiekamers, operatiezalen en klaslokalen. De basketbalspelers zagen het op het basketbalveld, en de juridisch assistenten vertelden dat het verschil maakte in een jury. De studenten die als assistent bij het Congres werkten, merkten zelfs dat populariteit van invloed was op beleidsbeslissingen van de regering. Maar ze merkten het vooral bij zichzelf, in de wetenschap dat de mate van populariteit die ze als kind hadden, hen waarschijnlijk zou blijven achtervolgen. Onze ervaringen met populariteit blijven altijd in ons achterhoofd zitten. We hebben de middelbare school nooit echt achter ons gelaten.

Jaren later vroeg ik me af of populariteit nog steeds een rol speelde in het leven van de studenten die de eerste populariteitscolleges in New Haven volgden, die inmiddels volwassen waren geworden. En ik wist precies wie ik daarvoor moest bellen.

Ook al werd de collegereeks door honderden studenten gevolgd, Daniel Clemens viel op omdat iedereen hem kende, respecteerde en aardig vond. Iedere docent en student op de campus glimlachte bij het horen van zijn naam. Hij was een bijzonder goede tennisser die op nationaal niveau speelde, hij blonk uit op de middelbare school, en toen was hij naar Yale gegaan, waar iedereen briljant was. Maar ook in die indrukwekkende groep viel hij op. Hij was buitengewoon vriendelijk, respectvol, positief en energiek, maar hij werd door zijn leeftijdgenoten toch als weergaloos cool gezien. Hij was de populairste student in de groep die mijn colleges over populariteit volgde. Tegen het eind van zijn doctoraalstudie kreeg hij de Rhodes-beurs toegekend.

Nu is Daniel in de dertig, en hij is precies geworden wat je van hem zou verwachten: zorgzaam, energiek, bescheiden en aardig. Daniel heeft in de afgelopen tien jaar verscheidene miljoenenbedrijven opgericht en verkocht.[2] Als je weleens gebruikt hebt gemaakt van Google Docs, is Daniel een van de mensen aan wie je dat te danken hebt, omdat zijn bedrijf een van de bedrijven was die het mogelijk hebben gemaakt die applicatie voor live samenwerking te gebruiken. Na jaren voor Google aan strategische initiatieven te hebben gewerkt, is hij nu een gewilde investeerder en directieadviseur van de succesvolste CEO's en ondernemers ter wereld. Hij is verder regelmatig keynotespreker op businessopleidingen, adviseur voor ondernemers in heel Amerika, en hij mag voormalige Amerikaanse presidenten, leden van het Congres, minister-presidenten en CEO's van grote wereldmerken als Google en Apple tot zijn persoonlijke vrienden rekenen.

Daniel gelooft dat populariteit een grote rol speelt op het schoolplein van de volwassenen, en dat die van invloed is op de innovatie en productiviteit van bedrijven overal ter wereld. Hij ziet iets heel puberaals op het werk dat hem bijna dagelijks aan mijn colleges doet denken, vertelde hij me. Het is een dynamiek die in elke bijeenkomst tot uiting komt en van invloed is op elke beslissing die er genomen wordt.

'Dit is wat er gebeurt,' vertelde Daniel. 'Na een vergadering komt iedereen in groepjes van twee of drie bij de waterkoeler staan en hoor je wat mensen wérkelijk denken; dingen waar tijdens de vergadering niet over gepraat is. Ik verbaas me over het grote verschil en vraag me af: waarom die kloof?'

Daniels theorie is dat efficiënte besluitvorming in de zakenwereld belemmerd wordt door populariteit. Tenminste, de angst om die te verliezen. 'Mensen willen niet hun status verliezen of dat mensen hen niet mogen,' zegt hij. 'Er is binnen een bedrijf vaak sprake van dat mensen zich aan de norm aanpassen, met de kudde meelopen, anderen volgen. Mensen zijn bang om te zeggen wat ze denken. Ik vind het heel interessant dat we overschatten hoeveel zelfvertrouwen de mensen om ons heen hebben, en dat dit nog steeds het geval is bij mensen van in de dertig, veertig en vijftig. Ze hebben nog steeds behoefte aan waardering van hun gelijken. Ze willen echt dat mensen hen respecteren, en als ze denken dat dat niet zo is, hebben ze daar nog dagen of zelfs maanden last van.'

Daniel denkt ook dat populariteit veel te maken heeft met of we ons gelukkig voelen. 'We hebben onderzoek gedaan bij Google,' herinnert hij zich. En de resultaten wezen uit dat er twee dingen zijn die meer invloed hebben op iemands geluk dan salarisverhogingen, promoties of extraatjes. Het ene heeft te maken met de frequentie waarmee werknemers constructieve feedback van hun manager krijgen, en het andere is in hoeverre mensen voelen dat er iemand is – wie dan ook – die hen waardeert. 'Het zijn de kleine dingen, de menselijke dingen, die ervoor zorgen dat organisaties bloeien en dat mensen gelukkig zijn,' zegt Daniel.

'Het is gek,' verklaarde hij. 'We leren rekenen en schrijven.

We verwachten van mensen dat ze van jongs af aan goed zijn in de exacte vakken en lezen, maar het vermogen om goede persoonlijke relaties op te bouwen is net zo belangrijk, zo niet belangrijker voor het hebben van succes, maar het wordt niet officieel geleerd. We vergaren onze kennis over relaties – over hoe we het best met onze collega's kunnen omgaan en hoe we populair kunnen zijn – meestal door vallen en opstaan. Voor mensen die er goed in zijn, is het prima. Maar anderen worstelen er hun leven lang mee en begrijpen maar niet waarom hun collega's problemen met hen hebben.'

Populariteit is een onderdeel van het leven waar we dagelijks mee te maken hebben, in elk type sociale situatie. En de manier waarop we op populariteit in een bepaalde context reageren heeft vaak te maken met de manier waarop we ons in alle andere situaties in ons leven aan anderen binden.

Maar er zit een addertje onder het gras: de meeste mensen beseffen niet dat er twee vormen van populariteit zijn; eentje die ons helpt en eentje die mogelijk schadelijk is en ons laat vastlopen in de puberteit. En sinds we op de middelbare school zaten, hebben we nooit besloten welke vorm van populariteit we nu eigenlijk willen.

2

Sympathieke leider of lompe bullebak

Er bestaat meer dan één vorm van populariteit

Het was het begin van de jaren veertig van de negentiende eeuw en de artsen van het Algemeen Ziekenhuis in Wenen maakten zich zorgen. Om een onbekende reden kregen honderden vrouwen die in het ziekenhuis waren bevallen hoge koorts en overleden. De koorts kwam vaker voor onder kersverse moeders op een kraamafdeling waar artsen werkten. Degenen die op de tweede afdeling lagen, die door vroedvrouwen werd gerund, hadden een veel grotere kans op overleving.

De artsen namen beide afdelingen nauwkeurig onder de loep, namen kennis van de verschillen in de manier waarop de artsen en vroedvrouwen te werk gingen bij bevallingen, de sfeer op de afdelingen, en zelfs de houding van de vrouwen tijdens de bevalling. Ze toetsten de ene hypothese na de andere om de sterfgevallen te kunnen verklaren, maar konden geen bepalende factor vinden. Moeders die op de artsenafdeling lagen, bleven kraamvrouwenkoorts krijgen en overleden. Algauw smeekten zwangere vrouwen in Wenen om op de afdeling van de vroedvrouwen te worden opgenomen. Sommige kozen er zelfs voor om hun kind op straat te baren. Opvallend genoeg was de kans dat vrouwen die buiten het ziekenhuis hun kind baarden de bevalling overleefden groter dan degenen die medische verzorging kregen.

Toen kwam de jonge arts Ignaz Semmelweis in het Algemeen Ziekenhuis werken.[1] Semmelweis, afkomstig uit een rijke familie, was arts in opleiding en werd door collega's algauw als leider van de inwonende artsen beschouwd. Vanwege zijn medische kennis, afkomst uit de hogere klasse, en medische bekwaamheid steeg hij in de loop van de tijd ook in aanzien bij collega's en supervisors. Hij raakte in de hele stad bekend en mensen wilden hem graag ontmoeten om zijn mening te horen.

Semmelweis ontwikkelde algauw een theorie waarmee hij de mysterieuze sterfgevallen kon verklaren. Hij merkte op dat de artsen die op de afdeling kraamzorg werkten, ook lijkschouwingen uitvoerden. Veel daarvan werden gedaan op vrouwen die aan kraamvrouwenkoorts waren overleden, waarna de artsen die de lijkschouwing hadden uitgevoerd meteen doorgingen naar de kraamafdeling. Semmelweis dacht dat de kraamvrouwenkoorts bij vrouwen die net bevallen waren veroorzaakt werd door 'kadaverdeeltjes'[2] die op de een of andere manier de ziekte van de doden overbrachten.

Hij stelde zijn collega's voor om na elke lijkschouwing hun handen met een antiseptische vloeistof te wassen, om zo de kans op besmetting van de vrouwen op de kraamafdeling te verkleinen. Ook maande hij de artsen om alle medische instrumenten die bij lijkschouwingen waren gebruikt te ontsmetten. Het kwam erop neer dat Semmelweis een theorie over bacteriele infectie had ontwikkeld die tot op de dag van vandaag als leidraad voor het medisch handelen dient.

Semmelweis' voorstellen werkten. Het sterftepercentage onder de moeders op de artsenafdeling daalde tot ongeveer 1 procent, hetzelfde percentage als van de vroedvrouwen. Dokter Semmelweis werd als held gezien, maar ondanks al zijn status en roem mochten veel mensen hem volgens medische historici niet. Howard Markel, eminent professor en directeur van het

Center for the History of Medicine van de Universiteit van Michigan, schrijft dat Semmelweis 'sommige machtige artsen van het ziekenhuis die zich verwaardigden zijn ideeën in twijfel te trekken' regelmatig 'schandelijk grove beledigingen naar het hoofd slingerde'[3]. Volgens een ander 'hekelde hij openlijk mensen die het niet met hem eens waren'[4], en noemde hij degenen die zijn ideeën in twijfel trokken luidkeels 'moordenaars'.

Degenen die het wel met hem eens waren, moedigden hem jarenlang aan om over zijn ontdekkingen te publiceren, zodat anderen zijn handelwijzen konden bespreken en propageren. Maar dat weigerde hij. Hij zei dat zijn ontdekkingen 'vanzelfsprekend' waren en dat het niet nodig was ze te verdedigen tegenover mensen die 'onwetend' waren. Toen hij uiteindelijk na zo'n tien jaar verzet met publicatie instemde, schreef hij een stuk vol vijandige tirades waarin hij zijn critici persoonlijk op hun intelligentie en reputatie aanviel. Hij stelde dat zijn collega's 'niet eens de beperkte waarheid begrepen'[5], hij deed ze af als 'armzalige waarnemers'[6] van de medische omstandigheden, en omdat Duitse artsen het niet met zijn principes eens waren, achtte hij 'de verloskundigenopleiding in Berlijn waardeloos'[7].

Dokter Semmelweis had veel status en invloed. Hij werd zeer gerespecteerd en vereerd, en hij had macht. Hij was populair. Maar hij was ook een bullebak, en daarom hadden veel van zijn collega's een grote hekel aan hem.

Honderdvijftig jaar later liepen drie meisjes de bibliotheek van een kleine middelbare school in een buitenwijk in het zuiden van de staat Connecticut in. Ze hadden alle drie blond haar en waren smetteloos gekleed, maar wel een beetje uitdagend voor meisjes van vijftien op een gewone schooldag: ze droegen strakke shirtjes, korte rokjes en bijpassende sneakers met dikke roze sokken. Bijna iedereen merkte hun komst op.

Het langste meisje, Alexandra, kwam als eerste de bibliotheek binnen, terwijl haar vriendinnen plichtsgetrouw een paar stappen achter haar liepen. Alexandra liep met het zelfvertrouwen van een ster, zonder ook maar een spoor van puberale onhandigheid. Het looppad tussen de studienissen was haar podium en ze liep er kaarsrecht, met lange passen en haar blik op oneindig overheen. Als een van haar vriendinnen iets vroeg, antwoordde ze zonder zich om te draaien om haar aan te kijken. Af en toe wierp ze een blik op iemand of zwaaide ze even naar een klasgenoot die verbaasd naar haar opkeek.

Alexandra was naar de bibliotheek gekomen om mee te doen aan een onderzoek naar populariteit, dat werd uitgevoerd door mijn team. Mijn assistenten stonden in de deuropening van een aparte kamer op een stuk of twaalf deelnemers te wachten, van wie er al een paar vlijtig aan een grote tafel zaten te werken. Voordat mijn assistenten konden vragen naar haar naam, liep ze de kamer in en zei: 'Ik ben Alexandra Cort.' De andere studenten keken meteen op.

Alexandra's vriendinnen gingen op een stoel bij de ingang van de kamer zitten en staarden doelloos naar de boekenrekken om hen heen. Toen mijn assistenten tegen hen zeiden dat ze weg mochten gaan, antwoordde de ene: 'Nee, we blijven wel hier. We zijn vriendinnen van Alexandra Cort.'

'Ja,' zei de andere opschepperig, 'we zijn haar beste vriendinnen.'

'Ze blijft de hele pauze hier,' zei een van de assistenten. 'Willen jullie niet even gaan eten?'

'Nee, we willen op haar wachten. We slaan onze lunch wel over.'

'Het is voor het onderzoek belangrijk dat de deelnemers niet worden afgeleid. Vinden jullie het goed om in de kantine op jullie vriendin te wachten?'

De meisjes rolden met hun ogen, sleepten hun stoel zes meter van de kamer vandaan, gingen weer zitten en begonnen tegen elkaar te fluisteren.

Onze onderzoeksgegevens wezen uiteindelijk uit dat Alexandra het populairste meisje van de vierde klas was. Ze werd zelfs door bijna iedereen als eerste genoemd toen we de deelnemers vroegen wie de populairste kinderen op school waren.

Maar er waren ook veel kinderen die haar verachtten. Zo'n 65 procent van haar klasgenoten – een veel hoger percentage dan onder de rest van haar jaar – koos Alexandra als de leerling die hoogstwaarschijnlijk over anderen roddelde, die haar vriendschappen als dwangmiddel gebruikte, die anderen 'doodnegeerde' en kwetsende dingen achter iemands rug zei. Ongeveer de helft van haar klasgenoten gaven haar naam op toen hun werd gevraagd welke leerling ze het minst mochten.

Zelfs haar vriendinnen, die geduldig zaten te wachten totdat ze klaar was met haar deelname aan ons onderzoek, fluisterden over haar. 'Alex is zo verwaand,' zei de ene. 'Weet ik,' zei de andere. 'Ik heb zelfs geen zin om dit weekend met haar te gaan shoppen.'

Iedereen die populair is, wordt vrijwel zeker gehaat.[8]
HONKBALLER YOGI BERRA

Hoe kan iemand populair zijn als mensen een hekel aan hem of haar hebben? Dat idee lijkt tegenstrijdig te zijn.

Als we aan 'populariteit' denken, denken we meestal meteen aan mensen die een enorme reputatie hebben, zoals Ignaz Semmelweis en Alexandra Cort. Iedereen die naar de middelbare school is geweest herinnert zich nog heel goed wie de populaire types waren: degenen die goed waren in sport, de rijke kinderen of kinderen van ouders die een invloedrijke positie in de maatschappij hadden. Zelfs als we een hekel aan hen hadden, probeerden we ze tegen wil en dank na te doen. Bij mij op school droeg iedereen die erbij wilde horen een T-shirt van het merk Ocean Pacific en iedereen had het over de nieuwste videoclip van Duran Duran, want dat waren de dingen waarvan de populaire leerlingen zeiden dat ze cool waren. Maar in de meeste gevallen waren die leerlingen niet eens onze vrienden.

Als we iemand die we niet mogen populair noemen, wat betekent 'populair' dan eigenlijk?

Deze vraag is verrassend moeilijk te beantwoorden. Volgens Bill Bukowski, een Canadese psycholoog die tientallen jaren populariteit onder jongeren heeft bestudeerd, is het woord 'populair' afkomstig van het Middelfranse woord *populier* en het Latijnse woord *popularis*, die naar ideeën of politici verwezen die 'van het volk' waren.[9] Een 'populaire beweging' was dus een beweging die onder de mensen ontstond, in plaats van een beweging die door hun leiders werd opgelegd. In de zestiende eeuw werd het woord 'populair' door de Engelsen overgenomen en gebruikt om te verwijzen naar prijzen of faciliteiten die 'toegankelijk waren voor de gewone man', zoals de *popular press* (volkspers). Maar de afgelopen vierhonderd jaar begon de betekenis van de term 'populair' te veranderen en werd het idee van pluraliteit vermengd met het idee van iets waardevols en iets dat de voorkeur heeft. In de zeventiende eeuw verwees het woord 'populair' naar alles wat op grote schaal werd overgenomen én aanzien had. Tegenwoordig is deze betekenis terug te vinden bij de alomtegenwoordige onlinelijsten die het woord 'populair' op van alles en nog wat toepassen, van babynamen en vakantiebestemmingen tot hondenrassen, diëten, YouTube-filmpjes, aandelen, ijssmaken, enzovoort. Er zijn zelfs lijstjes van populaire Nobelprijswinnaars, seksuele fetisjen, katholieke heiligen, kattennamen en ga zo maar door. Ik neem aan dat de criteria voor wat een seksuele fetisj en een katholieke heilige populair maakt behoorlijk uiteenlopen. Dus wat betekent 'populair' nu eigenlijk?

Het hedendaagse begrip 'populariteit' als iets dat of iemand die door heel veel anderen positief beoordeeld wordt, is complexer dan het lijkt, want er zijn verschillende manieren waarop we iets waarderen. Zelfs in de zeventiende eeuw kon 'populair' verwijzen naar iets wat 'zeer geliefd', 'bewonderd' of 'begeerd' werd, allemaal begrippen die verschillende gevoelens uitdrukken. Daarom zijn er ook verschillende vormen van populariteit die nu door de sociale wetenschappen worden bestudeerd.

Wanneer we bedenken wat 'populair' op de middelbare school betekende, denken we aan het soort populariteit waarvan sociale wetenschappers geloven dat het eigenlijk om *status* gaat. Status draait niet om door hoeveel mensen iemand aardig gevonden wordt, maar om zijn of haar dominantie, zichtbaarheid, macht en invloed. Interessant genoeg gaat status ons pas opvallen wanneer we de puberteit bereiken, maar we beschouwen het de rest van ons leven meestal als een zinvolle vorm van populariteit.

Een tweede vorm van populariteit is *innemendheid*. Onderzoeksresultaten van de sociale wetenschappen hebben aangetoond dat dit het type populariteit is waar we werkelijk om zouden moeten geven. Zelfs heel jonge kinderen begrijpen wat aardig zijn is. Onderzoek toont aan dat kinderen van vier al precies kunnen aangeven wie van hun leeftijdgenootjes het populairst zijn. Maar de populaire kleuters hebben niet per se macht of zijn dominant of opvallend. Het zijn eerder de kinderen die iedereen het aardigst vindt. Innemendheid blijft ons leven lang relevant en er is aangetoond dat dit de krachtigste vorm van populariteit is die er is.

In 1982 voerde John Coie, psycholoog verbonden aan de Duke-universiteit, een baanbrekende serie experimentele onderzoeken[10] uit die begonnen met kinderen een lijst van alle namen van hun klasgenoten te geven, over wie ze twee eenvoudige vragen kregen: wie vind je het aardigst? En: wie vind je het onaardigst?

Psychologen noemen deze procedure een 'sociometrische evaluatie'. Voor elke vraag konden de deelnemers zoveel namen opgeven als ze wilden.

Coie en zijn toenmalige assistenten Ken Dodge en Heide Coppotelli vroegen meer dan vijfhonderd kinderen om deze twee vragen te beantwoorden. De resultaten waren om verscheidene redenen interessant. Ten eerste ontdekte Coie dat kinderen die door veel andere aardig werden gevonden soms ook door veel andere onaardig werden gevonden. Aardig gevonden worden en onaardig gevonden worden zijn onafhankelijke gradaties van waardering. We kunnen tegelijkertijd aardig en onaardig gevonden worden. We kunnen ook noch aardig, noch onaardig gevonden worden.

Ten tweede ontdekten de wetenschappers dat er een enorm verschil was tussen de kinderen wat betreft het aantal keer dat ze genoemd werden, in antwoord op welke vraag dan ook. Sommige kinderen waren bijzonder zichtbaar in de klas – hun naam werd vaak genoemd toen aan hun klasgenoten werd gevraagd welke kinderen ze aardig vonden of niet. Andere kinderen waren juist heel onzichtbaar: het leek wel alsof hun klasgenoten nauwelijks wisten dat ze er waren.

Dit onderzoek was niet het eerste waarbij kinderen deze vragen werden gesteld, maar Coie en zijn team waren de eersten die aan de hand van de antwoorden vijf categorieën of 'sociometrische groepen' creëerden die nog altijd als de basis gelden voor de manier waarop we tegenwoordig over de verschillende gezichten van populariteit denken. Hun resultaten zijn bovendien ook gevonden als gevolg van honderden onderzoeken onder volwassenen en kinderen die in de rest van de wereld zijn gehouden.

Coies categorieën kunnen in een grafiek met twee coördinaten worden weergegeven. 'Aardig' wordt aangegeven op de verticale as, en 'onaardig' op de horizontale as. Hoe vaker een kind gekozen was als 'aardigst', hoe hoger zijn of haar naam kwam te staan. Hoe vaker een kind als 'onaardigst' werd genoemd, hoe verder zijn of haar naam naar rechts kwam te staan.

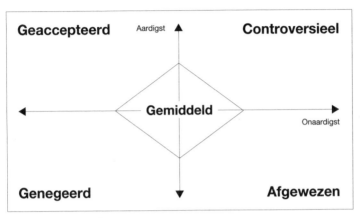

Figuur 1. Sociometrische groepen

Coie en zijn collega's ontdekten dat sommige kinderen bijzonder veel of weinig werden genoemd, waardoor ze in aanmerking kwamen voor een van de vier sociometrische groepen in de hoeken van de grafiek. Kinderen in het vak linksboven werden door veel kinderen aardig gevonden en nauwelijks of nooit onaardig gevonden. Coie omschreef deze kinderen als 'populair', maar ze konden ook 'geaccepteerd' worden genoemd, omdat het type populariteit dat zij hadden alleen was gebaseerd op wie het aardigst werd gevonden. Het andere uiterste wordt gevormd door de groep van 'afgewezen' kinderen, kinderen die door weinig andere aardig werden gevonden en door veel onaardig werden gevonden. Kinderen die nauwelijks genoemd werden als aardig of onaardig, de onzichtbare kinderen, behoorden tot de groep linksonder en waren de kinderen die 'genegeerd' werden. Daarmee in contrast staat de groep in de hoek rechtsboven met kinderen die door veel andere in ongeveer gelijke mate aardig en onaardig werden gevonden. Dit waren de meest zichtbare kinderen die de 'controversiëlen' werden genoemd, de kinderen die door hun leeftijdgenoten of aardig werden gevonden of aan wie ze een hekel hadden. Controversielen zijn vrij zeldzaam en vormden dan ook de kleinste sociometrische groep. De geaccepteerde, afgewezen, genegeerde en controversiële kinderen samen vormen ongeveer 60 procent van alle jongeren. De rest van de kinderen werd door Coie als 'gemiddeld' geclassificeerd, dat was de grootste groep. Let wel dat de kinderen in deze groep door niet bijzonder veel andere aardig of onaardig werden gevonden, maar de meeste 'gemiddelde' kinderen neigden naar een van de andere categorieën.

Deze categorieën komen misschien nogal bot over. Vooral in de maatschappij van tegenwoordig, waarin we elke omgeving zo goed mogelijk proberen aan te passen aan de behoeften van het individu, kan de omschrijving 'afgewezen' of 'genegeerd' heel hard klinken. Zulke karakteriseringen gaan ervan uit dat deze sociometrische groepen gebaseerd zijn op een eigenschap van een kind, in plaats van op het idee dat het kind niet goed bij zijn of haar groep past. Zou een genegeerd kind aardiger worden gevonden als hij in een andere groep leeftijdgenoten zou worden gezet? En zou iemand die is afgewezen populair kunnen worden als hij in een andere groep opnieuw zou mogen beginnen?

Dit vroeg Coie zich ook af, dus zette hij een vervolgonderzoek[11] op om na te gaan of de kinderen tot dezelfde categorie bleven behoren als ze in een andere groep werden gezet. Hij begon door een aantal kinderen van tien jaar in zijn onderzoekslab uit te nodigen, waar ze aan speelgroepen konden deelnemen. Deze groepen waren niet willekeurig samengesteld: elke groep bevatte vier kinderen van vier verschillende scholen die elkaar niet eerder ontmoet hadden. Eén van die kinderen was geaccepteerd op zijn of haar school, één was er afgewezen, één werd genegeerd en er was één kind dat gemiddeld was. (Coie zette geen controversiële kinderen in de groep, omdat die niet vaak voorkomen.)

Eén uur per week kwamen de kinderen bijeen om samen te spelen, net zoals ze dat in de klas of tijdens de pauze zouden doen. Ze gingen naar een lokaal vol spelletjes, Lego, autootjes, opblaasbare bokshandschoenen, viltstiften, papier, enzovoort. Elke groep begon met een activiteit die door een volwassene werd geleid. Daarna kregen ze de tijd om vrij te spelen. Wanneer de tijd om te spelen voorbij was, was het tijd om zo onopvallend mogelijk de populariteit van elk kind te meten. En dat deden de onderzoekers op een heel slimme manier.

In plaats van te verklappen waar het experiment om draaide, vroegen de onderzoekers een van hun getrainde onderzoeksassistenten om iedere deelnemer na het wekelijkse speeluurtje naar huis te rijden. Tijdens de rit had de assistent eerst een gewoon gesprek over de hobby's en interesses van het kind, maar voordat ze hun bestemming bereikten vroegen ze hem of haar wie hij/zij het aardigst vond in zijn/haar speelgroep, gevolgd door degene die hij/zij iets minder aardig vond, enzovoort, totdat alle speelkameraadjes voorbij waren gekomen, inclusief het kind dat hij/zij het minst aardig vond.

Aan het eind van de eerste week onderzochten Coie en een van zijn masterstudentes uit die tijd, Janis Kupersmidt, de resultaten van deze gesprekjes en ontdekten dat er totaal geen verband was tussen hoe aardig kinderen werden gevonden op hun school en hoe aardig ze werden gevonden door de hun onbekende kinderen van de speelgroep. De nieuwe groepssamenstelling bood inderdaad nieuwe kansen. Een week later voerden de onderzoekers de gesprekjes opnieuw en vonden nog steeds geen verband tussen hoe aardig de kinderen door de speelgroep werden gevonden en hoe aardig ze op school werden gevonden.

Maar na het derde speeluur begon er een opvallende gelijkenis te verschijnen tussen de populariteit van elk kind in de speelgroep en op zijn of haar school. Er was maar drie uur spelen voor nodig om als geaccepteerd kind opnieuw geaccepteerd te worden. Afgewezen kinderen werden opnieuw degenen die het minst aardig werden gevonden, en genegeerde kinderen werden weer niet als de aardigste of onaardigste gekozen. Het onderzoek werd nog drie weken voortgezet, en tijdens deze weken werd het patroon alleen nog maar duidelijker.

Later onderzoek heeft uitgewezen dat de factoren die bepalen of we geaccepteerd worden door onze omgeving vrij universeel en blijvend zijn: ze zorgen ervoor dat we steeds weer aardig of onaardig worden gevonden, zelfs als de omgeving verandert, en dat blijft de rest van ons leven zo. Toen Coie en Kupersmidt de filmopnamen van de eerste twee weken van hun experiment terugkeken, viel het hun op dat de geaccepteerde en afgewezen kinderen al veel meer praatten dan de gemiddelde en genegeerde kinderen. Wanneer de geaccepteerde kinderen iets zeiden, bepaalden ze de normen van de groep, herinnerden ze andere aan de regels, stelden ze nieuwe spelletjes voor en kwamen ze met nieuwe ideeën over hoe je op een leukere manier met iets kon spelen. Maar wanneer afgewezen kinderen iets zeiden, was de kans groter dan bij de andere dat ze hun speelgenootjes beledigden, bedreigden, plaagden of de baas over hen speelden. Afgewezen kinderen luisterden ook het minst goed naar aanwijzingen wanneer ze aan de activiteit onder leiding van een volwassene deelnamen. Het was dan ook niet verwonderlijk dat de kinderen in de speelgroep zo snel net zo populair of impopulair werden als ze op school waren. Hun gedrag was hetzelfde als het gedrag dat bepaald had of hun klasgenootjes op school hen aardig vonden of niet.

Kort nadat ik mijn eerste college over populariteit had gegeven, had ik de kans om dit fenomeen zelf waar te nemen. Ongeveer halverwege het semester werd ik gebeld door de producent van het nieuwsprogramma ABC News, die een film wilde maken van een herhaling van het klassieke experiment van Coie en Kupersmidt. Mijn studenten en ik kregen toestemming van de ouders van kinderen op een plaatselijk kinderdagverblijf om een groep driejarigen te filmen die hun klasgenootjes nog maar een paar maanden kenden. Door ieder kind te vragen naar wie hij aardig vond en wie niet, net zoals Coie en zijn collega's hadden gedaan, ontdekten we algauw welk kind geaccepteerd, afgewezen, genegeerd of gemiddeld was. We nodigden per sociometrische groep één kind uit om naar de gymzaal te komen, om daar te spelen met kinderen uit andere klassen met wie ze nooit eerder hadden gespeeld. Toen observeerden we hoe ze met elkaar omgingen tijdens het spelen, en de verwachting was dat we zo'n speeluurtje een paar weken lang zouden moeten organiseren.

Maar in dit geval duurde het maar een half uurtje voordat duidelijk werd tot welke populariteitsgroep de kinderen eerder behoorden. In minder dan een uur tijd had het kind dat door haar klasgenoten als 'geaccepteerd' was genomineerd de leiding genomen bij een spel met een hele grote bal, en het kind dat eerder was afgewezen, werd buitengesloten. Ik heb deze groep niet verder gevolgd, maar onderzoekers die gedurende vele jaren met kinderen hebben gewerkt, hebben ontdekt dat meer dan de helft van degenen die op de basisschool in de categorie 'geaccepteerd', 'afgewezen', 'genegeerd', 'controversieel' of 'gemiddeld' viel, meer dan vijf jaar later,[12] op de middelbare school, tot dezelfde groep behoorde, zelfs de kinderen die van school waren veranderd en in een nieuwe groep leeftijdgenoten terecht waren gekomen.

Houden we het soort populariteit dat we in onze jeugd hadden de rest van ons leven? Sommige mensen zeggen dat we op de populariteits-reset-knop kunnen drukken als we naar de universiteit gaan, waar we plotseling omgeven worden door een veel homogenere groep leeftijdgenoten, in elk geval wat betreft academische verrichtingen en het vermogen om aanwijzingen van volwassenen op te volgen. In veel Europese landen gebeurt dit al op de middelbare school, waar kinderen op basis van hun resultaten zijn geselecteerd en een bepaald onderwijstraject volgen.

Het grootste deel van ons volwassen leven komen we in groepen terecht die onwillekeurig zijn samengesteld – we zitten niet in een bepaalde groep omdat we bevriend zijn met die mensen, omdat we hetzelfde onderwijs genieten of omdat ze familie van ons zijn. Maar toch is het weer precies zoals op de lagere school. Het duurt niet lang voordat er groepjes geaccepteerden, afgewezenen, genegeerden, controversiëlen en gemiddelden beginnen te vormen. De groep waarin we als volwassene terechtkomen is vaak dezelfde als die waarin we als jongere zaten, en dat kan opmerkelijke consequenties voor ons hebben.

Niet lang voor de zomervakantie hoorden de werknemers van een groot internationaal technologiebedrijf dat er een 'reorganisatie' op handen was, met andere woorden: een groot aantal mensen zou ontslagen worden. Al met al zou zo'n 30 procent van het personeel aan het eind van het jaar zijn baan verliezen. Drie weken na de aankondiging reden 4500 werknemers naar hun werk en zouden die dag horen wat hun lot was.

Een van deze werknemers was Billy. Ik ken hem vrij goed. Billy was zo'n vijf jaar eerder, toen hij zijn studie aan de Harvard-universiteit had afgerond, voor dat bedrijf gaan werken. Billy heeft twee kinderen, een zoon die precies op hem lijkt, en een dochter die een kloon lijkt van zijn vrouw. Voordat Billy en zijn vrouw ook nog maar iets over de reorganisatie in Billy's bedrijf wisten, hadden ze besloten dat ze een nieuw huis zouden kopen, en het tekenen van de koopakte hadden ze gepland voor de dag nadat de ontslagen bekendgemaakt zouden worden.

Billy's afdeling van het bedrijf is gevestigd op een verdieping met een open werkvloer, een goed verlichte ruimte met vergadertafels, bureaus waaraan staand gewerkt kan worden, archiefkasten en hier en daar een schot tussen de werkplekken niet hoger dan borsthoogte. Iedereen kan de gesprekken van zijn collega's horen en er wordt geen geheim gemaakt van wie een gesprek heeft met wie. Het zou net zo goed de schoolkantine kunnen zijn.

Billy kiest meestal een bureau aan de rand van de werkvloer, vlak bij een muur met grote ramen die uitkijken op het parkeerterrein. Maar waar hij ook zit, het is heel vaak druk rond zijn werkplek. 's Morgens komen er mensen langs om gedag te zeggen, ze komen bij hem staan om hem over moeilijke vergaderingen te vertellen, en rond lunchtijd komen ze naar hem toe om te overleggen waar ze zullen gaan eten. Zelfs een informeel bezoekje aan het kantoor zou uitwijzen dat hij een van de meest geliefde mensen op zijn afdeling is.

Op de ochtend van de ontslagen zat Billy nerveus aan zijn bureau op een medewerker van de personeelsafdeling te wachten. Hij deed zijn best zich op zijn werk te concentreren, maar het was bijna onmogelijk om het geprat van zijn collega's te negeren, die kletsend door het gangpad liepen. Toen zijn collega's in de gaten hadden dat hij gearriveerd was, kwamen ze om zijn bureau heen staan om te horen wat zijn voorspellingen waren, en niemand werkte het uur dat erop volgde.

Aan het bureau tegenover Billy zat Carl, een lange, slungelige man van midden veertig die twaalf jaar voor het bedrijf werkte. Carl deed niet mee aan het geklets. Hij praatte sowieso niet veel. Billy omschreef Carl als een van de mensen op kantoor die zo min mogelijk aandacht proberen te trekken. Hij is goed in zijn werk – hij heeft het altijd op tijd af en werkt zorgvuldig – maar schept er niet over op. Hij blijft aan zijn bureau zitten, gaat bijna nooit met de anderen lunchen en let tijdens vergaderingen wel op, maar neemt bijna nooit aan de discussies deel.

Carls werkplek is netjes en geordend. Er liggen een paar mappen met keurige etiketten op een hoek van het bureau en er staat een beker met een stuk of twaalf identieke pennen. Wanneer hij door de koffiekamer loopt om zijn koffie te halen, knikt en glimlacht hij iedereen beleefd toe, maar dan gaat hij achter zijn bureau zitten en werkt zonder zich af te laten leiden door totdat het lunchtijd is. Maar op de dag dat de ontslagen bekend zouden worden gemaakt, was Carl onrustig. Hij hield zijn mobieltje bij de hand en wanneer hij een gerucht opving, stuurde hij een berichtje naar zijn vrouw. Af en toe stond hij op en verdween een kwartier, maar niemand had dat in de gaten.

Aan de andere kant van de ruimte zat Dan, die alleen zat. Dan was achter in de vijftig. Hij was vriendelijk en vrij sociaal en enthousiast, maar er was ook iets vreemds aan hem. Het ging om allerlei dingetjes die op zich niet bijzonder waren, maar alles bij elkaar genomen was het toch opvallend: Dan had geen voeling met anderen. Zijn collega's vertelden in de koffiekamer bijvoorbeeld weleens iets over hun privéleven, maar Dan onthulde net iets te veel over zijn huwelijksproblemen, waardoor de anderen zich ongemakkelijk voelden. Wanneer vriendelijk geplaag aan de vergadertafel tot een salvo van grapjes leidde, bleef Dan de aandacht naar zich toe trekken en liet hij zich meeslepen door zijn eigen verhaal. Hij zag er zelfs uit als een buitenstaander; hij droeg gekreukte kaki broeken en witte sneakers, terwijl de rest van het personeel nette kantoorkleding droeg. Maar dat verschil leek Dan niet op te merken.

Dan had geen idee of hij ontslagen zou worden of niet, vertelde hij me, maar hij was nieuwsgierig naar wat de anderen over zijn lot dachten. Hij liep rond en keek over de schouders van collega's die bijeen stonden om voorspellingen te doen. In de meeste gevallen zetten ze hun gesprek gewoon voort zonder opzij te gaan om hem erbij te laten, en zo bleef hij van groep naar groep lopen.

De enige op kantoor die helemaal niet gespannen leek was Frank, de zelfverzekerde en goedgeklede assistent die Billy een van de 'omhoogwerkers' van de firma noemde. Frank was midden twintig en veel jonger dan de meesten van zijn collega's, maar iedereen wist wie hij was. Hij was het toppunt van charme en elegantie – hij was welbespraakt en grappig, maar had nooit echt iets substantieels te zeggen. Hij was bijzonder behulpzaam wanneer een van zijn meerderen zijn hulp nodig had ('tuurlijk... geen probleem... doe het graag'), maar wanneer een van zijn collega-assistenten hem om een gunst vroeg, was Frank gewoon lomp ('da's jouw probleem, niet het mijne'). Wanneer hij naar zijn bureau liep, knikte Frank bijna iedereen die hij tegenkwam vriendelijk toe. Sommigen groetten enthousiast terug, anderen knikten even. Terwijl zijn collega's zich zorgen maakten over de aanstaande ontslagen, zat Frank ontspannen achter zijn bureau en speelde een spelletje op zijn telefoon.

Billy is het grootste deel van zijn leven geaccepteerd geweest en is dat ook binnen zijn bedrijf. Hij beschrijft zichzelf als introvert: hij gaat liever in zijn eentje een potje golfen dan dat hij netwerkt op een bedrijfsfeestje. Maar of je aardig gevonden wordt heeft niet per se iets te maken met in- of extrovert zijn. Zoals zoveel geaccepteerde mensen vinden anderen Billy aardig omdat hij in staat is de sfeer in een ruimte te beoordelen, welke ruimte dan ook. Zijn ideeën zijn niet altijd beter dan die van anderen, maar hij weet precies op welk moment in de vergadering hij ze naar voren moet brengen en hij krijgt er vaak lof voor. Hij schat net iets sneller dan zijn collega's in of er overeenstemming bereikt zal worden of dat er een conflict op handen is. Hij is heel goed in het doorprikken van de emotionele beweegredenen die aan uitspraken van zijn collega's ten grondslag liggen. Maar het belangrijkst is misschien wel dat Billy goed is in het aanwenden van zijn sociale vaardigheden om anderen te helpen zich verbonden te voelen met hem.

Dat doet hij op verschillende manieren. Ten eerste is Billy goed in het stellen van slimme vragen. Onderzoek heeft aangetoond dat mensen die elkaar veel vragen stellen[13] wanneer ze elkaar voor het eerst ontmoeten – een bijzonder effectieve manier om te kijken of er een emotionele klik is – een grotere kans lopen nog maanden later een goede relatie te hebben met die ander. Wanneer je Billy voor het eerst ontmoet, blijkt duidelijk uit zijn vragen dat hij je beter wil leren kennen, en hij vindt de meeste dingen die je zegt interessant, belangrijk en begrijpelijk. Billy's sociale gedrag geeft aan dat hij zich om de kudde bekommert. Mensen willen met hem praten omdat ze geloven dat Billy met hen wil praten. Dat maakt dat mensen hem aardig vinden.

Ten tweede heeft Billy een geweldig gevoel voor humor. Bij deze karaktertrek helpt het dat hij goed is in het doorprikken van de sfeer in een zaal, want voor een goede grap is het nodig dat je de sfeer of het sentiment begrijpt, die je dan kunt overdrijven of er een draai aan kunt geven, zodat je een komisch effect krijgt. Bovendien heeft humor biologische voordelen. Wanneer je lacht, komen er dopamine[14] en endorfine vrij, stofjes die een gevoel van euforie veroorzaken en het immuunsysteem versterken – en mensen houden van mensen die hun een goed gevoel geven.

Ten derde wordt Billy net als de geaccepteerde kinderen uit het onderzoek van Coie door anderen omschreven[15] als iemand die je kunt vertrouwen, die veel vrienden heeft, die eerlijk, opgewekt, beleefd en geduldig is, en die kan delen. En zoals het onderzoek naar geaccepteerde kinderen voorspelde, leidt Billy in het algemeen een heel succesvol leven. Onderzoek heeft aangetoond dat wanneer geaccepteerde kinderen volwassen worden,[16] ze een hogere dunk van zichzelf hebben, meer verdienen en betere relaties met vrienden en hun partner hebben. Ze zijn zelfs fysiek gezonder dan hun minder geaccepteerde leeftijdgenoten. Als mensen leuk gevonden worden, heeft dat een groter effect dan allerlei andere factoren waarvan we meestal denken dat ze belangrijk zijn, zoals intelligentie, socio-economische status en gezond gedrag.

Carl wordt genegeerd. Kinderen die genegeerd worden, kijken vanaf een afstandje toe wanneer hun leeftijdgenootjes aan het spelen zijn. Ze blijven achter een hek zitten en spelen met een worm in plaats van met de anderen. Of, wat nog erger is, ze proberen mee te doen met verstoppertje, maar niemand probeert hen te zoeken. Sommige genegeerde kinderen zijn sociaal angstig[17]: ze willen heel graag bij een groep horen, maar hebben niet genoeg zelfvertrouwen om contact te maken met de anderen. Onderzoek heeft aangetoond dat volwassenen die als kind genegeerd werden, er langer over doen[18] om afspraakjes te maken of een vaste, stabiele relatie te vormen, en meestal een beroep kiezen waarin ze niet zo vaak met mensen hoeven om te gaan. Ze zullen waarschijnlijk geen baan kiezen waarin ze in het openbaar moeten spreken, moeten verkopen of rekruteren.

Toch doen veel genegeerde mensen het prima als volwassenen. Sommige weten hun angst te onderdrukken, andere zijn graag lange tijd alleen. Er is ook aangetoond dat genegeerd worden vaak verband houdt met je omgeving, iets wat voor andere groepen veel minder geldt. Uit Coies onderzoek over een periode van vijf jaar bleek dat de categorie 'genegeerd' het minst stabiel was. Hoewel de meeste kinderen uit de groepen 'afgewezen' en 'geaccepteerd' in de loop van de tijd in die groepen bleven, zaten veel genegeerde kinderen zes jaar later in een van de andere groepen, behalve die van de controversiëlen, daar kwamen ze bijna nooit in terecht[19].

Dan wordt afgewezen. Afgewezen mensen behoren tot de categorie die het meest bestudeerd wordt door psychologen, omdat mensen die afgewezen worden door leeftijdgenoten of collega's een grote kans hebben op geestelijke problemen in hun leven. Onderzoek heeft aangetoond dat afgewezen mensen in twee groepen verdeeld kunnen worden.[20] De ene groep bestaat uit mensen die heel agressief zijn. Afgewezen agressieve mensen worden kwaad, grof of defensief wanneer ze van streek zijn om iets. Het afgewezen agressieve kind op het schoolplein is de jongen die iemand slaat omdat die zonder het te vragen met zijn speelgoed is gaan spelen, of het meisje die slechts één klasgenoot niet uitnodigt voor haar feestje. In een bedrijfsvergadering is het degene die zo vreselijk graag gehoord wil worden dat hij of zij anderen onderbreekt of ondermijnt. In de samenleving is het degene die roddelt over de buren wanneer hij of zij zich tekortgedaan voelt.

Een belangrijke eigenschap van afgewezen agressieve mensen is dat ze vaak niet beseffen dat hun gedrag ongepast is. Velen weten niet dat ze worden afgewezen,[21] afgewezen agressieve mensen geloven zelfs vaak dat ze de favoriet zijn van de groep. Veel agressieve mensen worden niet afgewezen, maar ongeveer de helft van degenen die worden afgewezen is agressief, en het vergaat deze afgewezen agressieve mensen uiteindelijk veel slechter[22] dan degenen die alleen maar agressief zijn of alleen maar worden afgewezen.

Dan behoort eigenlijk tot de groep van afgewezen mensen die niet agressief zijn, een groep die zich niet aan de sociale normen houdt, maar dat op een niet-agressieve manier doet. Aan sommige afgewezen non-agressieve mensen heeft men alleen maar een hekel omdat ze er ongewoon uitzien of een andere achtergrond hebben dan de meesten van hun collega's.

Anderen worden afgewezen omdat ze zich vreemd gedragen, en weer anderen zijn minder snel of op een andere manier volwassen geworden dan de rest. In Dans geval was het probleem dat hij te intelligent was in een wereld waarin intelligent zijn niet altijd cool is.

Dans intelligentie was niet altijd een obstakel. Op de basisschool was hij de lieveling van de juf en werd hij vaak gevraagd om klasgenootjes te helpen die moeite hadden met rekenen. Toen hij in groep 5 zat, won hij een rekentoernooi waar kinderen uit het hele district aan meededen, en hij herinnert zich nog dat hij op een bijeenkomst op de basisschool een staande ovatie van de andere kinderen kreeg. Hij was de eerste die gekozen werd wanneer de directrice de klas van Dan bezocht, en zijn klasgenoten, die zijn speciale status onder de juffen erkenden, wilden altijd graag met hem spelen op het schoolplein.

Maar dit veranderde natuurlijk allemaal toen Dan naar de middelbare school ging. Plotseling begonnen de klasgenoten die hij op de basisschool had geholpen met rekenen hem uit te schelden en werd Dan een studiefreak, een paria. Het leek wel alsof elke beloning die hij als leerling kreeg hem in de ogen van zijn medeleerlingen alleen nog maar meer een nerd maakte, en toen hij in de vierde zat, werd hij zo meedogenloos gepest door zijn klasgenoten dat het makkelijker voor hem werd om in zijn eigen wereldje te leven: hij lette opzettelijk niet op wat zijn klasgenoten cool vonden.

Dans verhaal is typerend voor wat ik in mijn eigen onderzoek heb ontdekt. Annette La Greca en ik hebben meer dan tweehonderd kinderen bestudeerd totdat ze pubers werden, en kwamen erachter dat kinderen van negen jaar leerlingen die het goed deden op school in het algemeen het leukst vonden. De juffen en meesters vonden hen het aardigst, ze waren goed in het oplossen van sociale problemen en hun klasgenoten wilden graag met hen spelen. Deze kinderen hadden een sterk gevoel van eigenwaarde en leden in vergelijking met hun leeftijdgenoten relatief weinig aan depressiviteit, angst en eenzaamheid. Maar zes jaar later meldden deze kinderen een enorme verslechtering van hun emotioneel welzijn.[23] Zij behoorden als groep tot de meest gedeprimeerde, angstige, eenzame en onzekere pubers van allemaal.

Wat was er veranderd? Niet hun intelligentie – ze waren nog steeds de slimste kinderen van de klas die de hoogste cijfers haalden. Maar aan het begin van de puberteit was de houding van hun leeftijdgenoten ten opzichte van presteren veranderd,[24] en de slimme kinderen leden onder de sociale en psychologische gevolgen daarvan. Goede cijfers halen en je best doen op school is precies wat volwassenen willen dat kinderen doen. Met andere woorden, dit soort gedrag is een weerspiegeling van de maatstaven van volwassenen. Jonge kinderen denken dat volwassenen 'cool' zijn, dus je gedragen volgens de maatstaven van volwassenen is dat ook. Maar in de puberteit zijn we geprogrammeerd om meer naar onze leeftijdgenoten dan naar onze ouders te kijken, en er is niets minder cool dan doen wat je ouders willen. Dus goede cijfers halen of heel hard je best doen wordt door tieners plotseling als belachelijk beschouwd en geminacht.

Veel intelligente mensen zoals Dan vinden als volwassene natuurlijk een plek in de wereld waar ze zich op hun gemak voelen, omdat er in de volwassen wereld een minder groot stigma aan intelligentie kleeft. Anderen verliezen in de verkiezingen van George W. Bush, die in 2000 weliswaar de minder geschikte kandidaat was, maar aardiger overkwam op het Amerikaanse volk[25] dan zijn rivaal Al Gore. Weer anderen voelen zich de rest van hun leven vervreemd en proberen manieren te bedenken om hun collega's te negeren, omdat het te pijnlijk is zich zo anders te voelen.

Toen Dan een tiener was, werkte deze strategie heel goed.

Door opzettelijk te negeren wat anderen cool vonden, kon hij het minderwaardigheidsgevoel dat hij bij zijn klasgenoten had vermijden. Hij besloot dat het hem niets kon schelen wat zijn klasgenoten de moeite waard vonden, want zij vonden hem niet de moeite waard. Tegen de tijd dat hij volwassen was, werkte deze strategie echter niet meer. Tijdens functioneringsgesprekken werd Dan als 'competent, loyaal en altijd op tijd' beoordeeld, maar ook als: 'geen teamspeler', 'moeilijk om mee te werken' en 'past zich slecht aan'.

Hoe zit dat met afgewezen kinderen die impopulair waren om andere redenen dan te slim zijn? Onderzoek heeft uitgewezen dat afgewezen worden een van de meest consistente risicofactoren is voor allerlei psychische problemen die zich later in het leven kunnen voordoen,[26] zoals depressiviteit, angst, drugsgebruik en zelfs crimineel gedrag. Natuurlijk krijgt niet iedere afgewezen persoon last van psychische aandoeningen, maar veel mensen die als kind werden afgewezen, voelen zich ook als volwassene buitengesloten. Er is ergens – op hun werk of in hun omgeving – wel een groep die ze proberen te vermijden of waar ze zich ongemakkelijk bij voelen. Ze laten etentjes of andere sociale aangelegenheden misschien aan zich voorbijgaan als ze het risico lopen om zich daar minderwaardig te voelen. Net als Dan vinden ze misschien een partner en hebben ze een paar goede vrienden, maar ze zijn altijd bang om buitengesloten te worden. Velen vinden een roeping of een werkplek waar mensen werken die ook afgewezen of genegeerd werden. Sommigen worden zo handig in het sturen van hun contacten dat ze aangeven zich niet meer afgewezen te voelen. Maar hun vroegere gevoelens van onzekerheid steken de kop weer op wanneer ze uit hun comfortzone worden gehaald.

Mensen die als kind werden afgewezen kunnen zich ook waardeloos, angstig of kwaad voelen. Deze gevoelens kunnen zich op een subtiele manier uiten, bijvoorbeeld door een constante behoefte aan bevestiging[27] van naasten, gevoeligheid voor signalen dat ze geplaagd of buitengesloten worden, of door angst wanneer ze mensen ontmoeten die hen aan de pestkoppen uit hun jeugd herinneren. Het komt vaak voor dat afgewezen mensen een duw-en-trekrelatie met de wereld om zich heen ontwikkelen: ze veroordelen anderen om zich superieur te voelen, maar zijn tegelijkertijd afhankelijk van een positieve respons om hun kwetsbare gevoel van eigenwaarde op te krikken.

Frank, de assistent die hoger op de sociale ladder probeerde te komen en zich voortdurend 'omhoogwerkte', behoort tot de categorie 'controversieel'. Als kind zijn controversiëlen vaak de grappenmakers van de klas – favoriet bij iedereen als ze tot een grote groep behoren, maar niet per se degenen met wie anderen goed bevriend willen zijn. Deze mensen kunnen sociaal heel handig zijn, maar zijn ook vrij agressief. Velen omschrijven hen als machiavellistisch[28] – ze gebruiken hun sociale vaardigheden op een strategische manier wanneer hun dat uitkomt, en ze zijn ook bereid om anderen onderuit te halen om te krijgen wat ze willen.

We weten niet zoveel over hoe controversiëlen het in de loop van de tijd doen. Ze zijn relatief moeilijk te vinden en worden daarom niet vaak bestudeerd. Maar beschikbare onderzoeksresultaten wijzen uit dat hoewel ze op de korte termijn succes hebben, ze het op de lange termijn niet zo goed doen. Uit één onderzoek onder bijna driehonderd meisjes uit groep 6 uit een buurt met gemiddeld lage inkomens die als geaccepteerd, genegeerd, afgewezen, controversieel of gemiddeld waren gecategoriseerd, bleek dat de controversiëlen de grootste kans liepen om tienermoeder te worden.[29] In vergelijking met alle andere tienermoeders waren de controversiëlen zelfs het jongst toen ze hun kind baarden.

Onderzoek heeft verder aangetoond dat de kans groot is dat

controversiële kinderen in de puberteit veel status hebben,[30] de andere vorm van populariteit waar dit boek over gaat.

Aan het eind van de ochtend stapte er eindelijk een medewerker van personeelszaken uit de lift op de verdieping waar Billy, Carl, Dan, Frank en nog zo'n honderd andere personeelsleden somber zaten te wachten. Net als in *Idols* las de medewerker drie lijsten met namen op en moesten de personeelsleden naar een bepaalde kamer gaan nadat hun naam genoemd was, waar ze zouden horen wat hun lot was. Billy en Frank werden naar dezelfde kamer gestuurd, Carl naar een tweede, en Dan naar de derde.

Na ongeveer twintig minuten begonnen de medewerkers in de kamer van Frank en Billy te fluisteren en er deden al snel geruchten de ronde. Uiteindelijk kwam het hoofd van de afdeling personeelszaken binnen, deed de deur achter zich dicht en zei dat hun baan veilig was. Er werd van hen verwacht dat ze allemaal meteen weer aan het werk gingen.

Toen ging ze de kamer van Carl binnen en vertelde deze groep dat hoewel hun baan door de bedrijfsreorganisatie zou verdwijnen, ze allemaal een eenjarig contract bij een zusterbedrijf aangeboden zouden krijgen. Het was geen geweldig nieuws, maar het was beter dan werkloosheid.

'Ik wist dat ik in de problemen zat,' herinnerde Carl zich. Toen de bedrijfsleiding overlegde over wie moest blijven en wie kon gaan, zei hij, wist hij dat hij 'niemands favoriet' was. Anderen veronderstelden dat Carl een van de mensen was die moest verdwijnen omdat hij zo weinig contact met collega's had, waardoor zijn vertrek het personeelsnetwerk waarschijnlijk nauwelijks of niet zou verstoren.

De kamer van Dan bevatte het kleinste aantal medewerkers. Hun werd verteld dat hun taken werden herverdeeld en dat ze aan het eind van de week hun bureau leeg moesten achterlaten. Hoewel Dan intelligent was en zijn werk goed deed, was er geen twijfel over mogelijk dat hij die akelige dag ontslagen zou worden. Hij kon zich gewoon niet aan zijn collega's aanpassen.

De beslissingen die omtrent Billy, Carl, Dan en Frank waren genomen, waren natuurlijk op een ingewikkelde reeks factoren gebaseerd. Zo werd er naar hun werkprestaties, leeftijd, behoefte aan leiding en de prognose voor hun toekomst gekeken. Maar was dat alles wat ertoe deed? Er bestaat substantieel bewijs dat hoe aardig we worden gevonden kan voorspellen hoe het ons op veel terreinen in het leven zal vergaan. Leuke mensen blijven een streepje voor hebben, en mensen die niet leuk zijn, hebben daar bijna altijd onder te lijden.

Aardig zijn is een belangrijke vorm van populariteit, maar dat is meestal niet waar we aan denken wanneer we bepalen wie het populairst is. Wat we in gedachten hebben heeft meestal meer met status te maken. Sommige mensen zijn in beide opzichten populair: ze hebben macht, invloed, prestige, overwicht en zijn ook nog iemand die iedereen aardig vindt. Maar dat is zeldzaam. Onderzoekers meten iemands status door een ander type sociometrische beoordeling toe te passen en deelnemers te vragen om aan te geven wie het 'populairst' en wie het 'minst populair' zijn in plaats van wie ze het aardigst vinden en wie het onaardigst. De resultaten hebben aangetoond dat maar zo'n 35 procent van de mensen die veel status hebben ook heel aardig gevonden wordt.[31] Een groot deel van de rest bestaat uit mensen die tot de groep 'controversieel' behoren.

De hoge status van Ignaz Semmelweis stelde hem in staat om een grote medische crisis te onderzoeken en uiteindelijk met een theorie te komen die de wetenschap ontwikkelde en levens redde. Toen zijn collega's zijn nieuwe methoden overnamen – door hun handen te wassen en tussen verschillende medische handelingen door de chirurgische instrumenten te ontsmetten – werden er honderden moeders gered.

Maar Semmelweis kreeg tijdens zijn leven nooit de lof die hij verdiende voor het tot stand brengen van een enorme medische doorbraak. Howard Markel, een geschiedkundige verbonden aan de Universiteit van Michigan, schrijft dat Semmelweis' scherpe, ongevoelige kritiek er uiteindelijk toe leidde dat de artsen in Wenen ermee ophielden na lijkschouwingen hun handen te wassen.[32] Algauw stierven er weer heel veel moeders, zelfs meer dan voorheen. In 1850 nam Semmelweis stilletjes ontslag bij het Algemeen Ziekenhuis. Pas een decennium later deed Louis Pasteur een reeks experimenten waaruit het bestaan van specifieke ziekteverwekkende bacteriën bleek, waarna het medisch handelen voor altijd veranderde. Intussen overleden er duizenden vrouwen en kinderen in Wenen, en dokter Semmelweis zelf stierf toen hij zevenenveertig jaar was, naar verluidt als gevolg van een infectie.[33]

Ook Alexandra Cort, die ook veel status had, verging het slecht. Nadat we haar voor het eerst ontmoet hadden, zijn we haar klasgenoten en haar in het kader van ons onderzoek een paar jaar blijven volgen. Wat status betreft was Alexandra tot aan het eindexamen verreweg het populairste meisje van haar jaar, ook al werd ze door veel leerlingen genoemd als degene die ze het minst aardig vonden.

En dat was haar ondergang. Vanwege haar hoge status werd ze op elk feestje uitgenodigd, waar ze dronk, wiet rookte, ecstasy gebruikte en zelfs met cocaïne experimenteerde. Haar cijfers gingen omlaag en terwijl haar vriendinnen uit de bibliotheek tot vierjarige opleidingen werden toegelaten, bleef Alexandra achter. Haar vriendschappen kwamen onder druk te staan en haar vriend maakte het uit toen hij zich voorbereidde om naar de universiteit te gaan.

De laatste keer dat we informatie verzamelden voor ons onderzoek, was het populairste meisje van de school eenzaam.

3

Het probleem met populariteit

Wat is er mis met wat we willen?

In het centrum van Rome, tussen historische monumenten als de Sint-Vincenzokerk en de United Colors of Benetton, bevindt zich de Trevifontijn.[1] Het is een prachtige fontein waar elk uur meer dan tweeduizend liter water door de aquaducten stroomt. Elke dag wordt ze omringd door mensen die haar schoonheid bewonderen en naar het eindeloze geklater van het water luisteren. Ze maken foto's, drinken koffie in de buurt en de meerderheid gooit een muntje in het water om een wens te doen. Er wordt per dag zo'n drieduizend euro aan munten in de fontein gegooid, waar duizenden wensen van over de hele wereld voor worden gedaan.

Wat wensen mensen zoal, wat zijn typische wensen?

Ik wens dat ik de loterij win.
Ik wens dat ik vijf kilo afval.
Ik wens dat ik beroemd word.
Ik wens dat ik een promotie krijg.
Ik wens dat ik verliefd word.
Ik wens mijn familie geluk en een goede gezondheid toe.
Ik wens dat er geen oorlog of lijden meer is.

Wat zou jij wensen? Onderzoekers hebben deze vraag aan mensen van over de hele wereld gesteld. In sommige onderzoeken is het idee anders verwoord; daarin werden mensen naar hun 'fundamentele motieven'[2] gevraagd, met andere woorden: de diepste verlangens die hun gedrag bepalen. Anderen hebben onderzoek gedaan naar sterke verlangens of wat de Duitsers *Sehnsucht* noemen.[3] Weer andere onderzoekers hebben de belangrijkste 'ambitieuze doelen'[4] van mensen geanalyseerd.

De resultaten van al deze onderzoeken tonen aan dat hoewel onze wensen een beetje afhangen van onze leeftijd, sekse, persoonlijkheid en zelfs van waar we ons bevinden op het moment dat ons de vraag gesteld wordt, we in feite allemaal hetzelfde willen. Psychologen kunnen onze wensen in slechts twee hoofdcategorieën indelen.

Een van deze categorieën bevat onze 'intrinsieke' verlangens: verlangens naar dingen waardoor we ons goed voelen zonder dat we daar erkenning of een reactie van anderen voor nodig hebben. Psychologen stellen dat deze intrinsieke doelen voldoening schenken omdat ze ons het gevoel geven dat we onze eigen waarden respecteren. Ze stimuleren psychische groei en zelfactualisatie. Met andere woorden, ze maken van ons de beste mensen die we kunnen zijn. Onder intrinsieke doelen valt ons verlangen naar verbondenheid met anderen, liefde, en gezondheid en geluk. Altruïstische wensen (bijvoorbeeld het verlangen naar geluk voor onze naasten of een einde aan de honger in de wereld) zijn een weerspiegeling van onze intrinsieke verlangens, omdat als we proberen om anderen te helpen, dat goed voelt, ook al is niemand anders zich bewust van onze liefdadige bedoelingen.

In één onderzoek vroeg een groep psychologen 405 jonge volwassenen: 'Als je drie wensen mocht doen, wat zou je dan wensen?'[5] De resultaten lieten minder intrinsieke wensen zien dan je zou verwachten.[6] Zo'n 13 procent wilde meer geluk, en 12 procent wilde meer sociale intimiteit, waaronder 'positieve relaties met familie en vrienden'. Slechts 8 procent koos voor een altruïstische wens. Anderen (6 procent) deden een wens die te maken had met fysieke gezondheid of de gezondheid van iemand die hun dierbaar was. Dit type wens komt vaker voor naarmate we ouder worden.

De tweede categorie van wensen heeft veel met populariteit te maken. Dit is niet het soort populariteit dat draait om aardig gevonden worden, maar om status en alles wat daarbij hoort. Onderzoekers noemen dit soort wensen 'extrinsiek', omdat ze gebaseerd zijn op het verlangen om positief gewaardeerd te worden door anderen. Extrinsieke verlangens worden alleen vervuld wanneer we door andere mensen gezien worden en zij ons positief waarderen, dus we hebben zelf geen controle over het vervullen van deze wensen.

Veel voorkomende extrinsieke wensen zijn het verlangen naar aandacht en roem (bijvoorbeeld: 'door veel mensen bewonderd worden' of 'bij iedereen bekend zijn'), en het verlangen naar overwicht en macht ('anderen kunnen beïnvloeden'). Extrinsieke wensen draaien ook om eigenschappen die we met veel status associëren, zoals schoonheid ('van veel mensen horen dat ik er goed uitzie') en grote rijkdom ('heel veel dure dingen hebben'). Hoe de vragen ook gesteld waren en wie de deelnemers aan het onderzoek ook waren, onderzoek wijst uit dat minstens een van de drie grootste wensen van de deelnemers intrinsiek is, waarbij vooral veel mensen beroemd willen zijn of aandacht willen. Macht (vooral bij mannen) en schoonheid (bij vrouwen) behoren meestal ook tot de top vijf. Uiteindelijk willen we allemaal bewonderd worden en invloed hebben, misschien zelfs een beetje benijd worden.

Is dat slecht? Is het oppervlakkig? Onvolwassen? Misschien een beetje ijdel? Willen we stiekem onze glorietijd van de middelbare school herleven of een wens vervullen die in onze puberteit nooit vervuld werd? Willen we nog steeds dit soort populariteit?[7]

Ik moet bekennen dat hoewel ik niet erg actief ben op Facebook, ik wel een account heb, waardoor ik contact kan houden met vrienden en collega's die ik anders uit het oog zou verliezen. Af en toe post ik een foto van mijn gezin en log dan een paar dagen en verscheidene zeurderige e-mails van Facebook later weer in om te zien wat ik gemist heb. Boven aan het scherm staat een icoontje dat aangeeft dat er activiteit is geweest op mijn account. Wanneer ik erop klik, wordt aangegeven dat tientallen mensen de foto die ik had gepost hebben 'geliket' of er iets over hebben gezegd. Ik had die foto niet geüpload om een indrukwekkend aantal 'likes' te verzamelen, maar ik voel me toch een beetje gesteund door de wetenschap dat zoveel mensen mijn foto hebben gezien en leuk vonden. Deze erkenning betekent natuurlijk niet dat mensen mij ook leuk vinden, ook al wordt dat door het slimme gebruik van het woord 'like' door Facebook wel gesuggereerd. Het is eerder een eenvoudige manier voor hen om aan te geven dat ze mijn foto gezien hebben en dat die een glimlach veroorzaakte. Het lijkt erop dat het fundamentele doel van liken, retweeten of andere vormen van goedkeuring geven op sociale media is dat je je bij de groep aansluit die zegt: 'Ik heb je gezien. Je hebt mijn aandacht. Ik vind je leuk.' Het is een manier om mensen status te geven, om ze te laten zien dat ze zichtbaar zijn en door velen bewonderd worden. En deze tactiek werkt. Wanneer ik het aantal likes zie, krijg ik het gevoel dat... nou ja, dat ik populair ben. Het lijkt kinderachtig om toe te geven, maar je krijgt er een heerlijk gevoel van, een schouderklopje, een gevoel van erkenning.

We kijken meestal neer op mensen die openlijk naar status verlangen. Dit soort populariteit nastreven associëren we meer met jonge tieners en boybands. We hebben zelfs denigrerende

66

termen voor volwassenen die schaamteloos naar meer status streven, zoals 'wannabe' of 'faker'.

Maar wat is er mis met verlangen naar meer status? Het is vanuit sociaal oogpunt gezien in elk geval een voordeel om dit soort populariteit te hebben. Stel je voor dat je op een feestje komt waar iedereen graag met je wil praten, leuk vindt wat je zegt en onder de indruk is van je omdat je er zo geweldig uitziet. Denk je eens in hoe vleiend het zou zijn als jouw ideeën op elke werkvergadering als de briljantste en invloedrijkste van allemaal zouden worden beschouwd. Bedenk je hoe bijzonder je je zou voelen als mensen blij zouden zijn om je te zien en naderhand heel positief over je zouden zijn. Wie zou niet aanbeden willen worden door al zijn collega's? Dit soort waardering spreekt ons allemaal aan, net als we ons allemaal stiekem een beetje opgepept voelen als we likes krijgen op onze Facebookpagina of als we heel veel uitnodigingen voor feestjes en bijeenkomsten krijgen. Waarom? Niet omdat we nog steeds bij de populairste leerlingen van de middelbare school willen horen, het heeft eigenlijk een veel diepere grondslag. Het feit dat we status nastreven heeft de meest primitieve oorsprong.

Diep in onze hersenen, in een deel van het limbisch systeem dat zich onder de cerebrale cortex bevindt, is een gebiedje dat al duizenden jaren deel uitmaakt van onze anatomie en niet alleen bij mensen, maar ook bij zoogdieren te vinden is. Het is onderdeel van een netwerk van nauw met elkaar samenhangende substructuren, waarvan het meest relevante gebied het 'ventrale striatum' wordt genoemd. Het ventrale striatum is het middelpunt van het beloningscentrum in onze hersenen en speelt als zodanig een belangrijke rol in hoe we ons voelen. Het reageert op allerlei beloningen, van de belofte van geld tot het euforische gevoel als gevolg van drugsgebruik. Maar het ventrale striatum wordt vooral geactiveerd wanneer we op sociaal gebied een beloning krijgen, en dat begint in de puberteit. Een van de belangrijkste functies hiervan is dat we status belangrijk vinden.

Het ventrale striatum is een van de eerste delen van de hersenen[8] die veranderen in de puberteit en het past zich bijzonder snel aan. Rond de tijd dat er grote hoeveelheden testosteron en progesteron door ons lichaam stromen – nog voordat onze stem verandert en onze seksuele interesses zich ontwikkelen – begint ons lichaam ons erop voor te bereiden om zelfstandig te worden. Een eerste stap op die weg is dat het ons helpt afstand te doen van onze ouders en meer interesse in onze leeftijdgenoten te krijgen.

Deze interesse wordt gestimuleerd door een cocktail van neurochemicaliën. Onze gevoelens, gewaarwording, impulsen en ons gedrag worden allemaal geactiveerd door de activiteit van neuronen in ons centrale zenuwstelsel. Deze neuronen hebben elk een receptor die is afgestemd op specifieke hormonen, neurotransmitters of andere substanties die het neuron duidelijk maken wanneer hij actief moet worden. Wanneer we tussen de tien en dertien jaar oud zijn, zorgen onze puberale hormonen ervoor dat de neuronen in het ventrale striatum extra receptoren ontwikkelen voor twee hersenstoffen in het bijzonder.

De ene is het hormoon oxytocine, dat ons verlangen om de band met onze leeftijdgenoten aan te halen versterkt. Ook in veel zoogdieren breidt het aantal receptoren voor oxytocine zich in het begin van de puberteit sterk uit. Zelfs opgroeiende muizen trekken liever met 'tienermuizen' op in plaats van volwassen dieren, een feit dat miljoenen ouders die zich afvragen waarom ze plotseling zo gênant zijn voor hun kinderen tot troost kan zijn. De tweede stof is dopamine, dezelfde neurotransmitter die het fijne gevoel produceert dat door veel drugs wordt gestimuleerd. Deze twee neurochemicaliën zorgen ervoor dat kinderen plotseling een behoefte aan 'sociale beloningen' krijgen, een respons van hun leeftijdgenoten waardoor ze het gevoel krijgen dat ze gezien worden, waardering krijgen, bewonderd worden en van invloed zijn op hun leeftijdgenoten.

Maar dat is nog niet alles. Onze hersenen zijn niet alleen zodanig geprogrammeerd dat we ons goed voelen wanneer we veel status hebben, ze zorgen er ook voor dat we die nastreven. De reden hiervan is dat het ventrale striatum vrijwel nooit alleen handelt. Het is onderdeel van een groep gebiedjes die neurowetenschappers zoals mijn collega Kristen Lindquist het 'motiverende relevantienetwerk'[9] noemen. Kent Berridge, neurowetenschapper verbonden aan de Universiteit van Michigan, is expert op het gebied van het motiverende relevantienetwerk en heeft bestudeerd wat de hersenen willen en fijn vinden,[10] met andere woorden, wat goed voelt en waarom we dat zo vastberaden nastreven. Zijn werk heeft aangetoond dat het ventrale striatum signalen naar verschillende plekken in de hersenen stuurt, zoals het ventrale pallidum. Het ventrale pallidum vertaalt wat we fijn vinden in sterke motivatie om te handelen, zodat we meer krijgen van wat we willen. Met andere woorden, het is van invloed op ons gedrag en kan ook onze emoties beïnvloeden. Het ventrale pallidum is bovendien in verband gebracht met verschillende vormen van verslaving en de emotionele gehechtheid die we kunnen ontwikkelen aan dingen waarvan we weten dat ze niet goed voor ons zijn.

Sommige verbindingen die onze verlangens sturen worden in de cortex gelegd, het deel van de hersenen dat zich boven de subcorticale gebieden bevindt die we met veel andere soorten gemeen hebben. De cortex is het gedeelte waarin zich gedachten vormen, een proces waarin we ons bewust worden van wat we fijn vinden en nadenken over de vraag of we dat zullen nastreven of niet. Bij volwassenen helpt nadenken om niet te geobsedeerd te raken door een bepaald verlangen naar iets, zoals populariteit. Wanneer we midden twintig zijn, heeft de rest van onze hersenen het zich vroeg ontwikkelende ventrale striatum ingehaald[11] en helpt de cortex ons om verstandig te handelen, waardoor we de neiging kunnen weerstaan om aan elke behoefte te voldoen.

Maar veel neurale verbindingen worden ook onder de cortex gelegd, zoals die tussen het ventrale striatum en het ventrale pallidum. Berridge verklaart dat deze subcorticale verbindingen ertoe kunnen leiden dat we ons op een bepaalde manier gedragen zonder dat we ons dat realiseren. Soms beschouwen we dat gedrag later zelfs als irrationeel, zoals wanneer we duizelig worden wanneer we een beroemdheid zien, of eruit flappen waar we naar verlangen wanneer dat ongepast is. Subcorticale verbindingen zijn zelfs zo sterk dat we niet alleen de dingen willen die ons een directe sociale beloning geven, maar ook alles wat met die sociale beloningen in verband wordt gebracht, en dat gebeurt automatisch. Algauw willen we dingen die ons alleen maar aan een hoge status herinneren, zoals schoonheid of grote rijkdom, of we daar nu baat bij hebben of niet. Berridge noemt deze verbanden 'motivatiemagneten'.[12]

Als je met tieners praat, is het niet moeilijk in te zien dat hun verlangens verband houden met een hunkering naar sociale beloning en veel status. Tegen de tijd dat we dertien zijn, lijkt niets belangrijker dan dit soort populariteit. We praten over wie het heeft. We denken na over hoe we er zelf aan kunnen komen, en we zijn kapot wanneer we het verliezen. We doen zelfs dingen waarvan we weten dat ze verkeerd, immoreel, illegaal of gevaarlijk zijn, alleen maar om meer status te krijgen of om die te verdedigen. Pubers zijn vrijwel verslaafd aan populariteit. Tenminste, het type dat op status gebaseerd is.

Dit is precies wat we ontdekken wanneer mijn masterstudenten en ik tieners ontmoeten om hun gedrag ten aanzien van leeftijdgenoten te bestuderen. Deze voorkeur lijkt zelfs steeds sterker te worden nu tieners aan de loterij van sociale beloningen kunnen deelnemen met elke muisklik op de sociale media. Wanneer we met tieners praten over wat het belangrijkst voor hen is, lijkt het of ze alleen maar praten over hun verlangen naar sociale beloningen en hun strategie om die te krijgen.

'Ik wil de meeste volgers op Twitter van mijn school,' zegt een van de leerlingen.

'Als ik een foto op Instagram post die niet binnen twintig minuten minstens dertig likes krijgt, haal ik hem eraf,' zegt een andere.

'Je moet alles wat je vrienden posten meteen liken, anders ben je geen goede vriend(in),' vertelt een derde.

'Waarom?' vragen we hun. 'Vertel eens waarom jullie socialemediaprofiel zo belangrijk is.'

'Het is net als beroemd zijn,' is een typisch antwoord. 'Het is cool. Iedereen kent je, en je bent zo'n beetje de belangrijkste persoon op school.'

Of: 'Als je populair bent, als iedereen het over je heeft, kun je daten met wie je maar wil. Je kunt met iedereen vrienden zijn. Het voelt gewoon goed.'

Geldt deze obsessie met de sociale media ook voor volwassenen? We kennen allemaal mensen die net zo fervent van de sociale media gebruikmaken als de tieners van tegenwoordig, mensen die voortdurend iets posten, aandacht vragen in de vorm van likes, retweets, enzovoort. Het ventrale striatum blijft bij volwassenen inderdaad net zo actief. We zijn wel veel beter in staat om deze impulsen te beteugelen naarmate we ouder worden, maar we blijven de rest van ons leven proberen om sociale beloningen te krijgen en naar status streven. Hoe meer we te weten komen over de hersenen, hoe meer we ontdekken dat het verlangen naar status ons kan veranderen zonder dat we daar erg in hebben.

Wat heb jij vandaag gedaan om je status te verbeteren? Heb je leuke kleren aangetrokken zodat anderen je opmerken? Heb je een duur horloge omgedaan zodat je je machtig of prestigieus voelt? Misschien heb je een e-mail naar collega's gestuurd in de hoop dat je daardoor meer invloed krijgt op kantoor? Of misschien heb je iets op Facebook of Twitter gepost. Dit zijn allemaal vrij voor de hand liggende dingen die we doen om ons voor ons gevoel meer status te geven, en we zijn ons meestal bewust van wat we doen wanneer we dit soort keuzes maken om erkenning te krijgen.

Maar is dat alles? Waaraan kun je nog meer zien dat we naar status verlangen? Het blijkt dat ons ventrale striatum van invloed is op veel meer gedragingen en emoties dan we ooit dachten.

Onderzoek heeft bijvoorbeeld aangetoond dat wanneer we over mensen met veel status lezen, of zelfs alleen maar naar ze kijken,[13] dat genoeg is om de gebiedjes van sociale beloning in onze hersenen te activeren. We kijken zelfs veel langer naar leeftijdgenoten (man of vrouw) met veel status dan we naar andere mensen om ons heen kijken.[14] Met andere woorden, zonder het te beseffen richten onze hersenen ons meestal de hele dag door op status.

Verder voelen we ons gewaardeerd wanneer we geloven dat iemand die we bewonderen ons ook leuk vindt.[15] Iedereen die weleens gefantaseerd heeft over een ontmoeting met een beroemdheid en daarna beste vrienden met hem of haar worden, herkent dit vast. Dit wijkt niet eens zoveel af van het verlangen dat we op de middelbare school hadden naar erkenning van de populairste leerling van de klas, en het kan allemaal teruggevoerd worden op hetzelfde toegenomen puberale verlangen naar waardering van anderen.

Chris Davey en zijn collega's in Australië en Spanje toetsten dit idee in een onderzoek met volwassenen. Ze vroegen de deelnemers om een reeks foto's te bestuderen van mensen die ze nooit hadden ontmoet en dan aan te geven hoeveel ze iedere persoon bewonderden. Er werd hun voorgehouden dat de mensen op de foto's hetzelfde met hen deden. Daarna werden ze in een fMRI (functionele MRI)-scanner gelegd en kregen ze de foto's opnieuw te zien, maar dit keer werd hun verteld welke mensen op de foto's hen ook bewonderden. Wanneer de deelnemers geloofden dat de ander hen leuk vond, werd het beloningsgebied van de hersenen actief. Die reactie was logisch, omdat als iemand ons leuk vindt, we sociaal beloond worden. Maar het interessantste resultaat van het onderzoek was dat diezelfde gebiedjes in de hersenen het sterkst geactiveerd werden wanneer de deelnemers geloofden dat ze bewonderd werden door hun favorieten. Gewaardeerd worden door mensen tegen wie we opkijken lijkt voor het beloningsgebied in onze hersenen de meeste waarde te hebben.

Onderzoek heeft ook aangetoond dat wanneer we denken erkenning te kunnen krijgen, de kans groter is dat we impulsief handelen. Dit kan verklaren waarom zoveel mensen in het bijzijn van anderen met veel status dingen hebben gedaan waar ze later spijt van hadden.

Dit werd recentelijk aangetoond door Leah Somerville van de Harvard-universiteit en B.J. Casey van de Cornell-universiteit, die een aangepast computerspelletje gebruikten om te bepalen of we sommige remmingen kwijtraakten wanneer ons een sociale beloning in het vooruitzicht wordt gesteld.[16] Het spelletje was eenvoudig: er werd de deelnemers gevraagd om op de spatiebalk van het toetsenbord te drukken wanneer ze een bepaald signaal op het scherm zagen, maar dat niet te doen als ze iets anders zagen. Wanneer dit spelletje met letters als stimuli wordt gespeeld (bijvoorbeeld, druk op de spatiebalk wanneer je de letter R ziet, maar niet wanneer de letter J verschijnt), kan dat helpen een diagnose te stellen voor ADHD. Somerville en

Casey vervingen de letters in hun onderzoek echter door lachende of neutrale gezichten, en de deelnemers werden in een fMRI gelegd, zodat hun hersens gescand konden worden. De onderzoekers ontdekten dat het zien van een lachend gezicht een sociale beloning inhield. Dat is ook logisch, want een glimlach is uiteindelijk een instinctief teken van waardering, zoals de waardering die we krijgen wanneer we veel status hebben. Maar frappanter was de ontdekking dat de deelnemers de opdracht veel minder goed uitvoerden wanneer ze deze sociale beloningen kregen, wat erop duidde dat ze hun impulsen minder goed onder controle konden houden. Dit gold vooral voor pubers en volwassenen. Niemand is immuun voor dit effect. Vraag mijn vrouw maar eens naar die keer dat we een van mijn favoriete actrices tegenkwamen, en ik stond te kwijlen als een twaalfjarige fan. Er is iets met status wat onze remmingen automatisch verzwakt.

De belofte van een sociale beloning kan zelfs onze houding en voorkeuren veranderen,[17] zonder dat we dat beseffen. Erik Nook, student aan de Stanford-universiteit, en psycholoog Jamil Zaki onderzochten wat er in onze hersenen gebeurt wanneer we ons aan anderen aanpassen. Nook en Zaki vroegen volwassenen aanvankelijk om hun voorkeur voor bepaalde etenswaren (chips, snoep, fruit, groenten) aan te geven, die hun in de vorm van foto's werden getoond. Nadat ze elke foto hadden beoordeeld, kregen de deelnemers een statistiek te zien die zogenaamd aantoonde wat de vorige tweehonderd deelnemers van die bepaalde etenswaar vonden. De statistiek was natuurlijk nep, maar ze stelde de onderzoekers in staat om de reactie van de hersenen op de mening van anderen te bestuderen. Zoals verwacht, werd het ventrale striatum geactiveerd wanneer de anderen het met de deelnemer eens waren. We ervaren een sociale beloning wanneer we ontdekken dat anderen het met ons eens zijn.

Toen gingen de onderzoekers nog een stap verder. Nadat de deelnemers de neprespons van de anderen hadden gekregen, werd hun gevraagd om voor elke etenswaar nog een keer hun voorkeur aan te geven. Nook en Zaki wilden kijken of de deelnemers hun beoordeling zouden veranderen toen ze wisten hoe de anderen gereageerd hadden, zelfs van zoiets onbelangrijks als hun voorkeur voor bepaalde etenswaren. De resultaten laten zien dat dit inderdaad gebeurde: bijna iedereen paste zich in zekere mate aan het oordeel van de anderen aan, maar het interessantst was dat de deelnemers die in het eerste deel van het experiment de meeste activiteit in hun ventrale striatum hadden, zich het meest aan de anderen aanpasten. De resultaten lieten zien dat we niet alleen biologisch erop ingesteld zijn om het fijn te vinden dat anderen het met ons eens zijn, maar dat de deelnemers die de sterkste reactie op een sociale beloning hadden, de grootste neiging hadden om zich aan de mening van de anderen aan te passen. Dit alles gebeurt zonder dat we het ons realiseren.

Ons verlangen naar waardering is echter niet alleen van invloed op ons gedrag, het beïnvloedt ook in sterke mate onze gevoelens, zelfs onze meest fundamentele ideeën over wie we zijn. De puberteit, de fase in ons leven wanneer ons biologische verlangen naar status plotseling versterkt wordt, is ook de periode waarin we voor het eerst ons gevoel van identiteit ontwikkelen.

Als je jonge kinderen vraagt hoe ze zich voelen of wat voor iemand ze zijn, geven ze vaak een antwoord dat gebaseerd is op wat er in de laatste paar minuten of uren met hen gebeurd is. Maar in de puberteit zijn we beter in staat onszelf op een manier te zien die niet afhankelijk is van een bepaald moment of recente ervaringen. We ontwikkelen een stabiel zelfbeeld, en de gelijktijdige ontwikkeling van ons gevoel van identiteit en de snelle toename van de activiteit in het ventrale striatum leidt tot een proces dat psychologen 'weerspiegelde beoordeling'[18] noemen. Met andere woorden, we beginnen onze eigenwaarde niet alleen te baseren op hoe we ons voelen, maar ook op de manier waarop we volgens ons door anderen worden gezien. Als iedereen in het lokaal denkt dat we cool zijn, betekent dat ook dat we cool zijn. Als onze klasgenoten ons pesten of negeren, denken we niet dat ze gemeen of ongemanierd zijn, maar beschouwen we dat als bewijs dat we waardeloos zijn. Ons eigenbeeld wordt niet alleen gevormd door de manier waarop onze leeftijdgenoten ons behandelen, maar wordt volkomen door zulke ervaringen bepaald.

Ook volwassenen worden beïnvloed door 'weerspiegelde beoordeling', maar dit geldt voor sommige meer dan voor andere. Bij veel mensen wordt hun identiteit sterk beïnvloed door de laatste positieve of negatieve reactie van anderen die ze gehad hebben. Als ze horen dat iemand hen leuk vindt, denken ze dat ze goed zijn, terwijl als ze worden buitengesloten, ze denken dat ze een mislukking zijn. Sommigen hechten zoveel belang aan status (of dat nu in de vorm van roem, schoonheid, macht of rijkdom is) dat het lijkt alsof hun hele identiteit ervan afhangt. Neurowetenschappelijk onderzoek staaft deze waarnemingen. We weten nu dat signalen van het ventrale striatum naar het 'emotienetwerk'[19] van onze hersenen gaan, waaronder de amygdala en delen van de hippocampus. Deze gebiedjes zijn van invloed op de prikkeling van onze emoties, onze meest betekenisvolle herinneringen en het gevoel dat iets van grote en persoonlijke invloed op ons is geweest. Wanneer we naar waardering verlangen, doen we daar om die reden niet nonchalant over, maar zien we het als de basis van onze eigenwaarde. We geloven misschien zelfs dat status hetzelfde is als tevredenheid. Als we niet beroemd, machtig, mooi, rijk of invloedrijk zijn, zijn we waardeloos. Dit is geen goed recept voor geluk.

Verlang je nog steeds naar status? Heb je nog steeds behoefte aan motievatiemagneten, eigenschappen die je met status associeert, zoals schoonheid of grote rijkdom? Hoe vaak wordt je gedrag gedreven door een verlangen naar een extrinsieke beloning, en in welke mate laat je je innerlijk gevoel van geluk en eigenwaarde beïnvloeden door je populariteit onder leeftijdgenoten of collega's?

> Het is veel veiliger om te zeggen dat populariteit waardeloos is, want daardoor kun je jezelf vergeven als je waardeloos bent.[20]
> CAMERON CROWE

Het punt is dat we allemaal een zekere mate van status willen hebben. Het is een natuurlijk product van onze neurochemie en ontwikkelingsgeschiedenis. Van sociale beloningen genieten – de euforie van meer status voelen – en er meer van willen is volkomen normaal. Pas wanneer we op een overdreven manier naar meer status beginnen te streven kunnen we in de problemen raken.

Er zijn in de hedendaagse maatschappij minstens vier manieren waarop het nastreven van populariteit door het versterken van onze status mislukt is.

Populariteitsprobleem 1:
Hoever zijn we bereid te gaan voor meer status?

In 1939 verdween de vijfjarige Valerie Jane. Er werd een hele dag onophoudelijk door familie, buren en de politie naar haar gezocht, maar tevergeefs. Het meisje was kort daarvoor geïnteresseerd geraakt in dieren en vroeg zich vooral af hoe een kip een ei legt. Een ei is uiteindelijk best groot, en een kip heeft geen voor de hand liggende opening waar het uit kan komen. Om antwoord te krijgen op haar vraag kroop Valerie Jane stilletjes in het kippenhok,[21] bedekte zichzelf met stro en bleef de hele middag roerloos liggen totdat ze een van de kippen een ei zag leggen. Pas toen kwam ze tevoorschijn en keerde ze veilig naar huis terug.

Valerie Jane werd later bekend als dr. Jane Goodall, die op haar zesentwintigste naar het Gombewoud van Tanzania ging om chimpansees te observeren, de sterkst aan ons verwante diersoort, die ten minste 90 procent van ons DNA deelt. In de loop van de jaren leidden Goodalls ontdekkingen ertoe dat de geaccepteerde opvattingen op het gebied van ethologie (gedragsstudie) in twijfel werden getrokken, omdat veel gedragingen die aanvankelijk als typisch menselijk werden beschouwd, ook bij dieren bleken voor te komen.

Goodall ontdekte dat chimpansees ook populair willen zijn.[22] Ze scheppen niet op over hoeveel volgers ze op Twitter hebben, maar gaan op elkaars status af om te bepalen wie als eerste recht heeft op bepaald voedsel, bijvoorbeeld. De populairste dieren van de groep zijn bij veel soorten jong en in staat om de andere leden van de groep aan zich te binden. Mannetjes die veel status hebben zijn meestal sterk, de vrouwtjes zijn in sociaal opzicht slim. Populaire chimpansees kunnen als eerste hun voedsel en partner kiezen. Het hebben van status vergroot daarom de overlevingskans van chimpansees: hoe meer ze naar status en de bijbehorende sociale beloningen streven, hoe groter de kans dat ze aan hun basisbehoeften kunnen voldoen.

Goodall heeft een dag beschreven in het reservaat dat gecreëerd werd door haar stichting om chimpansees en andere primaten te helpen veilig naar hun natuurlijke leefomgeving terug te keren. Op de bewuste dag, een prachtige lentedag in de Republiek Congo, ontmoette een van de chimpansees, een vrouwtje dat Goodall 'Silaho'[23] noemde, een paar nieuwe inwoners van het reservaat. Silaho was een paar maanden eerder naar het reservaat overgebracht en sindsdien had ze een leefgroep met tien andere dieren opgebouwd. Silaho was ontegenzeggelijk de alfa van de groep. Maar toen kwamen er drie nieuwe chimpansees bij. Silaho deed toen natuurlijk wat iedere gastvrouw zou doen wanneer er nieuwe gasten arriveren: ze viel ze aan en zorgde ervoor dat ze zich aan haar onderwierpen. Later deed ze dat opnieuw. Uiteindelijk, legt Goodall uit, vormde Silaho met drie anderen uit haar groep een team en kwelde de nieuwkomers net zo lang totdat ze naar de andere kant van het eiland vluchtten. De drie nieuwe chimpansees bleven maandenlang gescheiden van de rest van de groep en de status van Silaho bleef intact. Goodall en veel ethologen die andere diersoorten van over de hele wereld hebben bestudeerd hebben gesteld dat agressief gedrag een bijzonder effectieve manier is waarop dieren hun dominantie en status ten opzichte van de andere leden van hun groep bepalen. Het is hun instinct om dat te doen.

Ruim 11.000 kilometer ten westen van Congo observeerde de antropoloog professor Don Merten een groep cheerleaders van een Amerikaanse middelbare school.[24] De cheerleaders hadden het voor het zeggen op die school. Anderen keken tegen hen op, ze gingen met de populairste jongens om en ze begonnen trends die veel andere meisjes overnamen.

Toen een impopulair meisje besloot zich bij de cheerleaders aan te sluiten, schrijft Merten, reageerden de andere meisjes onwillekeurig bijzonder agressief op haar. Ze pestten haar en sloten haar buiten. Ze zorgden ervoor dat haar reputatie bij de rest van het leerjaar verslechterde.

De cheerleaders wisten dat ze gemeen waren tegen het meisje en zelfs dat ze bekend zouden komen te staan als verwaande snobs, maar dat maakte hun niets uit. Mertens onderzoek wijst uit dat de functie van agressiviteit is om de exclusiviteit van een hoge status te beschermen. Het behoud van dominantie is een noodzakelijk kwaad. De cheerleaders vertelden Merten dat als ze een meisje met minder status tot hun groep zouden toelaten, de status van het hele team zou verminderen. Mertens werk toonde vervolgens aan dat steeds wanneer een tiener met veel status agressief was tegen iemand uit zijn groep of zelfs iemand met evenveel status op school, dat dan was om de sociale hierarchie te behouden. Een klap in iemands gezicht of een gemene roddel was een daad van dominantie die slachtoffers en toeschouwers de grenzen van iemands status op die school lieten zien. Bedreigingen van de sociale orde worden afgestraft door mensen in het openbaar tot onderdanigheid te dwingen.

Psychologen noemen dit soort agressief gedrag 'proactieve agressie'[25] en onderzoek toont aan dat het enorm versterkt. In tegenstelling tot andere vormen van heethoofdige, impulsieve en ongecontroleerde reacties op woede of frustratie – ook wel 'reactieve agressie' genoemd – is proactieve agressie koelbloedig en berekenend, en gericht op degenen die de dominantie van de agressor bedreigen. Proactieve agressie is doelgericht en het doel is om de status van de agressor te verdedigen of meer status te krijgen.

De bekendste vorm van proactieve agressie is pesten. In de documentaire *In the Mix* van het Amerikaanse televisienetwerk PBS legt een van de pestkoppen de functie van pesten heel goed uit: 'Ik heb mensen voor gek gezet[26] toen ik met mijn vrienden was. Dat ontken ik niet. De reden waarom ik dat deed was om te kunnen lachen – om mijn groep te laten lachen. Om mezelf op een voetstuk te zetten. Ook al doe ik het niet de hele tijd, het geeft je toch een beetje een boost.'

We hebben onderzoek gedaan onder tweehonderd kinderen uit de vierde klas van een Amerikaanse middelbare school en zagen dit gedrag met eigen ogen. Iedere deelnemer aan het onderzoek kreeg een lijst van alle leerlingen in zijn of haar jaar en werd gevraagd om aan te geven welke leerlingen veel status hadden en welke leerlingen agressief waren. We vroegen hun wie zijn leeftijdgenoten sloeg, duwde, bedreigde of fysiek intimideerde; wie anderen buitensloot of met anderen onder één hoedje speelde om mensen buiten te sluiten; en wie bij wijze van wraak geruchten verspreidde of dreigde om vriendschappen te beëindigen. We vroegen de tieners ook wie van hun klasgenoten ze het aardigst vonden en wie ze het minst mochten.

De tieners hadden geen enkele moeite met aangeven wie de gemene jongens en meisjes waren en de mening daarover was opvallend eensgezind. We vroegen de deelnemers verder om bij iedereen die ze agressief vonden aan te geven of ze dachten dat die persoon agressief was uit frustratie (reactieve agressie) of om iets te krijgen wat hij of zij wilde hebben (proactieve agressie). Iets meer dan een jaar later stelden we dezelfde groep pubers dezelfde vragen.

De resultaten van ons onderzoek en vergelijkbaar literatuuronderzoek lieten zien wat Jane Goodall had geleerd van het observeren van chimpansees: agressief optreden was een van de betrouwbaarste manieren voor tieners om hun status te verhogen.[27] Maar dit gold niet voor elke vorm van agressie. Degenen die als 'reactief agressief' werden omschreven, hadden een lage status en werden minder aardig gevonden. Maar proactieve vormen van agressie hadden het tegenovergestelde effect: hoewel mensen een hekel hadden aan de pestkoppen, werd hun toepassing van proactieve agressie met een verhoogde status geassocieerd.

Gedragen volwassenen zich ook op een agressieve manier om hun status te verbeteren? Zeker. Dit soort gedrag kan plaatsvinden op individueel niveau, zoals roddelen over een buur om meer aandacht te krijgen, of in het openbaar, zoals in het geval van Donald Trump, wiens populariteit enorm steeg in de peilingen wanneer hij een journalist of een tegenstander had beledigd. Soms gebeurt het zelfs op mondiaal niveau, wanneer een bepaald land een zwakkere tegenstander aanvalt om duidelijk te maken wie dominant is. In elk van deze gevallen is het gebruik van agressie kortzichtig, want hoewel het tot een tijdelijke toename van status en een extra sociale beloning kan leiden, vervult het uiteindelijk niet de verlangens die er werkelijk toe doen.

Populariteitsprobleem 2:
Hebben we sommige medemensen te veel status gegeven?

Op 24 juni 2005 gebeurde er iets op de Amerikaanse televisie wat de aandacht van nieuwsmedia van over de hele wereld trok.

Het was een typische aflevering van het vrolijke nieuwsprogramma *Today*, totdat presentator Matt Lauer zijn volgende gast aankondigde. Behalve om een eerder incident met Oprah, een verende bank en een geanimeerd gesprek over zijn verloofde van dat moment, stond Tom Cruise vooral bekend[28] als een getalenteerd acteur die in een opvallende reeks zeer succesvolle films was verschenen. Maar in het gesprek met Lauer werd Cruise gevraagd naar zijn mening over behandelmethoden van psychische problemen. Tijdens het laatste deel van het gesprek, dat een kwartier duurde, vertelde Cruise hoe de Scientology Kerk en hij dachten over een postnatale depressie, het gebruik van ritalin om symptomen van ADHD te behandelen, de geschiedenis van de psychiatrie en de keuze van een beroemde collega om psychische hulp te zoeken toen hij/zij in geestelijke nood verkeerde.

Er was natuurlijk ook ander nieuws die dag dat de nodige aandacht had kunnen trekken. Norma McCorvey, de vrouw die 'Roe' werd genoemd in de rechtszaak Roe versus Wade over het recht op abortus, legde een verklaring af tegenover het Amerikaanse Congres; de Senaat stond op het punt om een allesomvattende energiewet goed te keuren; en het politieke geruzie over de reactie van de Verenigde Staten op de aanslagen van 11 september 2001 had een hoogtepunt bereikt. Maar de gebeurtenis waar de media het meest over berichtten was het gesprek met Tom Cruise. Het verhaal ging de hele wereld over en een week later stonden er nog artikelen over in de *New York Times* en de *Washington Post*.

Vonden we het inderdaad allemaal heel relevant wat Tom Cruise over deze belangrijke zaken te zeggen had omdat hij veel status had?

Enkele jaren later verscheen de televisiester Jenny McCarthy in verscheidene Amerikaanse talkshows om over haar nieuwe boek te praten, waarin ze beweert dat er een enorme medische samenzwering bestond om het verband tussen vaccins en het autisme van haar zoon geheim te houden. Om eerlijk te zijn is het zeer begrijpelijk dat een ouder na een verpletterende diagnose van zijn of haar kind gaat uitzoeken wat deze diagnose te betekenen heeft in een poging het nieuws te verwerken. McCarthy heeft nooit beweerd[29] een wetenschapper te zijn en heeft vrijelijk toegegeven dat het bewijs voor haar overtuiging alleen op haar moederinstinct gebaseerd was. Maar net zoals we het Tom Cruise niet kwalijk kunnen nemen dat hij zijn mening over een postnatale depressie gaf, kunnen we het Jenny McCarthy niet kwalijk nemen dat ze serieus probeerde andere ouders te helpen.

Maar het feit dat ze beroemd was, was wel van invloed op het effect van haar mening. In zijn boek *The Panic Virus* schrijft Seth Mnookin dat de theorie van Jenny McCarthy 'de vaccin-sceptici eigenhandig tot de heersende stroming' maakte. Ze verscheen wekenlang op televisie, niet alleen in entertainment-programma's, maar ook in het nieuws. Ze zat in panels naast artsen van de Amerikaanse Academie van Pediatrie, en journa-listen namen haar ideeën net zo serieus als wetenschappelijke onderzoeken en een verklaring van de Centra voor Ziektebe-strijding en Preventie die de vaccintheorie in twijfel trok.

Het publiek luisterde niet alleen, maar veranderde van mening. Hoe meer McCarthy over haar wantrouwen jegens de medische gemeenschap sprak, hoe meer ouders net zo sceptisch werden en uiteindelijk beslissingen namen die tegen het advies van hun eigen kinderarts ingingen. Mnookin meldde dat het aantal ouders dat vaccins voor hun kinderen weigerde na de televisieoptredens van McCarthy spectaculair steeg.

Het is één ding om graag naar beroemdheden te kijken als ze ons vermaken, maar iets anders als onze fascinatie voor deze mensen met veel status ons eigen gedrag op een irrationele manier begint te beïnvloeden.

Maar zelfs dit fenomeen kan verklaard worden aan de hand van de veranderingen die tijdens de puberteit in onze hersens optreden. In de moderne maatschappij zijn beroemdheden medemensen die de hoogste status hebben: ze hebben allemaal de zichtbaarheid en het prestige die we met status associëren, die gebaseerd is op eigenschappen als aantrekkelijkheid en grote rijkdom. Natuurlijk willen we naar hen kijken. We hebben net zoveel interesse in hun leven, uiterlijk, relaties en scheidingen als we in de populaire leerlingen van de middelbare school hadden. Onze obsessie met status is biologisch geprogrammeerd en als het kinderachtig lijkt om je in zulke onderwerpen te verdiepen, of interesse te hebben in de media-aandacht voor beroemdheden, is dat omdat ze ons herinneren aan de periode in ons leven toen ons ongebreidelde verlangen naar sociale beloningen voor het eerst tot bloei kwam.

We zijn ook biologisch geneigd ons aan beroemdheden aan te passen, alleen maar vanwege hun hoge status. Marketingmanagers vertrouwen al heel lang op deze voorkeur. Het gebruik van afbeeldingen of de stem van beroemdheden om de verkoop van bepaalde goederen of diensten te stimuleren, om geld in te zamelen en zelfs om steun voor bepaalde politieke kandidaten te krijgen is al decennialang een standaardstrategie.

Maar het gebruik van mensen met veel status om onze aandacht te trekken en ons gedrag te veranderen kan ook te ver gaan. Bijvoorbeeld wanneer er veel meer details over het privé-leven van beroemdheden naar buiten worden gebracht dan we over ons eigen leven kwijt zouden willen. Maar toch blijven we kijken en laten we de media daardoor in feite weten dat zulk soort verhalen kijkers trekken. Het beruchtste voorbeeld hiervan is de dood van prinses Diana, die overleed nadat ze door paparazzi was achtervolgd. Het benutten van mensen met veel status kan ook te gek worden wanneer beroemdheden wordt gevraagd om hun mening te geven over zaken waar ze geen verstand van hebben, zoals tijdens politieke campagnes of zelfs hoorzittingen van het Congres. Wellicht is het tijd dat we ons afvragen wat onze verheerlijking van status over ons als individu en als maatschappij zegt.

Populariteitsprobleem 3:
Is ons verlangen naar status overdreven?

In 2001 publiceerde politiek wetenschapper Robert Putnam *Bowling Alone*, een boek gebaseerd op zijn invloedrijke essay over sociale veranderingen in het Amerikaanse leven van de laatste vier decennia van de twintigste eeuw. Zijn onderzoek suggereert dat we ons in een periode van snelle veranderingen bevinden, waarin we nog meer waarde aan status zijn gaan hechten. Putnam ontdekte dat het publieke beeld van een 'goed leven' ontwikkelde van het verlangen om aan de maatschappij bij te dragen tot de behoefte aan rijkdom en status. In 1975 gaf 38 procent van de ondervraagden[30] aan dat bij een goed leven 'veel geld' hoorde. In 1996 was dat percentage tot 63 procent gestegen. In dezelfde periode verdubbelde of verdrievoudigde het aantal mensen dat een vakantiehuis, meer kleurentelevisies en 'heel mooie kleren' wilde. Het aantal mensen dat naar een goed huwelijk, kinderen en een gevoel van verbondenheid met anderen streefde was in die periode iets afgenomen.

Soortgelijke resultaten werden verkregen door historica Joan Brumberg van de Cornell-universiteit.[31] Zij analyseerde in haar onderzoek dagboeken uit de afgelopen honderd jaar en onderzocht op basis van de persoonlijke gedachten die hierin zijn opgetekend hoe verlangens de afgelopen eeuw zijn veranderd. Brumberg geeft aan dat jonge vrouwen in de jaren negentig van de negentiende eeuw vastbesloten waren meer interesse in anderen te tonen en niet alleen maar aandacht aan zichzelf te besteden. Hun doel was om een bijdrage te leveren aan de maatschappij, hun persoonlijkheid te ontwikkelen en wederzijds voldoening gevende relaties op te bouwen. Uit dagboeken uit de jaren tachtig en negentig van de twintigste eeuw – en dit is waarschijnlijk nog zo – blijkt dat jonge vrouwen vooral bezig waren met hun gewicht, kapsel, kleding, make-up en accessoires, en dat allemaal om waarschijnlijk meer aandacht en waardering van anderen te krijgen.

Roem is in. Macht, invloed en prestige zijn hot. Karakter, vriendelijkheid en maatschappelijke verbondenheid? Mmm, niet zo.

Hoe komt het dat we zo naar status streven? Het antwoordt omvat een breed scala aan factoren.

In 1943 stelde Abraham Maslow een rangorde van behoeften[32] op die pas zouden worden vervuld wanneer aan de behoeften die lager op de lijst stonden was voldaan. Ten eerste spannen we ons in voor onze basisbehoeften, zoals voedsel, onderdak en veiligheid. Vervolgens gaan we op zoek naar liefde en genegenheid, zegt Maslow. En daarna streven we naar wat Maslow 'achting' noemt, wat in feite het equivalent is van status en gedefinieerd wordt als een verlangen naar bewondering en acceptatie van anderen. Getuigt onze toegenomen hunkering naar status van tegenwoordig van een hoogontwikkelde maatschappij, waarin honger en afzondering in toenemende mate zeldzaam zijn? Dat is tot op zekere hoogte inderdaad zo.[33] In sommige delen van de wereld zijn we welvarender en beter met elkaar verbonden (in oppervlakkige zin in elk geval) dan we ooit geweest zijn. Als Maslow gelijk heeft, kan het streven naar meer status goed nieuws zijn, want volgens zijn theorie kunnen we – nadat we aan onze behoefte aan 'achting' hebben voldaan – ons op de laatste fase van de rangorde richten, namelijk zelfactualisatie (het beste uit jezelf halen).

Een andere verklaring voor onze toegenomen behoefte aan status is dat die getuigt van een in toenemende mate individualistische cultuur. In *Bowling Alone* doet Putnam uitgebreid verslag van het verminderende gemeenschapsgevoel van de Amerikanen, dat vervangen is door een zekere mate van autonomie en zelfredzaamheid. Aan het begin van de twintigste eeuw was de westerse maatschappij veel meer op samenwerking en partnerschap gebaseerd dan tegenwoordig het geval is. Op het gebied van arbeid, vooral tijdens het industriële tijdperk, konden er weinig taken worden uitgevoerd zonder dat er veel mensen voor samenwerkten. De egalitaire gemeenschappen van het begin van de twintigste eeuw zorgden ervoor dat ieders veiligheid en comfort gewaarborgd waren. Hoewel een hogere status in die context zo zijn voordelen had, was de loyaliteit aan en samenwerking met een bepaalde groep een noodzakelijk onderdeel van het leven.

Vergelijk dit met het werk en onze thuissituatie van nu. Er zijn veel minder beroepen waarin een hele groep arbeiders tegelijk moeten samenwerken om een bepaald doel te bereiken. Voor sommige beroepen is het zelfs niet nodig meer dat we ons in hetzelfde gebouw of dezelfde tijdzone bevinden. Velen van ons kennen de mensen naast wie we wonen niet. Aan de meeste behoeften kan worden voldaan door middel van een smartphone of een internetverbinding. Wordt onze neiging om te delen vervangen door een verlangen om meer te bezitten dan anderen, in een cultuur waarin ons gemeenschapsgevoel verzwakt en we elkaar minder nodig hebben? Is individualisme de oorzaak van de hunkering naar meer status?

Als dat zo is, zou je verwachten dat het nastreven van status sterker is in individualistische samenlevingen dan in collectivistische culturen, waarin meer nadruk ligt op harmonie binnen de groep dan op persoonlijke status. De communistische levensopvatting komt meer voor in het Verre Oosten en staat in sterk contrast met de 'ik-cultuur' die nu de meeste westerse landen karakteriseert.

Dit verschil viel me op toen ik jaren geleden vanuit New York een reis naar Japan maakte. Toen ik in de metro naar Kennedy Airport zat, werd ik omringd door mensen die duidelijk trots waren op hun individuele verschillen. Hun kleding, kapsel en gedrag leken te willen zeggen: 'Kijk naar mij!' Maar in de metro van de luchthaven Narita naar Tokio was dat heel anders. Het was opvallend hoe gelijk iedereen gekleed ging en zich gedroeg, vooral de volwassenen. In een maatschappij waarin meer waarde wordt gehecht aan gemeenschappelijke verrichtingen dan aan individuele, is proberen op te vallen misschien niet alleen onnodig, maar storend. Een paar dagen later was ik in Nara, waar de Boeddhatempel Todai-ji staat, en ging daar naar een souvenirwinkeltje waar religieuze souvenirs werden verkocht. Op elk souvenir stond een gangbare wens, zoals bijvoorbeeld: 'mijn familie helpen' en 'aan de maatschappij bijdragen'. Ik vroeg me onwillekeurig af welke wensen in de Verenigde Staten goed verkocht zouden worden.

Mijn onderzoeksteam toetste het verschil in de relevantie van status in verschillende culturen door de twee vormen van populariteit, innemendheid en status, in de Verenigde Staten en in China te onderzoeken. Met de postdoctorale studenten Chris Sheppard en Sophie Choukas-Bradley analyseerde ik de gegevens van vijftienjarigen in beide landen. De gegevens werden verzameld door onze collega John Abela, die daarvoor naar de stad Changsha en het landelijke Liuyang reisde. Ikzelf verzamelde gegevens in de Verenigde Staten. We vroegen meer dan achthonderd pubers in beide landen om aan te geven welke schoolgenoten ze het meest en het minst mochten en wie volgens hen de meeste of minste status hadden. Tot onze verbazing was er geen equivalent van het woord 'populariteit' in het Mandarijn. Er was geen woord met dezelfde betekenis die het woord voor pubers in westerse landen heeft, dus moesten we gebruikmaken van zinnetjes die door sprekers en experts op het gebied van het Mandarijn waren aanbevolen om de begrippen 'innemendheid' en 'status' te omschrijven.

Toen we de gegevens van de twee groepen pubers die meer dan twaalfduizend kilometer van elkaar woonden bestudeerden, bleek uit onze resultaten dat populariteit wellicht deels cultureel bepaald wordt.[33] In de Verenigde Staten waren status en innemendheid twee verschillende eigenschappen: er was slechts een kleine overlapping tussen tieners die veel van de ene eigenschap hadden en tieners die veel van de andere hadden. Maar in China waren de pubers die veel status hadden ook vaak degenen die het aardigst werden gevonden. In de Verenigde Staten werden leerlingen die agressief waren juist met veel status geassocieerd. In China was het tegenovergestelde het geval: agressieve tieners hadden weinig status. In een cultuur waarin veel waarde aan de gemeenschap wordt gehecht, is status wellicht niet zo belangrijk.

Een derde verklaring voor onze toenemende obsessie met status is dat die mogelijk te maken heeft met de massamedia, maar niet op een manier die je zou verwachten. Wetenschappers op het gebied van communicatie beschouwen de media als een 'supergelijke',[34] omdat die niet alleen onze waarden weergeeft, maar ook bepaalt. Het is een gelijke die we lezen, waar we naar kijken en waar we acht op slaan. De media is niet alleen het middel dat ons toegang geeft tot medemensen met veel status, maar is een gelijke die zelf een hoge status heeft. Aandacht krijgen van deze supergelijke is niet alleen een teken dat je veel status hebt, maar garandeert enorme sociale beloningen.

Volgens deze theorie bereikte ons verlangen naar status een keerpunt in de jaren tachtig van de vorige eeuw, toen de media een gelijke werd die nooit sliep. Een maatschappij die gewend was aan één krant per dag en een paar dozijn radio- en televisieprogramma's (wat destijds voor de Amerikaanse maatschappij gold), kreeg plotseling duizenden mogelijkheden erbij om 24 uur per dag content te ontvangen. Naarmate de media exponentieel groeiden, begonnen ze elke invalshoek te benutten om ervoor te zorgen dat hun publiek bleef luisteren, lezen en kijken.

Op 1 juni 1980 was CNN, de eerste (Amerikaanse) nieuwszender die 24 uur per dag nieuws uitzond voor het eerst op televisie. De sociologen Joshua Gamson en Denis McQuail merkten op[35] dat dit een uitdaging voor de producenten vormde, omdat zij de tijd met programma's moesten vullen die ervoor zorgden dat de aandacht van de kijker zo lang mogelijk werd vastgehouden. McQuail schreef dat journalisten artikelen moesten schrijven die 'creatief, verrassend, origineel of onverwacht waren, maar met grote regelmaat en vaak veel strengere deadlines dan op andere bedrijfstakken van toepassing waren'. Om dat te kunnen doen verlieten ze zich veel meer op een journalistieke strategie die in het verleden had gewerkt: verslag doen van het nieuws als een verhaal over mensen. Er zijn theorieën die suggereren dat deze nieuwe manier van nieuws presenteren een gigantisch effect op ons verlangen naar status had.

Persoonlijke verhalen presenteren is een eenvoudige en effectieve manier om een emotioneel element aan een gebeurtenis toe te voegen. Als we een verhaal over het effect van de klimaatverandering op de ijskappen van de poolstreken krijgen voorgeschoteld, zappen we misschien naar een andere zender. Maar als een voorfilmpje een verhaal aankondigt over gezinsleden die wanhopig de overstromingen in hun stad als gevolg van de opwarming van de aarde proberen te overleven, is er een grotere kans dat we blijven kijken. Door de voortdurende vraag naar content raakte de aandacht voor 'echte mensen' in een stroomversnelling en werden wij, het publiek, meer dan ooit personages in het nieuws. Iedereen kon een paar minuten lang het middelpunt van de aandacht van de media zijn, de meest 'zichtbare' persoon van dat moment. Wat ooit een enorme afstand leek tussen degenen die bewonderd werden om hun hoge status en ons, was plotseling niet zo'n obstakel meer.

Naarmate het gat tussen ons en onze medemens met meer status kleiner werd, raakten we nog meer geobsedeerd door status. De voyeuristische nieuwsgierigheid van het publiek naar de levensstijl van rijken en beroemdheden, de verveelvoudiging van roddelprogramma's met 'nieuws en entertainment', en de ontwikkeling van reality-tv en de sociale media kunnen allemaal worden teruggevoerd op de plotselinge beschikbaarheid van status voor bijna iedereen. Toen we zagen dat onze medemens sociale beloningen kreeg die we ooit als onmogelijk hadden beschouwd, werd het bijna onmogelijk om iets anders na te streven.

Tegenwoordig lijkt het alsof de kijker niet meer het medium is dat het nieuws vertelt, maar zelf het nieuws is. We hebben mensen beroemd zien worden wier roem alleen op hun status gebaseerd is, zodat alles wat zij doen, zeggen en denken nu nieuwswaarde heeft. Het begrip gaat zelfs verder dan de populariteit van mensen en omvat ook de waarde die we toeschrijven aan de status van producten en bedrijven, wat van grote invloed is op marketingstrategieën en de industrie van tegenwoordig. Misschien is het tijd dat we nadenken over de vraag of we status niet een beetje té belangrijk vinden, want het is beangstigend te bedenken waar dit heen gaat.

Populariteitsprobleem 4:
We denken dat status ons gelukkig maakt

We leven tegenwoordig in een Warhol-achtige wereld waarin we allemaal proberen om even zichtbaar te zijn. Alleen in de Verenigde Staten al wordt meer dan tien miljard euro aan plastische chirurgie uitgegeven. Er staan regelmatig boeken over hoe je rijk wordt en veel prestige krijgt op de bestsellerlijsten. Zelfs in ons privéleven, op momenten waarop we zouden moeten werken of contact zouden moeten hebben met onze naasten, posten en tweeten we in de niet zo bescheiden hoop dat we daardoor meer status krijgen. Rond 2015 werden er adviesbureaus opgericht die als enig doel hebben mensen te helpen om meer volgers op de sociale media te krijgen. Zullen al die tijd, energie en dat geld die aan het verhogen van onze status worden besteed de moeite waard zijn? Zal een hoge status ons echt gelukkiger maken?

Het antwoord is nee. Of eigenlijk 'meestal niet'. Ik houd hier een slag om de arm, want het hangt af van hoe we de vraag benaderen. Als we de gevolgen van een lage status in overweging nemen – het lot van degenen die door de meeste mensen genegeerd worden, misschien omdat ze weinig geld, macht of schoonheid bezitten – dan concluderen we daar logischerwijs uit dat een gebrek aan status leidt tot het risico op allerlei moeilijkheden in het leven. Het is niet alleen zo dat een lage status alleen als teken van al die andere wanhoopsfactoren geldt. Een lage status wordt zelfs met problemen als depressiviteit[36] geassocieerd wanneer risicofactoren als socio-economische stress of culturele nadelen al in aanmerking zijn genomen.

Maar de meeste mensen streven status niet na als praktisch middel om de eindjes aan elkaar te kunnen knopen of om persoonlijke tekortkomingen te verdoezelen, en de meeste willen verder komen dan het midden van de kromme. We verlangen eerder naar status omdat we ergens diep vanbinnen geloven dat dat ons gelukkig zal maken.

Maar wat als die overtuiging niet blijkt te kloppen?

Recent onderzoek heeft aangetoond hoe het is om veel status te hebben, en het beeld dat is geschetst, is niet zo fraai. In een van deze onderzoeken hebben psychologen meer dan twaalf[37] van de 'populairste' mensen in Amerika geïnterviewd wier namen meteen herkend zouden worden, onder wie een filmster, CEO, televisieacteur, gouverneur van een staat, muzieklegende, basketballer, ijshockeyer, journalist en zelfs een voormalig kindsterretje. Wat hun achtergrond ook is, de verhalen van degenen met de hoogste status in onze maatschappij lijken veel op elkaar en zijn uit een reeks fases opgebouwd.

Fase 1: euforie. *Het verkrijgen van een hoge status gaat gepaard met een wervelwind van aandacht en bewondering.*

'Het eerste wat gebeurt is dat alles en iedereen om je heen verandert... En je kunt dat voelen doorsijpelen tot in je vriendenkring,' verklaarde een ondervraagde. De aandacht heeft ook voordelen: 'De mogelijkheden die je krijgt zijn ongelofelijk.' 'Plotseling ben je iets waard. Je bent belangrijk.' 'Wanneer je de fase bereikt hebt waarin je vanuit financieel oogpunt geen gratis spullen meer nodig hebt, krijg je er juist heel veel.'

De ervaring werd onder andere omschreven als 'plezier waar je je schuldig over voelt', een 'high' en een 'heerlijk gevoel'.

Fase 2: overweldiging. *De meeste mensen vinden dat de plotselinge toename van hun populariteit hun bijna te veel is.*

Zoals een van de ondervraagden waarschuwde: 'Je hebt *Fame 101: Powerful Personal Branding & Publicity for Amazing Success* nodig om mensen te leren wat er voor ze in het verschiet ligt: massa's mensen, verzoekjes, brieven, e-mails, begroetingen op straat, mensen in auto's, getoeter, geschreeuw van je naam. Er komt een hele wereld op je af waarvan je het bestaan niet af wist. Hij komt uit het niets. En hij wordt sterker en sterker als een kleine wervelwind, en hij komt op je af, hij komt op je af en tegen de tijd dat hij jou heeft bereikt, is hij enorm sterk en sleept je mee, neemt je mee.' Het is dan ook niet verwonderlijk dat dit leidt tot...

Fase 3: wrok. *De aandacht wordt irritant.*

'Je bent net een dier in een kooi,' zei een filmster. 'Als je bij een wedstrijd bent en je zit aan het gangpad... zit er plotseling iemand naast je linkerarm die in het gangpad knielt [omdat hij met je wil praten]. Ik zou zo iemand van de trap af willen duwen.'

Fase 4: verslaving. *De ambivalentie van populariteit wordt je bijna te veel.*

Als je ooit de documentaireserie *True Hollywood Story* hebt gezien, zal je deze fase herkennen als de moraal van elke aflevering.

'Ik ben aan zowat elke drug die de mens kent verslaafd geweest, en de meest verslavende is roem,' zei een beroemdheid. Wat ook voor alle vormen van verslaafdheid geldt, is dat sommige mensen afhankelijk worden van hun volgende dosis. Ze haten zichzelf erom, maar willen het toch heel graag. Sommige met veel status blijven in deze fase hangen, waardoor hun leven in een eindeloze jacht op een steeds grotere dosis verandert. Als die hun ontglipt, worden ze junkies die bijna alles overhebben voor dat laatste beetje roem waar ze zo'n behoefte aan hebben. Deze cyclus kan slopend worden, want in tegenstelling tot andere verslavingen, zijn er anderen voor nodig om aan de zucht naar status te voldoen.

Fase 5: splitsing. *De persoon met veel status realiseert zich dat zijn of haar populariteit niets te maken heeft met zijn of haar karakter.*

'Je ontdekt dat er miljoenen mensen zijn die je leuk vinden om wat je doet. Het kan ze geen bal schelen wie je bent,' erkent een bekende persoon, terwijl een ander zegt: 'Het gaat niet echt om mij... het gaat om de kant van mij die werkt, of de beroemde kant van mij... Ik ben net speelgoed in een etalage.'

Sommigen zeggen dat ze gedwongen zijn om een gespleten persoonlijkheid aan te nemen om een werkelijk gevoel van eigenheid te behouden, een versie van zichzelf die voor het publiek is, en een versie die ze voor vrienden en familie kunnen houden, waar hun werkelijke zelf ergens tussenin gevangen blijft zitten. Het wordt in de loop van de tijd steeds moeilijker voor ze om te weten welke echt is. Een van de ondervraagden zei dat hij 'twee verschillende dialogen heeft, de dialoog die ik denk en die ik zeg... [ik kan niet] zo authentiek zijn als ik zou willen... om mijn ware ik te laten zien'.

Fase 6: eenzaamheid en depressiviteit. *In deze fase is er niemand meer die de persoon met veel status echt goed kent.*

Zoals een van de ondervraagden vertelde: 'Ik ben vrienden kwijtgeraakt... door al die bewondering die je krijgt als je op openbare plekken komt, voelen [mijn vrienden] zich minderwaardig. Ze voelen zich inferieur... Jij bent bijzonder en zij niet. Jij bent uitzonderlijk en zij zijn gewoon... en voor je het weet willen ze liever niets meer met je te maken hebben. En dat begrijp je. Je moet wel.'

Philip Burguières, die in de loop van de jaren CEO, president-commissaris en directeur van minstens twaalf grote internationale energieconglomeraten is geweest, had het vaak over zijn isolement. 'Ik schat dat 50 procent[38] van de CEO's op een bepaald moment in hun leven last hebben van depressiviteit. Ik krijg er dagelijks telefoontjes over en minstens twee keer per week ontmoet ik CEO's die met depressiviteit worstelen of geworsteld hebben,' zei hij. Rockster Dan Reynolds van de band Imagine Dragons beschreef zijn toenemende roem in soortgelijke bewoordingen: '[Ik ben] onwijs depressief geweest...[39] Je bent eenzaam als je leven op deze manier verandert... Ik ben al mijn vrienden kwijtgeraakt... de relaties voelen nep.' Olympisch zwemmer Ian Thorpe herinnerde zich dat 'het kankergezwel van aandacht [aan mijn depressiviteit bijdroeg].[40] Soms vinden mensen dat je het recht niet hebt om je zo te voelen, omdat je beroemd of succesvol bent geweest.'

Fase 7: Iets anders willen. *Beroemdheden hebben alles wat veel andere mensen graag willen, maar het ontbreekt hun aan dat ene wat zij het liefst hebben.*

'[Populariteit] is een intrinsiek onbetrouwbare danspartner, ze kan je op elk moment verlaten... dus het is iets heel mysterieus,' legde een van de ondervraagden uit. 'Iedereen die jou via die danspartner benadert is ook mysterieus. Waarom? Waarom willen ze mij? Waarom zijn ze in mij geïnteresseerd?... Je begint aan jezelf te twijfelen. Ik ontdekte dat ik een soort muur om me heen bouwde en ik kan alleen met mensen omgaan buiten die muur, niet erbinnen.'

Eén ondervraagde moest huilen toen hij/zij vertelde: 'Ik maak me zorgen om mijn zoon, want ik wil niet dat hij denkt dat omdat ik beroemd ben, ik bijzonderder ben dan hij. En ik vraag me soms af of hij roem zal verwarren met waardigheid of waarde als mens, of hij zal denken dat als hij later niet een beroemd iemand zal worden, hij op de een of andere manier niet erkend wordt of het respect of de bewondering van andere mensen niet waard is. Ik denk dat veel mensen die dingen door elkaar halen. In onze hele cultuur halen mensen die dingen door elkaar.'

In reactie hierop besloten deze mensen met veel status om te investeren in iets wat echt aanvoelt. Voor sommige betekende dat humanitair werk of liefdadigheid, voor andere was het campagne voeren voor een goede zaak. Maar veel mensen met status verlangen gewoon naar menselijk contact. Relaties met mensen die van hen houden om wie ze zijn, die hen accepteren en bij hen willen zijn. Het is verschrikkelijk ironisch: terwijl de rest van de wereld naar status verlangt, verlangen degenen die dat hebben ernaar om aardig gevonden te worden om wie ze zijn, het type populariteit dat zoveel makkelijker is om te krijgen.

Hoe zit dat met de kinderen met wie we zijn opgegroeid, de kinderen die het 'populairst' waren? Zij zijn heus niet allemaal een sportheld, beroemdheid of invloedrijk politicus geworden. Maar wat is er dan wel van hen geworden? Ook recent wetenschappelijk onderzoek heeft zich met deze vraag beziggehouden. Joe Allen en zijn collega's[41] van de Universiteit van Virginia gingen op zoek naar de 'coole' kids van een van de middelbareschoolgroepen die ze eerder hadden bestudeerd, om te kijken of hun hoge status van destijds tot voordelen of problemen op de lange termijn had geleid. Allen was begonnen met een groep leerlingen die net naar de derde klas van de middelbare school ging. Ze waren veertien jaar: in de puberteit, naïef en net zoals de meeste pubers voelden ze zich voortdurend opgelaten. Sommige hadden veel status, maar de meeste niet. Door middel van verschillende methoden bepaalde Allen welke leerlingen het populairst waren en welke het hebben van veel status belangrijk vonden.

Zoals iedereen die op de middelbare school heeft gezeten zou verwachten, kregen de leerlingen met veel status als eersten in hun jaar een vriend of vriendin, waren ze de eersten die tekens van mild wangedrag vertoonden, zoals het plegen van winkeldiefstallen of naar de bioscoop gaan zonder te betalen, en hadden ze heel waarschijnlijk aantrekkelijk ogende vrienden/vriendinnen. Dit zijn de eigenschappen die de meeste pubers als 'cool' beschouwen en deze leerlingen werden door hun leeftijdgenoten dan ook als het 'populairst' gezien. Allen en zijn collega's noemden deze groep de 'pseudovolwassen' tieners.

Tien jaar later spoorden Allen en zijn team alle deelnemers aan het oorspronkelijke onderzoek op om te kijken hoe het de pseudovolwassen tieners vergaan was in vergelijking met hun leeftijdgenoten. De deelnemers waren inmiddels in de twintig en woonden ver van hun geboortestad Charlottesville. Allens team vloog het hele land door om iedere deelnemer op te zoeken, zijn of haar vrienden en partners te ondervragen, officiële documenten over hen te verzamelen, en zelfs toestemming te krijgen om het sociale mediaprofiel van iedere deelnemer te gebruiken als bron. Het resultaat was een van de uitgebreidste onderzoeken ooit over de ontwikkeling van relaties van jonge tieners tot jongvolwassenen.

Allen en zijn team ontdekten dat de pseudovolwassen deelnemers die alles leken te hebben toen ze veertien waren, het niet meer zo goed deden als toen. Ze leken zelfs veel meer problemen te hebben dan de leeftijdgenoten die destijds een lage status hadden.

Allen ontdekte dat de kans groter was dat kinderen met veel status te veel alcohol dronken en marihuana rookten toen ze in de twintig waren, en dat de kans groter was dat ze problemen in verband met drugs of alcohol hadden, zoals rijden onder invloed en arrestaties vanwege drugsbezit. Hoewel ook hun socio-economische status en het drinken van alcohol en roken van marihuana als tiener in overweging waren genomen als voorspellende factoren, bleek dat hun hoge status als tiener de grootste invloed had op hun situatie als volwassene.

Deelnemers die op hun veertiende veel status hadden, bleken later in het leven minder goede vriendschappen te hebben. Allen vroeg iedere deelnemer aan zijn onderzoek met jongvolwassenen om een goede vriend of vriendin mee te nemen naar het onderzoekslab. Deze vrienden konden de onderzoekers veel over het leven van de deelnemers vertellen. De resultaten wezen uit dat de deelnemers die op hun veertiende populair waren, het als volwassene moeilijker vonden om vriendschap te sluiten, en dat de vrienden die ze hadden hen niet als echt goede vrienden beschouwden.

De kans dat tieners met veel status als volwassene een voldoening schenkende relatie hadden, was ook kleiner. Wanneer hun relatie ten einde kwam, geloofden ze algauw dat de reden daarvan was dat hun partner hen niet 'populair genoeg' vond of vond dat ze 'niet tot de juiste groep behoorden'. Deelnemers die op hun veertiende veel om status gaven, bleven hun leven lang naar meer populariteit streven.

Onderzoeken met volwassenen over een lange periode hebben soortgelijke resultaten opgeleverd. In hun onderzoek naar extrinsieke doelen, zoals het verlangen naar waardering van anderen, ontdekten de psychologen Richard Ryan en Tim Kasser een vreemd verband tussen levensvoldoening en welzijn.[42] Ryan en Kasser bestudeerden de verlangens van mensen uit de hele wereld, waaronder Noord-Amerika, Rusland, Kroatië, Duitsland en Zuid-Korea. De onderzoeksresultaten waren opvallend consistent, waar het onderzoek ook werd uitgevoerd: degenen die naar intrinsieke beloningen verlangden, zoals een hechte en liefdevolle relatie, persoonlijke groei en behulpzaamheid, waren gelukkiger, vitaler, hadden meer eigenwaarde en waren fysiek gezonder. Maar het verlangen naar extrinsieke doelen, zoals roem, macht, rijkdom en schoonheid, werd met ontevredenheid, angst en depressiviteit geassocieerd. Toen Ryan en Kasser de deelnemers aan hun onderzoek na enige tijd opnieuw ondervroegen, ontdekten ze dat degenen die het meest naar status verlangden, het later in het leven vaak minder goed deden.

Dus welk nut heeft het om in de eenentwintigste eeuw naar status te streven? We hebben geen status nodig om de redenen die we hadden toen onze hersenen zich begonnen te ontwikkelen. In de meeste hedendaagse maatschappijen kan de mens aan belangrijke behoeften zoals voedsel komen door gewoon naar de supermarkt te gaan. En met de komst van datingsites en alcoholhoudende fruitdrankjes is het vinden van een partner tegenwoordig ook makkelijker, zelfs voor degenen die niet de 'alfa' van hun groep zijn.

Maar door de eeuwenoude verbindingen in onze hersenen blijven we toch naar status verlangen, en we hebben in de loop van de tijd allerlei nieuwe slimme manieren gevonden om dagelijks aan dat verlangen te voldoen. Onze maatschappij koestert de illusie dat als we er maar genoeg tijd, geld en energie in steken, we allemaal een hoge status kunnen krijgen.

Maar dat is niet het soort populariteit waar we gelukkig van worden. Misschien is het tijd dat we ons realiseren dat het niet meer de moeite waard is om naar status te verlangen.

DEEL II

De verrassende manieren waarop
sommige soorten populariteit ons leven
kunnen veranderen

4

De kudde en koppijn

Ons lichaam neigt van nature naar populariteit

Op de top van een beboste berg staat een oud huis.[1] Het is donker en er hangt een sluier van mist omheen. Het enige licht komt uit een raam dat omkranst wordt door woekerende klimplanten en een gebroken luik. Binnen ligt een man in een wirwar van lakens op een bed waarvan het hoofdeinde groot en zwaar is als een grafsteen. De man is zwak en haalt piepend adem, maar houdt wanhopig een voorwerp van glas in zijn hand. Zijn droge, met korsten bedekte lippen bewegen en hij blaast langzaam uit.

'Ro...' kreunt hij. 'Rose...'

Plotseling opent hij zijn ogen en staart vol pijn, angst en woede voor zich uit. Uiteindelijk vindt hij de kracht om te zeggen: 'Rosenbaum!'

Hij laat het lijstje met een foto van de pestkop uit zijn jeugd, Damien Rosenbaum, uit zijn hand vallen. Het valt op de grond en terwijl het glas in duizend stukjes breekt, blaast het slappe lichaam zijn laatste adem uit...

Oké, dit is niet echt gebeurd, maar het had wel gekund. Recent onderzoek heeft uitgewezen dat impopulair zijn slecht kan zijn voor je gezondheid. We kunnen er zelfs aan doodgaan.

Dat is omdat ons lichaam zodanig geprogrammeerd is dat

we het belangrijk vinden om populair te zijn. Maar daarover later meer...

Eerst even een korte quiz:
Heb je een iPhone/iPad?
Rijd je in een Honda?
Heb je onlangs iets op Amazon gekocht?
Gebruik je een scheerapparaat van Gillette?
Heb je onlangs iets van Disney gekocht?
Heb je deze week een product van Coca-Cola gedronken?
Heb je een Gmail-adres?

Als je minstens één vraag met 'ja' hebt beantwoord, ben je zo'n beetje net als de rest van de wereld. Het is typisch menselijk om trends te volgen. Het bovenstaande lijstje komt uit een rapport over de grootste wereldmerken[2], en hoewel een deel van hun succes gebaseerd is op de goede kwaliteit van hun producten en diensten, heeft het ook met populariteit te maken. We lopen graag met de kudde mee en vertrouwen voor een groot deel op elkaar wanneer we onze keuzes maken. Populariteit is iets wat we instinctief aantrekkelijk vinden.

Socioloog Matthew Salganik van de Princeton-universiteit en zijn collega Duncan Watts van Yahoo![3] voerden een reeks experimenten uit om te kijken hoe sterk we ons laten leiden door populariteit. In een van de experimenten werden meer dan twaalfduizend deelnemers uit Noord-Amerika, Zuid-Amerika en Europa gevraagd om naar een internetsite te gaan om nieuwe muziek te beoordelen en die gratis te downloaden. De site was niet echt, maar werd ontwikkeld door de onderzoekers, die de site op iTunes lieten lijken. Door middel van deze test konden Salganik en Watts onderzoeken in hoeverre onze muzieksmaak van die van anderen afhangt.

De deelnemers kregen eerst een lijst met achtenveertig onbekende rocksongs. Ze kregen de opdracht om naar elk liedje te luisteren, het één tot vijf sterren te geven en, als ze wilden, het liedje gratis te downloaden. In de eerste fase van het onderzoek verzamelden de wetenschappers alleen maar gegevens over de populariteit van elke song. 'She Said' van de groep Parker Theory was bijvoorbeeld verreweg het populairst: 15 procent van alle deelnemers die het hoorden, downloadden het. 'Florence' van de band Post Break Tragedy was het minst populair: slechts 1 procent van de luisteraars downloadden het. Net als bij iTunes gebeurt, gebruikten de onderzoekers deze gegevens om op basis van het criterium populariteit een lijst van songs op te stellen. 'She Said', het liedje met de meeste downloads, stond bovenaan en 'Florence' stond onderaan.

Vervolgens keken de onderzoekers naar wat er zou gebeuren als ze de rangorde van de liedjes zouden veranderen. Voor de volgende groep deelnemers draaiden ze het aantal keer dat een song was gedownload om: 'Florence' stond nu bovenaan als het liedje dat het meest was gedownload en 'She Said' stond onderaan. Toen de nieuwe rangorde gepost was, openden de onderzoekers het muziekportaal opnieuw en keken in hoeverre de populariteit van elke song van invloed was op de muziekkeuzes van de deelnemers. Zoals je zou verwachten, speelde populariteit een belangrijke rol: 'Florence' werd tien keer zo vaak gedownload als in de eerste test, terwijl slechts 2 procent van de deelnemers 'She Said' downloadde. Het feit dat steeds meer mensen 'Florence' downloadden en het nummer steeds populairder werd, leidde ertoe dat het daardoor nog meer gedownload werd, terwijl 'She Said' onder aan de lijst bleef staan.

Resultaten zoals deze verklaren mede waarom populariteit zo'n belangrijke commerciële factor is geworden. Marketingdeskundigen weten dat we de neiging hebben om de kudde te volgen, dus verlaten ze zich op wie of wat populair is om ons gedrag te beïnvloeden.

Heb je recent een artikel online gelezen? Dan heb je misschien gezien dat de titel niet meer het enige is wat boven aan de pagina staat om onze aandacht te trekken. Er staat vaak ook een rij iconen boven elk artikel, één voor elke vorm van sociale media, en een doorlopend overzicht waarin staat hoe vaak elk stuk is gemaild, geliket op Facebook, getweet, enzovoort. Ook lijsten van 'populaire onderwerpen' komen vaak voor, niet alleen op de sociale media, maar ook op de sites van nieuwsaanbieders. Deze informatie is bedoeld om onze interesse te prikkelen, in het geval de populariteit van het artikel bij anderen het aantrekkelijker maakt voor ons. Deze tactiek verschilt niet veel van televisiereclames voor 'de beste film van Amerika' of 'het bestverkochte merk hoofdpijnmedicijn'. We worden in alle gevallen aangemoedigd om de kudde te volgen.

Ook worden we aangemoedigd om anderen te vertellen wat we geliket of gekocht hebben, of wat onze voorkeur had, zodat de kudde óns kan volgen. Wanneer we een artikel uit hebben waar we van onder de indruk zijn, worden we gestimuleerd om het te liken of naar onze vrienden te sturen. En wanneer we producten kopen, worden we gevraagd het nieuws op onze Facebookpagina te posten. Ik kan me niet voorstellen dat mijn vrienden het interessant vinden om te weten dat ik net scheerzeep heb gekocht, maar ik snap wel dat de fabrikant wil dat ik het ze vertel. We associëren populariteit met kwaliteit.

Waarom is deze strategie zo effectief, hoewel dat helemaal niet logisch is? Wat kan mij het schelen wat een ander leest? Ik wil lezen wat me interesseert, niet wat tienduizend volkomen vreemden interessant vinden. Ik wil naar films kijken waarin ík geïnteresseerd ben, en ik neem aan dat de fysiologie van mijn lichaam het belangrijkste uitgangspunt is wanneer ik een medicijn kies.

Een van de verklaringen is dat we in wezen vinden dat we op anderen lijken, en dat we er daarom van uitgaan dat wat de kudde leuk vindt, wij ook leuk vinden. Of misschien komt onze natuurlijke neiging naar populariteit voort uit ons gemeenschapsgevoel en ons verlangen om ons verbonden te voelen. Als iedereen het over bepaald nieuws of een film heeft, willen we aan het gesprek kunnen deelnemen.

Het is interessant dat we ondanks alle logica van nature geïnteresseerd blijven in wie of wat populair is. Maar dat instinct werkt niet altijd in ons voordeel. Soms kan onze neiging om de kudde te volgen ernstige gevolgen hebben.

Economen stellen dat de aantrekkelijkheid van populariteit verantwoordelijk is voor een aantal vreemde en schadelijke trends in het verleden. In 1969 schreef de Schotse journalist Charles Mackay[4] over de menselijke impuls om de kudde te volgen in zijn boek *Memoirs of Extraordinary Popular Delusions and the Madness of Crowds* (Een verhandeling over buitengewoon populaire misvattingen en de waanzin van de massa), dat handelt over de tendens dat een bepaald product veel meer waard wordt dan zijn intrinsieke waarde doordat het als populair wordt beschouwd, een fenomeen dat we nu een 'zeepbel' noemen. Een van de hoofdstukken gaat over de tulpengekte die in het begin van de zeventiende eeuw in Holland ontstond. De tulp was wat schoonheid, geur of levensduur betreft niet superieur aan de inheemse bloemen, maar werd toch enorm populair. Naarmate de populariteit van de tulp zich onder de aristocratie, de middenklasse en uiteindelijk de armen verspreidde, steeg de bloem enorm in waarde en werden er zelfs voor bloemen van minder dan een gram gigantische prijzen betaald. De tulp werd naar verluidt zo populair dat mensen die Holland bezochten en per ongeluk een tulpenbol beschadigden, in de gevangenis belandden. Een dergelijke 'overwaardering' van een product gebaseerd op zijn populariteit in plaats van zijn werkelijke waarde is de basis van een onhoudbare markt, en het is hetzelfde fenomeen als de internetzeepbel van de jaren negentig, waarbij de waarde van aandelen van internetbedrijven sterk steeg.

Naarmate steeds meer Hollanders bevangen raakten door de 'tulpenmanie', zoals Mackay het noemde, en de populariteit van de bloemen steeds groter werd, bleven de prijzen stijgen. De Hollanders namen aan dat andere Europeanen hun enthousiasme zouden delen, waardoor hun investeringen meer waard zouden worden. Daarom verhypothekeerden tulpenhandelaren hun huizen en gaven hun fortuin aan nog meer bollen uit, en begonnen zakenmensen andere winstmakende bedrijfstakken te verwaarlozen. Maar de tulpen bleken natuurlijk lang niet zoveel waard te zijn als de prijs die men ervoor had betaald, en toen de prijs van de bloemen sterk daalde, vormde het uiteenspatten van de zeepbel uiteindelijk een bedreiging voor de hele Hollandse economie. Mackay concludeerde: 'Mensen... denken als kuddedieren[5]; het is duidelijk dat ze met de hele kudde tegelijk gek worden, terwijl ze slechts langzaam en een voor een weer bij zinnen komen.'

Mijn eigen onderzoek heeft me geleerd dat het instinct om alles wat populair is na te streven tot gedrag kan leiden dat nog veel ernstigere gevolgen heeft. Het doel van mijn werk is te begrijpen hoe de kuddevolgpatronen ontstaan wanneer we jong zijn, en hoever jongeren bereid zijn te gaan om op elkaar te lijken. Wat doen jongeren wanneer hun verteld wordt dat hun populaire leeftijdgenoten gedrag goedkeuren dat gevaarlijk of illegaal is, en hoe reageren ze wanneer hun gevraagd wordt om gemeen te zijn tegen elkaar, ook al weten ze dat dat vanuit moreel oogpunt verkeerd is?

In een van onze onderzoeken onderzochten mijn voormalig collega Geoff Cohen, nu als psycholoog verbonden aan de Stanford-universiteit, en ik een aantal riskante gedragingen.[7] We vroegen leerlingen naar het drinken van alcohol, seks hebben zonder condoom, marihuana roken en het gebruik van harddrugs zoals heroïne en cocaïne. Ook stelden we ze vragen over pesten en gevaarlijk eetgedrag, zoals schransen en braken, of het gebruik van hormonen en medicijnen om de vorm van het lichaam te veranderen.

In de Verenigde Staten heeft ongeveer een op de vier jongeren[8] voor hun veertiende alcohol gedronken, 25 procent heeft weleens vijf drankjes achter elkaar gedronken toen ze nog op de middelbare school zaten, een op de vijf heeft vóór zijn veertiende weleens marihuana gerookt en 40 procent van alle tieners gaf aan dat ze geen condoom gebruikten de laatste keer dat ze seks hadden. Meer dan een op de tien heeft gezegd te hebben gevast in een poging af te vallen. Dit zijn allemaal riskante gedragingen die in belangrijke mate voorspellen welke tieners zwanger worden vóór hun eindexamen, wie problemen krijgt met drugs of alcohol, wie een ernstige eetstoornis zal ontwikkelen, en zelfs wie baarmoederhalskanker krijgt.

Toen we de jongeren van ons onderzoek vroegen of ze zich aan bepaald gedrag zouden wagen, zei de meerderheid natuurlijk dat drugs slecht zijn en dat iedereen een condoom moet gebruiken, aardig moet zijn tegen anderen en een gezonde houding ten opzichte van zijn of haar uiterlijk moet aannemen.

Daarna nodigden we iedere deelnemer uit om samen met drie van hun populairste medeleerlingen plaats te nemen in een chatroom, een virtuele ruimte op internet. De chatroom was geen echte chatroom, maar een computerprogramma met ingewikkelde grafische voorstellingen en een bepaalde timing, dat we ontwikkeld hadden om de pubers ervan te overtuigen dat we live met de coole kids van hun school praatten. De andere deelnemers aan het gesprek waren fantomen of 'elektronische consorten', die we de voornaam en eerste letter van de achternaam van de populaire jaargenoten gaven. Onze bedriegerij werkte. Aan het eind van het experiment, toen we uitlegden hoe we te werk waren gegaan, vertelden onze deelnemers dat ze echt geloofden dat ze online waren geweest en ze beweerden zelfs enthousiast dat ze precies wisten wie van hun jaargenoten hadden deelgenomen aan de chat.

In de nepchatroom stelden we de pubers dezelfde vragen over riskant gedrag als voorheen, maar nu lieten we eerst de fictieve jaargenoten aan het woord, die zeiden dat ze elke slechte bezigheid wel wilden uitvoeren. Toen werd onze deelnemers gevraagd om de vragen te beantwoorden: eerst toen ze dachten dat hun jaargenoten naar hun antwoorden luisterden en daarna toen ze zogenaamd waren uitgelogd, zodat we er zeker van konden zijn dat ze niet alleen maar stoer deden om hun populaire medeleerlingen te imponeren.

We ontdekten dat slechts de wetenschap dat hun populaire jaargenoten waarschijnlijk alcohol zouden drinken, marihuana zouden roken of onbeschermd seks zouden hebben, genoeg was voor de pubers om hun antwoorden bij te stellen, en flink ook. Plotseling waren onze deelnemers veel meer geneigd te zeggen dat ze aan deze activiteiten zouden deelnemen dan aan het begin van ons onderzoek. Zelfs toen ze uitgelogd waren en te horen hadden gekregen dat hun jaargenoten niet meer meekeken, bleven onze deelnemers zeggen dat ze aan de riskante activiteiten zouden deelnemen.

Toen gingen we nog een stap verder. In plaats van de pubers te vragen wat ze in theorie zouden doen, gaven we ze de kans om in werkelijkheid iets te doen wat ze niet zouden moeten doen. Na in de chatroom een paar eenvoudige vragen over hun hobby's en interesses te hebben beantwoord, waarbij we de antwoorden van een van de fantomen een beetje lieten afwijken van die van de anderen, boden we de deelnemers de mogelijkheid om een van hun 'jaargenoten' weg te stemmen. Ze kregen te horen dat als iedereen in de chatroom unaniem op één bepaalde persoon zou stemmen, die persoon het experiment moest verlaten. Ook werd hun verteld dat de weggestemde deelnemer de anderen niet zou kunnen ontmoeten en niet de beloning voor het voltooien van de opdracht zou krijgen.

In alle gevallen werd de deelnemers gevraagd om de beslissende stem te geven: het lot van hun jaargenoot was in hun handen en ze hadden de keus tussen aardig of gemeen zijn. Wat ze niet wisten, was dat de persoon die ze wegstemden niet echt was. Ook wisten ze niet dat de andere stemmen nep waren.

Toen de deelnemers zagen dat hun populaire jaargenoten een van de leerlingen uit hun eigen groep hadden weggestemd, stemden acht van de tien deelnemers ook voor het wegsturen van de betreffende persoon.

Waarom is de kans zo groot dat we de kudde volgen?

Op een zonnige dag in het jaar 60.000 v.Chr. in wat nu Zuid-Europa is, komt een vrouw een drukke grot in waar anderen van hun pas gedode prooi zitten te eten. Maar wanneer ze bij het rotsblok wil gaan zitten waar haar mensachtige vrienden meestal eten, wordt ze weggestuurd. Het is volle maan en de anderen in de grot hebben de regel dat vrouwen dan kleding van bont moeten dragen. Deze vrouw draagt een omgeslagen dierenhuid.

'Je hoeft niet bij ons te komen zitten,'[8] snauwen de andere vrouwen. Uiteindelijk verlaat de vrouw, die binnen nergens terecht kan om te eten, de grot en gaat een paar meter verderop zitten. Even later wordt ze door een harige mammoet aangevallen en vindt ze haar einde.

Oké, dit is ook niet echt gebeurd, maar onderzoek heeft aangetoond dat impopulariteit mogelijk een grote invloed heeft gehad op de wording van de hedendaagse mens.

In 60.000 v.Chr. waren we niet de enige mensachtige soort op de planeet.[9] Antropologen denken dat er behalve de wezens die uit Afrika emigreerden en veel op onze soort leken ook neanderthalers leefden (in het noorden), denisovamensen (in Azië), en de kleine mensachtige soort homo floresiensis (in Indonesië). Maar alleen wij mensen zijn uiteindelijk overgebleven. En dat is niet omdat we de sterksten waren: de neanderthalers waren iets groter, hadden grotere tanden en zouden waarschijnlijk elke strijd met de relatief zwakke mens gewonnen hebben. En het is ook niet omdat we meer hersens hadden.

Er is één eigenschap die uniek is voor de mens en een fundamentele rol speelde die in ons evolutionaire voordeel was. Hoewel sommige soorten groter of sterker werden of in staat waren om meer extreme temperaturen te weerstaan, hebben wij mensen geleerd om samen te werken. Antropologisch onderzoek heeft aangetoond dat de mens in tegenstelling tot andere mensachtigen de genen had om complexe stemgeluiden te produceren en begrijpen. Het vermogen om taal te creëren vormde de basis voor meer ingewikkelde sociale interactie. Algauw werden we een soort die zich in groepen kon organiseren en in vergelijking met anderen op een superieure manier met onze medemens kon samenwerken.

In een groep leven bood veel voordelen en vergrootte de kans op overleven. Door samen te werken als groep en gereedschappen te delen, konden we effectiever jagen. Door de opbrengst van de jacht te delen, konden we voedsel eten dat vers was en daarom nog veilig om te consumeren. Door in groepen te leven konden we elkaar waarschuwen en beschermen wanneer er dreiging van roofdieren was. We ontwikkelden ons al snel tot wezens die gevoelig waren voor signalen van soortgenoten, en door het proces van natuurlijke selectie kregen we een voorkeur voor soortgenoten die zich bij de kudde aansloten. Individuen die alleen bleven, vonden de dood.

Het is inmiddels duizenden jaren geleden dat we elkaar nodig hadden om te overleven. Mensen die in hun eentje naar Starbucks gaan, worden vrijwel nooit door een harige mammoet aangevallen. Maar het effect van onze evolutie als sociale wezens is op veel subtiele manieren nog steeds zichtbaar. Heb je je weleens afgevraagd waarom gapen aanstekelijk is en de menstruatiecycli van vrouwen die in elkaars nabijheid leven synchroon gaan lopen? Sommige mensen veronderstellen dat zelfs deze fenomenen kenmerken zijn van onze genetische ontwikkeling als sociale soort. De kudde was het meest effectief wanneer iedereen met de groep kon reizen en die groep ergens kon verblijven om te rusten, zich voort te planten en kinderen te baren. We hebben tegenwoordig nog steeds instincten waardoor we tegelijk moe of vruchtbaar worden.

Dus wat gebeurt er als we de kudde niet volgen en ervoor kiezen om alleen, afgezonderd en impopulair te blijven?

Wetenschappers hebben de afgelopen decennia aangetoond dat impopulair zijn in feite schadelijk kan zijn. Het is niet moeilijk je voor te stellen dat eenzaamheid tot emotionele problemen kan leiden. Bij mensen die worden buitengesloten, vervreemd raken of gepest worden, is de kans groter dat ze eenzaam zijn, weinig eigenwaarde hebben en aan angst of depressiviteit lijden. Maar er is nu ook bewijs dat aantoont dat impopulair zijn ernstige gevolgen kan hebben voor onze fysieke gezondheid, zodanig dat we eraan kunnen overlijden.

Julianne Holt-Lunstad, psychologe verbonden aan de Brigham Young-universiteit in Utah,[10] voerde onlangs een meta-analyse uit, een onderzoek naar onderzoeken, waarin ze de resultaten van 148 eerder uitgevoerde onderzoeken met elkaar combineerde. Elk onderzoek was naar de vraag of impopulair zijn de kans op doodgaan vergroot. Er deden aan al deze onderzoeken wereldwijd 308.000 deelnemers mee in de leeftijd van zes tot tachtig jaar. Voor elk onderzoek werden twee basisprocedures gevolgd. In de eerste plaats deden de wetenschappers onderzoek naar de grootte van het sociale netwerk van de deelnemers, het aantal vrienden dat ze hadden, of ze alleen woonden en in welke mate ze aan sociale activiteiten deelnamen. Daarna volgden ze iedere deelnemer enkele maanden, jaren of zelfs tientallen jaren om vast te stellen hoeveel mensen er stierven.

De onderzoeksresultaten wezen uit dat impopulariteit – afgezonderd, geïsoleerd, eenzaam zijn – voorspelt wie eerder overlijdt. Maar nog verrassender is misschien wel hoe invloedrijk deze factoren kunnen zijn. Bij deelnemers aan het onderzoek die veel vrienden hadden, was de kans dat ze aan het eind van het onderzoek nog in leven waren 50 procent groter. Het maakte niet uit of de deelnemers man of vrouw waren, of ze gezondheidsproblemen hadden aan het begin van het onderzoek, en waar in de wereld ze woonden. Als ze afgezonderd waren van de kudde, verhoogde dat in grote mate hun kans op overlijden.

Maar niet elke vorm van verbinding was even belangrijk. Dit is een significante ontdekking, omdat het ons iets zegt over welk type populariteit werkelijk van belang is.

Met iemand samenwonen of een partner hebben stond in verband met een toegenomen levensverwachting, maar het maakte niet heel veel verschil. Het waren de mensen die actief deelnamen aan het sociaal leven en een goede relatie hadden die er het meest baat bij vonden. Met andere woorden, het waren de mensen die het soort verhouding hadden die de aardigste mensen meestal hebben, die in het voordeel leken te zijn. Hun kans op overleven was 91 procent groter dan van degenen die in wezen alleen waren. Met andere woorden, aan het eind van het onderzoek waren er bijna twee keer zoveel populaire als impopulaire mensen nog in leven. Dit is een bijzonder belangrijke ontdekking. Als je deze cijfers vergelijkt met onderzoek naar bekende gezondheidsrisico's, wekt dat de suggestie dat impopulair zijn onze kans op overlijden groter maakt dan zwaarlijvigheid, fysieke inactiviteit of comazuipen. De enige factor die in feite te vergelijken is met impopulariteit als gezondheidsrisico is roken!

Hoe kan onze omgang met anderen, of een gebrek daaraan, tot onze dood leiden? Verklaart dit effect gevallen van zelfdoding? Misschien lopen degenen die het meest sociaal geïsoleerd, buitengesloten of vriendloos zijn de grootste kans op zelfmoord?

Dit is inderdaad het geval. In de Verenigde Staten is zelfmoord de op een na belangrijkste doodsoorzaak onder pubers en jongvolwassenen, en het blijft een van de tien belangrijkste doodsoorzaken[11] tot de leeftijd van vijfenzestig jaar. Een van de grootste risicofactoren die tot zelfmoordpogingen kan leiden is eenzaamheid, het gevoel anderen tot last te zijn of het gevoel er niet bij te horen. Vooral onder pubers is het buitengesloten worden door leeftijdgenoten[12] een belangrijke factor die zelfmoordgedrag voorspelt. We worden hier steeds op pijnlijke wijze aan herinnerd wanneer we weer over een tiener horen die zelfmoord heeft gepleegd omdat hij of zij op school of online werd gepest.

Zelfdoding vormt echter opvallend genoeg geen verklaring voor het verband tussen impopulariteit en doodgaan. In de meta-analyse van Holt-Lunstad werden onderzoeken naar zelfdoding niet meegenomen.

Recent onderzoek heeft zelfs uitgewezen dat degenen die sociaal afgezonderd zijn, een risico lopen op allerlei fysieke problemen die tot de dood kunnen leiden. In 2016 deed Kathleen Mullan Harris, sociologe[13] verbonden aan de Universiteit van North Carolina in Chapel Hill, onderzoek naar de vraag of iemands sociale banden kunnen voorspellen of hij of zij het risico loopt op een coronaire hartziekte, hypertensie, kanker of een hartaanval. Harris onderzocht gegevens van vier grote, nationaal representatieve groepen van bij elkaar zo'n vijftienduizend Amerikanen in de leeftijd van twaalf tot vijfentachtig jaar. Net als het geval was bij de meta-analyse van Holt-Lunstad, deed het team van Harris eerst onderzoek naar sociale integratie en toen naar de fysieke gezondheidsproblemen van vijf tot twaalf jaar later.

Harris ontdekte dat het hebben van vrienden of een partner, omgaan met buren en vrijwilligerswerk het risico op lichamelijke ziektes grotendeels verkleinen. Degenen die sociaal geïsoleerd waren toen het onderzoek begon, liepen de grootste kans op een hoge bloeddruk. Ook was bij hen de kans op een grote hoeveelheid c-reactief proteïne in het bloed groot, een voorbode van ontstekingsgerelateerde gezondheidsproblemen zoals reumatoïde artritis, inflammatoire darmziekten en een hartaanval. Geen van deze resultaten leek verband te houden met de sekse, het ras, de opleiding, het inkomen, het rookgedrag, het alcoholgebruik, de fysieke activiteit, de stress of de depressiviteit van de deelnemers. Het is natuurlijk onmogelijk om na te gaan of deze gezondheidsproblemen veroorzaakt werden door impopulariteit op zich, maar de resultaten geven duidelijk aan dat zelfs nadat heel veel andere mogelijke verklaringen in overweging zijn genomen, sociale afzondering de sterkst voorspellende factor is voor een ziekte jaren later.

We kennen nu verscheidene redenen waarom populair zijn, zelfs als volwassene, belangrijker is dan we dachten. Een van die redenen heeft te maken met de psychologische effecten van impopulariteit. Als mensen je niet aardig vinden, betekent dat dat je geen steun krijgt, dus wanneer je erg gestrest bent, heb je niemand om je te helpen uit de problemen te komen. Eén onderzoek toonde aan dat vrouwen met borstkanker die deel uitmaakten van een steungroep[14] bestaand uit andere patiënten een veel grotere kans op een langer leven hadden, zelfs nadat andere factoren die dit effect zouden kunnen verklaren in overweging waren genomen.

Het effect van populariteit kan zelfs in de fysiologie van ons lichaam worden teruggevonden. Recent onderzoek wijst uit dat onze band met de medemens van grote invloed is op onze aanmaak van cortisol, een hormoon dat geproduceerd wordt als reactie van het autonoom zenuwstelsel op stress. Cortisol kan nuttig zijn wanneer er gevaar dreigt, want het houdt de vecht- of vluchtreactie in stand. Wanneer dit hormoon vrijkomt, pompt ons hart meer bloed naar onze spieren, zetten onze luchtwegen uit zodat onze hersens meer zuurstof krijgen, en ons lichaamsvet geeft bloedsuiker af zodat we energie blijven houden wanneer we in de aanval of op de vlucht gaan.

Maar cortisol is Goudlokje-achtig:[15] te veel of te weinig ervan kan desastreus zijn voor heel veel verschillende lichaamsfuncties. Een te hoog cortisolgehalte kan ons immuunsysteem verzwakken, wat tot zwaarlijvigheid, hartziektes, maagdarmstoornissen en zelfs onvruchtbaarheid kan leiden. Het kan ook het cortisolreactiesysteem zelf beschadigen, net zo lang tot het niet meer op stress reageert. Net zoals overbelaste schokbrekers de prestaties van een auto in gevaar brengen. Te weinig cortisol verhoogt het risico op chronische vermoeidheid, astma, reumatoïde artritis, eczeem, enzovoort.

Is populariteit van invloed op de hoeveelheid cortisol in ons lichaam en lopen impopulaire mensen daardoor de kans op ernstige gezondheidsproblemen?

Mijn postdoctorale student Casey Calhoun en ik wilden vaststellen[16] of dit het geval is. We nodigden zo'n tweehonderd pubermeisjes uit om naar ons lab te komen en legden eerst allerlei informatie over hun sociale ervaringen vast. Toen stelden we hen bloot aan iets wat enige stress veroorzaakte en maten de hoeveelheid cortisol in hun speeksel om te bepalen of de sociale ervaringen van deze meisjes van invloed waren op de manier waarop hun lichaam op stress reageerde. Dat deden we door ieder meisje te vragen om in een camera te kijken waarop ze zichzelf kon zien, en om een geïmproviseerd praatje te houden. Er zat een mannelijke toeschouwer recht voor ze, zogenaamd om hun presentatie te beoordelen. Een praatje houden is een heel veilige opdracht die vaak door sociaal wetenschappers wordt gebruikt om stress te veroorzaken en de aanmaak van cortisol te stimuleren.

Zoals we verwachtten, nam de hoeveelheid cortisol van de deelnemers tijdens het houden van hun praatje enigszins toe, maar binnen een kwartier of twintig minuten, een normale periode, was het niveau daarvan weer zoals voorheen. Er waren echter ook enkele deelnemers bij, sommige waren nog maar twaalf, wier reactie abnormaal was. Hun lichaam produceerde te weinig cortisol, wat wees op een onderreactief stressresponssysteem. Dit was een teken dat hun hersenen niet op het omgaan met stress waren voorbereid, waardoor ze het risico liepen op gezondheidsproblemen op latere leeftijd.

Waarom hadden deze meisjes een onvoldoende cortisolreactie? Een van de belangrijkste voorspellers van deze reactie was de mate waarin ze ooit door anderen waren geplaagd, buitengesloten of uitgescholden. Het maakte niet uit hoe oud ze waren of hoeveel stressvolle situaties ze hadden meegemaakt in hun leven. De resultaten waren ook niet verklaarbaar door hun ras, etniciteit of symptomen van depressiviteit. Hoe impopulairder ze waren, hoe minder goed hun cortisolresponssysteem werkte.

Als impopulariteit ervoor zorgt dat ons lichaam niet goed op stress reageert, helpen sociale verbinding en hulp ons dan om beter te reageren? We onderzochten deze vraag in een tweede onderzoek, ook met pubermeisjes en een praatopdracht. Maar in dit experiment vroegen we de meisjes om hun beste vriendin mee te nemen.

Nadat de deelnemers hun praatje voor de videocamera hadden gehouden, bespraken ze dat daarna natuurlijk met hun vriendin. Veel vriendinnen waren heel positief over hun prestatie, luisterden goed, hielpen de meisjes na het praatje zich beter te voelen over zichzelf en leefden in het algemeen heel erg mee. Maar sommige vriendinnen reageerden niet of nauwelijks en er waren er zelfs een paar die zo op zichzelf gericht waren dat ze nauwelijks met de deelnemer praatten.

In dit experiment richtten we ons op de meisjes die een overreactieve cortisolreactie op stress hadden, wat ook een indicator van toekomstige gezondheidsproblemen kan zijn. Bij de meisjes van deze groep ging het cortisolniveau na hun praatje enorm omhoog en bleef veel langer hoog dan bij de andere meisjes van ons onderzoek. We ontdekten dat hoe meer steun de meisjes van hun vriendinnen kregen, hoe sneller hun cortisolniveau weer normaal werd. In het algemeen toonden onze onderzoeksresultaten aan dat sociale ervaringen een frappant grote invloed op ons stressresponssysteem hebben.

Recenter hebben psychologen en neurowetenschappers ontdekt dat het verband tussen onderdeel zijn van een groep en onze gezondheid wellicht nog sterker is. Het gevoel van verbintenis met anderen is niet alleen belangrijk wanneer we ons gestrest voelen. Impopulariteit op zich kan genoeg zijn om ons schade toe te brengen.

Het was laat in de middag toen het leven van Mary Sue voorgoed veranderde. Het was een mooie dag, zoals eigenlijk alle dagen mooi waren voor Mary Sue. Ze liep naar school, at tussen de middag met haar vriendinnen en wanneer ze thuiskwam, nam ze een beker melk en wat koekjes, die haar moeder voor haar had klaargezet. Alles aan het leven van Mary Sue leek fijn te zijn. Maar er was iets bijzonders aan de hand. Mary Sue en iedereen in haar stad bestond alleen in zwart en wit: hun haar, hun ogen, hun kleding, hun huid, alles.

Toen het avond werd, deed Mary Sue haar huiswerk aan een

bureau in de hoek van haar kamer. Ze had een vest om haar schouders geslagen en een kettinkje met daaraan een hoornen bril om haar hals. Omdat het fris begon te worden, stond ze op en liep naar het raam om het te sluiten. Op straat zag ze een jongen staan die ze leuk vond, die naar haar stond te kijken. Hij pakte een steen van straat, maakte een smalende opmerking en gooide hem naar Mary Sues raam. De steen belandde op de vloer midden in haar kamer, eromheen lag gebroken glas.

Terwijl hij met een lachende groep vrienden wegreed, bleef Mary Sue geschrokken staan. Hoe kon er zoiets verschrikkelijks gebeurd zijn? Waarom was zij het doelwit geworden van zoiets... zoiets afschuwelijks? Toen voelde ze iets wat ze nooit eerder had gevoeld: ze had verdriet, er biggelden tranen over haar wangen. Plotseling werd Mary Sues haar blond, haar ogen blauw en haar lippen roze. Die onvriendelijke daad had niet alleen haar hart gebroken, maar leek elke cel in haar lichaam te hebben veranderd. Noch Mary Sue, noch haar stad zou ooit nog hetzelfde zijn...[17]

Oké, dit verhaaltje is een bewerking van een film. Maar is een ervaring zoals die van Mary Sue slechts fictie? Hoe krijgt afwijzing vat op ons en hoe veranderen we daardoor?

Is het je weleens opgevallen dat wanneer mensen praten over zich eenzaam, afgewezen of impopulair voelen, ze woorden gebruiken die meestal met fysieke pijn worden geassocieerd? Begrippen als 'hartzeer', 'heimwee', 'emotionele' littekens en 'gekwetste' gevoelens komen in heel veel talen voor. Zijn dit alleen maar uitdrukkingen, of kan impopulariteit ons inderdaad fysiek schaden?

Neurowetenschapper Naomi Eisenberger van de Universiteit van Californië-Los Angeles (UCLA)[18] vroeg zich dit ook af en was vooral geïnteresseerd in de vraag of impopulariteit ons op meer fundamentele manieren beïnvloedt dan we dachten. Ze voerde daarom een reeks onderzoeken uit gericht op de gebieden in onze hersenen die geactiveerd worden wanneer we sociaal worden afgewezen. Ze deed dit door een aantal mensen een computerspel te laten spelen waarin een negatieve ervaring met leeftijdgenoten werd gesimuleerd.

Stel je voor dat je met twee andere spelers die zogenaamd in twee andere kamers zitten een balspel speelt. Je ziet twee poppetjes op het scherm die de andere spelers voorstellen en middenin een hand, die jou voorstelt. Om het spel te spelen houd je een joystick vast en wanneer iemand de bal naar je gooit, vang je hem en bepaal je zelf naar wie je hem doorgooit door de joystick naar links of rechts te bewegen.

Dit spel heet Cyberball en werd ontwikkeld door onderzoekers om inzicht te krijgen in het effect van sociale ervaringen. In het onderzoek van Eisenberg werden de deelnemers tijdens het spelen door een fMRI-machine gescand. Wat de deelnemers niet wisten, was dat de andere twee deelnemers aan het spel niet echt waren: de poppetjes werden door een simulatieprogramma gestuurd. Zo'n tien minuten lang zorgde het programma ervoor dat iedere speler even vaak de bal kreeg.

Maar toen leek het plotseling alsof de andere twee spelers besloten hadden om de deelnemer aan het onderzoek buiten te sluiten en niet meer mee te laten doen. Stel je voor dat de bal steeds wordt overgegooid, maar dat jij hem niet meer krijgt. Eisenberger liet het spel op deze manier nog tien minuten doorgaan.

Tijdens het tweede deel van het spel zagen de onderzoekers iets interessants gebeuren: volgens de resultaten van de fMRI-scan waren de gebiedjes van de hersenen die tijdens dit deel van het experiment geactiveerd werden dezelfde[19] als die betrokken zijn bij het voelen van fysieke pijn. De twee gebiedjes die Eisenberger vooral verrasten waren de dorsale anterieure cingulate cortex (dACC) en het achterste deel van de insula, de insula anterior (IA). De deelnemers aan het spel voelden natuurlijk geen werkelijke pijn. Het deel van onze hersenen dat verantwoordelijk is voor het gevoel van branden, prikken of pijn zit ergens anders. Maar het zijn de dACC en IA die op zintuiglijke prikkels reageren en ons vertellen of we iets heel onplezierigs voelen. Deze gebiedjes behoren zelfs tot het krachtigste alarmsysteem van de hersenen en stimuleren ons om de bron van de pijn tegen elke prijs te vermijden. Kortom, Eisenberger ontdekte dat enkele gebiedjes in de hersenen op dezelfde manier op impopulariteit reageren als op fysieke pijn, een fenomeen dat ze 'sociale pijn' noemde.

Later onderzoek wees uit dat dezelfde gebiedjes ook door allerlei andere ervaringen op het gebied van sociale afwijzing worden geactiveerd. Zodra we bang zijn dat we zullen worden afgewezen door de groep, sturen onze hersenen het krachtigste signaal dat ze tot hun beschikking hebben om ons te waarschuwen en te stimuleren naar de groep terug te keren. Dezelfde gebiedjes lijken in actie te komen wanneer we bang zijn voor een scheiding, foto's zien van iemand die gepest wordt, we aan een geliefd persoon denken die we verloren zijn of zelfs wanneer we ons voorstellen dat we in de toekomst negatief worden beoordeeld door anderen.

Ook verscheidene andere onderzoeken hebben aangetoond dat sociale pijn en fysieke pijn neuraal overlappen. Er is bijvoorbeeld gebleken dat mensen die een lage drempel voor fysieke pijn hebben, gevoeliger zijn voor afwijzing en andersom. In een van haar onderzoeken ontdekte Eisenberger zelfs dat het nemen van de pijnstiller Tylenol[20] het gevoel van sociale pijn kan verzachten. Onze hersenen proberen de pijn van hoofdpijn en hartzeer op precies dezelfde manier te verzachten.

Impopulariteit wordt net zo snel en op miljoenen plekken in ons lichaam tegelijkertijd gevoeld, namelijk in onze cellen. Elke dag verliezen we miljoenen cellen die afsterven en worden er nieuwe aangemaakt volgens de specificaties van ons DNA. Het interessante aan DNA is dat het veel meer informatie bevat dan elke afzonderlijke cel nodig heeft. Sommige genen van het DNA zijn actief en andere zijn inactief, afhankelijk van waar in het lichaam de cel zich bevindt,[21] net zoals bij een computer waar heel veel software op staat: sommige software is al geactiveerd om ervoor te zorgen dat je de computer kunt gebruiken, maar andere software staat op de desktop te wachten totdat je erop klikt om het te activeren.

Neurowetenschappers hebben onlangs ontdekt dat impopulariteit van invloed is op dat mechanisme. Bij het eerste teken dat we misschien verstoten worden door de groep valt ons DNA uit elkaar en heroriënteert zich. Ervaringen van sociale afwijzing activeren een verrassend groot aantal genen en deactiveren veel andere.

De aan de UCLA verbonden psychologen George Slavich en Steve Cole, experts op het gebied van de sociale genomica (bestudering van de genen) van de mens,[22] hebben gesteld dat ons DNA 'bijzonder gevoelig is voor sociale afwijzing'.[23] Ze hebben onderzoek gedaan naar wat er met ons gebeurt direct nadat we door onze partner zijn gedumpt, zijn uitgesloten van een sociale gebeurtenis, afgewezen door een vreemde of zelfs te horen hebben gekregen dat we sociaal beoordeeld zullen worden door mensen om wie we geven. Ze ontdekten dat er binnen veertig minuten een groot aantal wijzigingen van ons DNA in het bloed kan worden vastgesteld. Slechts enkele tientallen van de minstens twintigduizend genen worden op deze momenten geactiveerd of gedeactiveerd, maar zelfs dat kleine aantal speelt al een heel belangrijke rol.

Volgens Slavich en Cole hebben de geactiveerde genen een radicaal effect op ons immuunsysteem. Sommige worden in verband gebracht met de ontstekingsreactie van het lichaam, die van pas komt wanneer we een wond hebben of het lichaam zich tegen een bacteriële infectie moet verweren. Slavich en Cole hebben geopperd dat onze reactie op afwijzing het natuurlijke mechanisme is om ons tegen impopulariteit te beschermen. Millennia geleden liepen mensen die geen medemensen in de buurt hadden om hen te beschermen een groot risico vroegtijdig te overlijden door een aanval of verwonding. Degenen in wier lichaam preventief een 'pro-ontstekingsreactie' werd geactiveerd, hadden een grotere kans om na verwonding te genezen en te overleven. Uiteindelijk bevorderde de evolutie lichamen die snel reageerden en dus ook het gevoeligst waren voor afwijzing.

Andere genen die een rol spelen in dit proces hebben met bescherming tegen virussen te maken: sociale afwijzing lijkt deze genen te deactiveren. Slavich en Cole menen dat mensen die geen medemensen hadden om hen te beschermen, geen grote behoefte meer hadden aan bescherming tegen virussen, want wie zou hen aansteken? Dus hun lichaam spaarde energie door hun alertheid op infecties te verkleinen.

Maar we leiden tegenwoordig een heel ander leven. Het is niet langer nodig dat ons immuunsysteem reageert op het gevaar van eenzaamheid. Als we een Facebookvriend kwijtraken, heeft ons lichaam geen behoefte aan een ontstekingsreactie. Toch blijft het reageren zoals het zestigduizend jaar geleden deed. De mens lijdt tegenwoordig aan allerlei aandoeningen[24] die met chronische ontsteking te maken hebben, zoals kanker, astma, de ziekte van Alzheimer, de ziekte van Crohn, hepatitis, lupus, enzovoort. Ook lopen we een grote kans om verkouden te worden.

Ons DNA heroriënteert zich niet alleen wanneer we sociaal worden afgewezen. Zulke veranderingen treden al op bij de minste of geringste aanwijzing dat we worden gemeden. Er is zelfs onderzoek dat uitwijst dat onze ontstekingsgenen ook geactiveerd worden wanneer we ons alleen maar voorstellen dat we worden afgewezen,[25] of wanneer we een computerspel doen dat simuleert dat we genegeerd worden.

Hoe komt het dan dat we niet elke keer wanneer we een gebroken hart hebben of verraden zijn ziek worden? Waarschijnlijk treedt er in zulke gevallen wel een ontstekingsreactie op, maar in slechts enkele van de 37 triljoen cellen in ons lichaam. Alleen degenen die langdurig worden afgewezen zouden schade kunnen ondervinden door deze hypergevoelige cellen. Slavich meent dat ook als de impopulariteit maar enkele maanden duurt, dat al genoeg is om een hele 'moleculaire hervorming' van het lichaam in gang kan zetten,[26] omdat onze cellen geleidelijk aan vervangen worden door cellen met DNA dat hypergevoelig is voor sociale afwijzing.

Is dit een reden om ons zorgen te maken?

Holt-Lunstad, de psychologe van de Brigham Young-universiteit die de meta-analyse op het gebied van populariteit en sterfelijkheid deed, gelooft van wel. Zij stelt dat ondanks onze pogingen om meer dan ooit manieren te creëren waarop we ons verbonden voelen met anderen, er nog nooit zoveel afstand tussen ons is geweest. De kans is tegenwoordig groot dat we alleen wonen, op latere leeftijd trouwen en dat we met ons gezin verder van onze familie gaan wonen dan ooit. Het aantal mensen dat aangeeft geen goede vriend of vriendin te hebben, is de afgelopen twintig jaar verdrievoudigd.[27]

Onze soort is van nature op populariteit ingesteld, maar we zoeken misschien op de verkeerde plekken naar verbondenheid. Wat betekent dit voor onze toekomst?

Thomas liep door een stad waarin hij omringd werd door anderen, maar hij voelde zich toch alleen. Hij kon de mensen om zich heen zien en met ze praten, maar ze leken niet echt. Algauw realiseerde hij zich dat hij zich helemaal niet verbonden voelde met die andere mensen. In werkelijkheid zat hij aan een computer vast en was via de computer met anderen en hun computer verbonden. Ze vormden een netwerk binnen een systeem van gesimuleerde interactie.[28] Al het contact werd tot stand gebracht door middel van technologie, hoewel iedereen stiekem naar echte sociale interactie verlangde. Ze bouwden nog ingewikkelder programma's om met mensen in de rest van de wereld te communiceren, snel informatie te kunnen delen en echte menselijke gesprekken te simuleren. Maar het werkte niet. De mensen voelden zich alleen nog maar verder van elkaar verwijderd. Thomas en een kleine groep anderen ontdekten de waarheid – dat hun leven geregeerd werd door machines – en wijdden zich aan het weer bij elkaar brengen van mensen, zodat niemand alleen zou zijn en niemand impopulair zou zijn.

Dit klinkt toch ook als een film? Maar dit is een waargebeurd verhaal.

5

De populariteitsboemerang

Hoe we de wereld waarin we leven creëren

Het was vroeg in de ochtend. De menigte was onrustig. In de grote collegezaal van de Emory-universiteit zaten honderden jonge studenten op de eerste dag van hun rechtenstudie. Voor de meesten was dit het begin van hun droomcarrière. Straks zou er een docent op het podium gaan staan, die hun zou uitleggen hoe de komende drie jaar van hun leven eruit zou gaan zien. In de tussentijd schoven de studenten heen en weer op hun stoel, stelden zich overenthousiast aan elkaar voor en stelden zich hun toekomst als juridische titanen voor.

Achter in de grote zaal zaten Jeff en Steve, die elkaar nog niet eerder hadden ontmoet. Steve was lang en blond en droeg een bril met een goudkleurig metalen montuur. Hij had een nieuw etui voor zijn laptop met het logo van de universiteit erop. Jeff droeg een spijkerbroek, een eenvoudig bruin T-shirt en een honkbalpet van de Yankees, waar aan de voor- en zijkant zijn rode krullen onderuit piepten. Hij stond net op het punt om zich voor te stellen toen Steve zich vooroverboog om een paar papieren uit zijn koffertje te halen, die hij per ongeluk op Jeffs schoenen liet vallen.

'Shit,' mompelde Steve terwijl hij zijn hand onder Jeffs stoel stak om zijn papieren te pakken.

'Ik heb ze al, geen probleem!' zei Jeff terwijl hij Steve de papieren gaf. 'Hoi, ik ben Jeff.' Hij wees naar Steves etui met het Emory-logo erop en vroeg: 'Heb je hier ook je bachelor gedaan?'

'Nee, op Brown,' zei Steve, die zich toen van Jeff afdraaide om zich in zijn papieren te verdiepen.

Steve en Jeff hebben tijdens hun studie niet veel tijd met elkaar doorgebracht. Ook zouden ze heel verschillende carrières krijgen en heel verschillende levens gaan leiden.

Steve was met heel goede cijfers afgestudeerd aan de Brown-universiteit in Providence, Rhode Island en had flink wat ervaring opgedaan door stage te lopen op een advocatenkantoor in Providence. Middels de professionele contacten van zijn moeder had hij de gouverneur van Rhode Island een aantal keer ontmoet en voor een aantal belangrijke zaken de instructies voor de pleiter geschreven, en hij had een aanbevelingsbrief op zak van een federale rechter die zijn 'bliksemsnelle opgang door de gelederen van het juridische vak' voorspelde. Steve was nerveus op die eerste dag, maar verzekerd van zijn toekomst en vastbesloten om voor zijn veertigste rechter te worden.

Wat Jeff betreft was het niet zo zeker dat hij succesvol zou worden. Hij had pas enkele maanden voordat hij afstudeerde aan de Universiteit van Albany (SUNY) besloten om zich op te geven voor een rechtenstudie. Op school was hij eerder geïnteresseerd geweest in voetbal dan in zijn lessen, en ondanks zijn grote intelligentie had hij niet de cijfers die hem een logische kandidaat maakten voor een uitstekende rechtenstudie. Toch had hij tijdens zijn bachelor heel wat uitnodigingen gekregen om bij het onderzoekslab van zijn professoren te komen werken of stage te gaan lopen voor hun advocatenkantoren, maar hij had die uitnodigingen meestal afgeslagen. Een van die professoren had Jeff er uiteindelijk van overtuigd om een rechtenstudie te gaan doen. 'Jouw energie zou het op een advocatenkantoor heel goed doen,' had zijn docent tegen hem gezegd.

'Op grote advocatenkantoren gaat het bij advocaten net zoveel om relaties als om de wet. Je zult er vast gelukkig worden.' Maar toen Jeff die eerste dag in de collegezaal zat, vroeg hij zich af wat hij daar in vredesnaam deed en of hij wel advocaat wilde worden.

Steve bleef gedurende zijn hele rechtenstudie hard werken. Hij studeerde, deed ervaring op en werkte aan zijn cv. Jeff daarentegen leek al zijn tijd met zijn studiegenoten door te brengen, hij ging koffie met ze drinken, had afspraakjes en stond vaak te kletsen op de gangen. Op een middag tijdens het eerste jaar keek Steve uit het raam van de bibliotheek en zag Jeff met een groepje studiegenoten staan lachen. Steve richtte zich weer op zijn studie en was trots op zijn discipline, op hoever hij al gevorderd was.

Nu, bijna twintig jaar later, is Jeff veel succesvoller dan hij verwachtte. Hij is een van de senior compagnons van een gerespecteerd advocatenkantoor in Atlanta en komt daar 's morgens als eerste op kantoor. Niet omdat dat moet, maar omdat hij niet kan wachten om zijn collega's te zien en het werk te doen waar hij van houdt. Hij is een uitstekende advocaat.

Voor Steve is het allemaal minder goed uitgepakt. Ondanks de fantastische start van zijn rechtenstudie is hij geleidelijk aan zijn zelfvertrouwen verloren en uiteindelijk ook zijn interesse in het vak. Hij begon als medewerker van een advocatenbureau van doorsneeniveau in Rode Island, waar hij eerder als stagiair had gewerkt. Maar hij kon het niet aan en na een paar jaar middelmatig werk te hebben geleverd, besloten hij en een collega om een eigen kantoor te beginnen. Na een weinig succesvol jaar vertrok hij en werkte zelfstandig aan een paar zaken, maar uiteindelijk begon het werk hem te irriteren. Tegenwoordig is hij werkzaam als zelfstandig parttime adviseur voor een plaatselijke onroerendgoedfirma en is hij behoorlijk teleurgesteld in het verloop van zijn carrière.

Het verschil in wat er uiteindelijk van Jeff en Steve geworden is, is precies wat het voor toelatingscommissies zo lastig maakt. Wie loopt de grootste kans om succesvol te worden? Op de eerste dag van hun rechtenstudie was Steve duidelijk de best gekwalificeerde, meest gedreven en meest zelfverzekerde student van de twee met een verleden dat succes voorspelde. De toekomst van Jeff was veel minder duidelijk en maar weinig mensen zouden voorspeld hebben dat hij veel beter zou presteren dan Steve, maar toch is Jeff de meest competente advocaat van de twee en een gelukkiger mens dan Steve.

Mensen die nieuwe werknemers moeten aannemen, staan voor hetzelfde probleem. Welke factoren naast wat de sollicitanten op hun cv hebben staan bepalen wie succesvol zal worden en wie niet?

Wanneer alle factoren die meestal aan iemands welzijn en succes bijdragen – intelligentie, socio-economische status, schoolprestaties, fysieke gezondheid, geestelijke gezondheid, enzovoort – in overweging zijn genomen, blijkt er één factor te zijn die meer dan alle andere factoren voorspelt of iemand succes heeft in het leven. Die voorspelt welke kinderen het goed doen. Die voorspelt welke werknemers succesvol zijn. Die voorspelt zelfs wie een gelukkige relatie heeft en wie lichamelijk gezond is. Het was de enige factor die Jeff wel had, maar Steve niet.

Die factor is innemendheid: niet het hebben van status, maar sympathiek gevonden worden. Interessanter nog is echter op welke manier innemendheid van invloed op ons is.

'Ik denk dat het gewoon een kwestie van voortrekkerij is,' zei een ouder bestraffend tegen me voordat ik op een plaatselijke middelbare school een praatje over mijn onderzoek naar innemendheid ging houden. 'Sommige mensen hebben gewoon heel veel geluk, ze krijgen alles op een presenteerblaadje aangeboden.'

'Mensen zijn bevooroordeeld,' zei een vriend die voor een

groot accountantsbureau werkt stellig. 'Iedereen bij mij op kantoor wil met Terri naar het happy hour, dus als hun gevraagd wordt wie er goed is in zijn werk, zeggen ze allemaal dat zij dat is. De rest van ons werkt zich in het zweet, maar dat ziet niemand.'

'Het is gewoon verlakkerij' is een ander argument dat ik heb gehoord. 'Als een man heel welbespraakt is, met iedereen bevriend is, en iedereen aan het lachen maakt, voert hij waarschijnlijk iets in zijn schild. Hij is nep.'

Ze hebben het allemaal bij het verkeerde eind.

Mensen die aardig overkomen wekken niet alleen de indruk dat ze goed zijn in hun werk en tevredener, gelukkiger en voldaner zijn, ze zíjn het ook. De reden daarvoor is dat mensen die leuk worden gevonden in een andere wereld leven dan degenen in hun omgeving die minder leuk worden gevonden. Ze leven in een wereld die ze zelf gecreëerd hebben en een kettingreactie van ervaringen produceert, die in grote mate hun leven vormgeven.

Het is de moeite waard om te proberen die wereld te begrijpen, want als we het voorbeeld van leuke mensen volgen, zou dat ons leven kunnen veranderen.

Psychologen doen al tientallen jaren onderzoek naar de kracht van innemendheid. Er begon een hele reeks analyses toen onderzoekers ontdekt hadden dat sommige kinderen veel vaker 'het aardigst' werden gevonden door hun klasgenoten dan 'het minst aardig'. Dit zijn de 'geaccepteerde' kinderen waar hoofdstuk 2 over gaat. Maar de kracht van innemend zijn, van aardig zijn, is niet alleen duidelijk bij kinderen. Mensen die geaccepteerd worden, zijn van alle leeftijden. De dynamiek van relaties tussen leeftijdgenoten is in alle levensfases opvallend gelijk,[1] van kleuters in groep 1 tot ouderen in een bejaardenhuis. Ook vind je geaccepteerde mensen in elke context: in de klas, in de oudercommissie, op kantoor, in het voetbalteam, in gebedshuizen. Overal zijn mensen die gewoon heel erg aardig zijn zonder dat ze daar schijnbaar enige moeite voor hoeven te doen.

In de vakliteratuur zijn veel onderzoeksresultaten terug te vinden met betrekking tot de langetermijnvoordelen die mensen die 'geaccepteerd' zijn hebben.[2] In 1987 vatten de ontwikkelingspsychologen Jeff Parker en Steve Asher tientallen onderzoeken samen en maakten een invloedrijk overzicht van de langetermijneffecten van innemendheid. Hun resultaten toonden aan dat geaccepteerde kinderen in vergelijking met afgewezen kinderen minder vaak voortijdig van school gingen, crimineel gedrag vertoonden of als volwassenen psychische problemen hadden. In een ander onderzoek vroegen Scott Gest van de Pennsylvania State-universiteit en zijn collega's aan 205 kinderen van groep 5 tot en met 8 in welke mate ze elkaar aardig vonden. Tien jaar later vroeg Gest alle deelnemers hoe hun leven er op dat moment uitzag. De mensen die als kind door hun leeftijdgenoten het aardigst werden gevonden, hadden in de meeste gevallen een baan en al enkele promoties achter de rug. De aardige mensen hadden ook vaker langdurige en voldoening schenkende vriendschappen en een goede relatie. Zulke onderzoeksresultaten lijken universeel: er werden vergelijkbare resultaten gevonden na een zeven jaar durend onderzoek onder jongeren in Shanghai.

Toch werpen dergelijke onderzoeken vaak meer vragen op dan antwoorden. De vraag die ik het vaakst hoor is: bewijzen deze onderzoeken dat innemendheid op zich tot zulke positieve resultaten leidt? Hoe weten we of de factoren die mensen leuk maken ook de reden zijn waarom die mensen gelukkig en succesvol zijn?

Onderzoek heeft aangetoond dat er inderdaad een specifieke set eigenschappen is[3] die bijna garandeert dat iemand leuk wordt gevonden. Het is een vrij voor de hand liggende lijst en geldt in het algemeen voor zowel kinderen als volwassenen.

De mensen die het leukst worden gevonden zijn degenen die met anderen samenwerken, behulpzaam zijn, delen en zich aan de regels houden.

Leuke mensen passen zich in het algemeen goed aan.
Ze zijn slim. (Maar niet te slim!)
Ze hebben vaak een goed humeur.
Ze kunnen gemakkelijk een gesprek voeren.
Ze zorgen ervoor dat anderen ook aan het woord komen.
Ze zijn creatief, vooral in het oplossen van ongemakkelij-
ke sociale dilemma's.
En misschien wel het belangrijkst: ze verstoren de groep
niet.

Zorgen deze gedragingen ervoor dat mensen gelukkig en suc-cesvol zijn? Of maakt aardig of populair zijn op zich ons leven er beter op?

Vanuit wetenschappelijk oogpunt zou de ideale oplossing voor deze vragen een gerandomiseerd klinisch onderzoek zijn, een onderzoek waarbij de deelnemers willekeurig in groepen worden ingedeeld. Een klas met kinderen zou voor zo'n onder-zoek zodanig gemanipuleerd moeten kunnen worden dat één willekeurige groep 'geaccepteerd' wordt en een andere groep 'afgewezen'. Na enige tijd zouden de onderzoekers dan kunnen zien welk effect dit op de kinderen heeft. Je zou tegen de kinde-ren moeten kunnen zeggen: 'Let op, dit zijn de kinderen die je heel leuk vindt, dus wees aardig tegen ze. Die andere kinderen vind je niet zo leuk, dus wees de komende jaren niet al te en-thousiast wanneer je ze ziet.' Maar gelukkig moeten onderzoe-kers zich aan een gedragscode houden die hun verbiedt op deze manier met mensenlevens te experimenteren.

In 1968 was er in Iowa echter een juf van groep 5, Jane Elliot, die kort na de moord op Martin Luther King jr. toch zoiets met haar klas deed. Haar beroemde 'bruine-ogen-blauwe-ogen'-proef[4] was bedoeld om kinderen over discriminatie te leren, en duurde een paar dagen. Op de eerste dag stelde ze een willekeurige groep kinderen met bruine ogen samen en vertelde dat deze kinderen 'superieur' waren aan kinderen met blauwe ogen. Ze gaf de kinderen met bruine ogen de opdracht om niet bij kinderen met blauwe ogen te gaan zitten of met ze te spelen. Ook wees ze op de tekortkomingen van de kinderen met blauwe ogen. Ze gaf kinderen met bruine ogen extra aandacht en lof en droeg hun op om met veel enthousiasme met elkaar te spelen. Let wel dat haar proef bedoeld was om te laten zien wat het effect van vooroordelen is, niet van innemendheid, en juf Elliot zelf droeg doelbewust bij aan de ongelijkheid tussen kinderen met bruine of blauwe ogen om het bestaan aan te tonen van het wijdverspreide oordeel dat minderheden inferieur zijn.

Toch is het interessant dat de kinderen met bruine ogen al na één dag enthousiast te zijn behandeld door hun klasgenoten zich zelfverzekerder gedroegen en beter presteerden op school. De kinderen met blauwe ogen werden verlegener, somberder en zonderden zich meer af. Ze beantwoordden quizvragen zelfs minder vaak correct dan de dag ervoor. Toen juf Elliot de regels van haar experiment de volgende dag omdraaide – nu waren de kinderen met blauwe ogen zogenaamd superieur aan die met bruine – was het resultaat hetzelfde.

Zou het effect van innemendheid op een leven hetzelfde zijn? Is er werkelijk een verband tussen leuk gevonden worden en of we ons op de lange termijn gelukkig voelen en succes hebben? Of is er een andere variabele die beide verklaart?

Onderzoekers hebben dus geen gerandomiseerde klinische onderzoeken kunnen uitvoeren om de gevolgen van innemendheid te onderzoeken, maar wel langetermijnonderzoeken, onderzoeken waarbij mensen gedurende enkele of zelfs

tientallen jaren geobserveerd worden, om uit te zoeken of ervaringen uit de kindertijd kunnen voorspellen hoe het iemand in
zijn of haar latere leven vergaat. Langetermijnonderzoeken
maken het mogelijk om onderzoek te doen naar verschillende
factoren die mogelijk voorspellen of iemand later gelukkig en
succesvol wordt, en om te bepalen welke factoren inderdaad
voorspellen hoe iemands latere leven eruitziet. Ook is het een
handige manier om te bevestigen of innemendheid voorspelt
hoe een leven verloopt of dat een andere factor, een 'derde variabele', daarvoor verantwoordelijk is.

Het is belangrijk deze derde variabelen in overweging te nemen. Heb je gelezen dat onderzoekers een direct verband hebben gevonden tussen de toename van de verkoop van ijs en een
toename van het aantal moorden dat wordt gepleegd?[5] Hoewel
het verleidelijk is om aan te nemen dat het een de oorzaak is
van het ander (misschien worden mensen als gevolg van de
grote hoeveelheid suiker in ijs wel woest en slaan ze aan het
moorden), is het verband te verklaren door een heel andere,
'derde' variabele, namelijk warm weer.

Is het schijnbare verband tussen innemendheid en later succes ook het gevolg van een derde variabele? Dat lijkt niet zo te
zijn. Het ene onderzoek na het andere heeft aangetoond dat
zelfs nadat het effect van iemands IQ, socio-economische status, geestelijke gezondheid of een van de gedragingen die ervoor zorgen dat mensen ons aardig vinden in overweging is
genomen, er een direct verband bestaat tussen geaccepteerd
zijn en hoe gelukkig, voldaan en zelfs succesvol we jaren later
zijn.

In een van de onderzoeken werden meer dan tienduizend
Zweedse jongeren ondervraagd en over een periode van dertig
tot veertig jaar gevolgd.[6] Op hun dertiende werd bepaald in
welke mate ze aardig werden gevonden en werden ook allerlei
andere mogelijke factoren die hun populariteit en latere leven

konden verklaren genoteerd. De onderzoekers registreerden van iedere deelnemer zijn of haar IQ, socio-economische status, geestelijke gezondheid, de hoogte van de opleiding en het inkomen van de ouders, en zelfs de toekomstplannen van het kind. Na al deze factoren die mogelijk van invloed kunnen zijn op het latere leven in overweging te hebben genomen, bleek dat alleen innemendheid werkelijk voorspelde of iemand tientallen jaren later gelukkig was en een baan en een goed inkomen had. In vergelijking met mensen die als kind aardig werden gevonden waren degenen die als kind werden afgewezen twee tot vijf keer zo vaak werkeloos en in de bijstand. Kinderen die leuk werden gevonden leden als volwassene ook minder vaak aan suikerziekte, obesitas, een hoog cholesterolgehalte of een hoge bloeddruk.

Er is verder door psychologen gekeken naar de waarde van de factor innemendheid door te onderzoeken in welke mate hij veranderingen in ons leven kan voorspellen. Deze benadering biedt een andere manier om vast te stellen of innemendheid een causaal effect heeft. 'Geaccepteerde' kinderen zouden uiteindelijk gelukkiger kunnen worden dan andere omdat ze als kind al gelukkig zijn, terwijl 'afgewezen' kinderen gedeprimeerd kunnen worden als volwassene omdat ze als kind al gedeprimeerd zijn. Hun sombere houding als kind zou een van de factoren kunnen zijn die ertoe leiden dat ze ook als volwassene worden afgewezen.

Ik heb deze mogelijkheid zelf ook bestudeerd, bijvoorbeeld in een onderzoek onder jongeren in mijn eigen onderzoekslab. Samen met de toenmalige postdoctorale onderzoeksassistente Julie Wargo Aikins verzamelde ik informatie van 150 leerlingen uit de vierde klas van de middelbare school[7] om het verband te onderzoeken tussen innemendheid en symptomen van depressiviteit. Nadat alle deelnemers aan het onderzoek hadden aangegeven wie ze het leukst/minst leuk vonden in hun klas, vroegen we iedere deelnemer om een standaardvragenlijst in te vullen die door klinisch psychologen werd gebruikt om te onderzoeken of mensen symptomen van depressiviteit hadden. Zo'n anderhalf jaar later onderzochten we dezelfde groep opnieuw. Onze resultaten wezen uit dat sommige jongeren al tijdens het eerste onderzoek tekens van depressiviteit vertoonden. Tegen de tijd dat ze voor hun eindexamen stonden, waren er veel meer leerlingen die tekens van depressiviteit vertoonden, onder wie relatief veel leerlingen die tot de groep 'afgewezen' behoorden toen ze nog in de vierde klas zaten. Leerlingen die aardig werden gevonden, waren zich in dezelfde periode over het algemeen beter gaan voelen, wat ook gold voor de leerlingen die al gelukkig waren toen ze in de vierde zaten.

Wat is er dan aan de factor innemendheid dat zo'n krachtig en langdurig effect op ons heeft?

* * *

Het is een zonnige dag op de campus van de Universiteit van North Carolina in Chapel Hill. Ik sta bij de *pit*, een verzamelplek naast het gebouw van de studentenvereniging, en zie zo'n tweehonderd studenten naar me toe komen die allemaal hetzelfde felroze T-shirt aan hebben. Andere studenten staren hen aan en nemen foto's met hun telefoons terwijl de hele meute naar mij loopt en dan blijft staan.

Ook ik draag dat felroze T-shirt. De studenten volgen allemaal mijn collegereeks over populariteit en we nemen deel aan een jaarlijks experiment om meer inzicht te krijgen in de uitwisseling van 'transacties' die voortdurend tussen ons en onze omgeving plaatsvinden. Ons experiment gaat niet per se over populariteit op zich, maar demonstreert wel wat psychologen het 'transactiemodel' noemen: de kettingreactie die volgt op hoe anderen op ons reageren, hoe wij daarop reageren en hoe die reactie weer bepaald gedrag bij anderen veroorzaakt, iets wat de hele dag, elke dag en ons hele leven lang doorgaat. Het transactiemodel draait om geven en nemen: hoe wij ons gedragen en hoe anderen daarop reageren. Mijn experiment was bedoeld om aan te tonen dat ons leven al verandert als we maar één eenvoudige verandering in deze dynamiek aanbrengen.

Op de eerste dag van het experiment, de controledag, werd de studenten gevraagd om hun gewone kleding te dragen en een dagboek bij te houden over al hun sociale interacties en hun humeur. Om het uur schreven ze op of ze een gesprek waren begonnen, of ze iemand ontmoet hadden die ze nog niet kenden, en hoe ze zich daarbij voelden: blij, verveeld, verdrietig, angstig, enzovoort.

Op de tweede dag voerden we een kleine verandering in: al mijn studenten en ik droegen hetzelfde T-shirt. Elk jaar bedenken we samen een ontwerp dat veel aandacht trekt. Soms is het shirt neongroen, andere jaren is het feloranje of felroze. Voorop staat een wat ondeugende tekst, soms een grap die alleen mijn eigen leerlingen kennen. Zo hadden we bijvoorbeeld 'Everyone at UNC Likes Me!' en een ander jaar 'Most Popular'. Maar het T-shirt was niet ontworpen om ons populairder te maken. Het was vooral bedoeld om te zorgen voor een atypische sociale ervaring die dag, voor nieuwe transacties. Wanneer een paar honderd mensen in dezelfde opvallende kleding over de campus lopen, worden ze gegarandeerd allemaal anders behandeld dan normaal. Mensen keken ons na, giechelden of rolden met hun ogen, en velen kwamen naar ons toe om te vragen wat ons T-shirt te betekenen had.

Wat we wilden weten was in welk opzicht deze reacties onze eigen reacties veranderden en misschien ook wel invloed hadden op hoe we ons voelden. De studenten werd ook dit keer gevraagd om ongeveer om het uur op te schrijven wat ze gedaan hadden en hoe ze zich voelden. Daarna moesten ze hun onderzoeksgegevens bestuderen en er een essay over schrijven. Ik vroeg ze om niet alleen over hun ervaringen van die twee dagen te schrijven, maar ook om aan te geven hoe hun leven er waarschijnlijk uit zou zien als ze dat opvallende T-shirt in gedachten elke dag zouden dragen.

De studenten schreven steevast dat ze verbaasd waren over hoe hun gedrag veranderde op de T-shirtdag. En ze waren nog verbaasder over het cascade-effect dat hun gedrag veroorzaakte: het maakte onverwachte reacties bij anderen los, waarop ze zelf weer op een ongebruikelijke manier reageerden, enzovoort, in een oneindige cyclus van reacties. Verlegen studenten knoopten bijvoorbeeld een gesprek aan met mensen die ze al weken hadden willen spreken en voelden zich tijdens dat gesprek zelfverzekerder, optimistischer en blijer dan normaal. Ze ontdekten tot hun verbazing dat hun gespreksgenoten om hun grappen lachten, geïnteresseerd waren in wat ze te zeggen hadden en hen zelfs uitnodigden voor een volgende ontmoeting.

Sombere studenten, die zich meestal niet erg verbonden voelden met de andere studenten op de campus, konden niet geloven hoe vaak ze lachten op de dag waarop ze het T-shirt droegen. Tot hun verbazing lachten anderen terug en plotseling voelden ze zich niet zo boos of eenzaam meer. Sommigen schreven dat het de eerste keer in weken was dat ze hun kamer uit waren gekomen om met anderen naar Franklin Street, een beroemde straat in Chapel Hill met winkels en horeca, te gaan.

Studenten die meestal op hun telefoon keken wanneer ze de campus overstaken, keken die dag op en knikten in het voorbijgaan vriendelijk naar anderen. De andere studenten knikten terug en mijn studenten gaven aan dat het ze een sterker gevoel van onderlinge verbondenheid gaf, zo sterk zelfs dat ze ook bij colleges vaker hun hand opstaken. In het algemeen zijn mijn studenten het er elk jaar over eens dat toen zij anders behandeld werden, al was het maar voor een dag, hun eigen gedrag en gevoelens ook op verrassende manieren veranderden. Eén student schreef: 'Als ik dat T-shirt bij wijze van spreken in mijn kindertijd elke dag had gedragen, zou ik nu een ander mens zijn.'

Dit experiment biedt de mogelijkheid om erachter te komen in hoeverre ons gedrag en humeur veranderen wanneer we anderen op een andere manier benaderen, al doen we dat maar één dag. Ook helpt het de kracht van innemendheid te verklaren, want als je aardig bent, verandert dat niet alleen hoe mensen jou behandelen, maar ook hoe jij je in de loop van het leven ontwikkelt. Simpel gezegd: mensen die leuk zijn, worden goed behandeld. Niet alleen voor een dag, maar hun hele leven.

Dit geldt natuurlijk ook voor mensen die veel status hebben. Mensen die de andere vorm van populariteit genieten, krijgen net als mensen die door velen aardig worden gevonden heel veel positieve aandacht. Maar meer overeenkomsten zijn er niet. In tegenstelling tot degenen die veel status hebben, hebben mensen die aardig worden gevonden meer vrienden, een rijker sociaal leven en meer positief contact.

Vanuit het oogpunt van het transactiemodel bieden al deze vriendschappen en ontmoetingen de kans om steeds ingewikkelder intermenselijke vaardigheden te oefenen en aan te leren. Onderzoek heeft aangetoond dat kinderen die aardig worden gevonden sneller geavanceerde sociale vaardigheden ontwikkelen dan hun leeftijdgenoten. Onder negen- en tienjarigen, bijvoorbeeld, vormen kinderen die aardig zijn als eersten emotioneel hechte vriendschappen,[8] terwijl de rest nog kinderlijk aan het spelen is. Wanneer ze een paar jaar ouder zijn, zijn jongeren die aardig worden gevonden de eersten die een monogame relatie krijgen,[9] terwijl hun leeftijdgenoten nog met vluchtige tienerverliefdheden experimenteren. Het feit dat deze jongeren verfijnde sociale vaardigheden hebben ontwikkeld maakt hen natuurlijk nog aantrekkelijker, waardoor de cyclus nog eens versterkt wordt.

Hetzelfde transactiemodel verklaart waarom niet aardig worden gevonden kan leiden tot een leven van gemiste kansen en achterstand. Onderzoek heeft aangetoond dat er veel gedragingen zijn die ertoe kunnen leiden dat anderen ons niet mogen.[10] We kunnen afstand tussen onszelf en anderen scheppen door agressief te zijn, door op grove wijze en zonder ons ervoor te verontschuldigen sociale normen aan onze laars te lappen, door zelfzuchtig te zijn of door onze problemen aan anderen op te dringen en daarbij ons eigen belang boven dat van de groep te stellen. Maar hoewel deze gedragingen op het moment zelf van invloed kunnen zijn op de onaangename persoon zelf, is het effect ervan op andere mensen – de transacties die ze in gang zetten – verantwoordelijk voor de blijvende problemen die onaangename mensen hebben.

Dit idee kan moeilijk te accepteren zijn. Het is makkelijk om afwijzing, bijvoorbeeld wanneer we het slachtoffer worden van anderen, of de algemene oneerlijkheid van het leven te wijten aan omstandigheden die we zelf niet in de hand hebben. Dat kan zeker het geval zijn, maar het transactiemodel stelt dat een deel van ons geluk en succes of ongeluk en falen het directe resultaat is van hoe we ons tijdens de dagelijkse interactie met anderen hebben gedragen.

Terwijl mensen die aardig worden gevonden in een wereld leven waarin ze goed worden behandeld, worden onaangename mensen vermeden of bespot. Kinderen die worden afgewezen, worden in hun vroege jeugd minder vaak uitgenodigd om te komen spelen, op verjaarsfeestjes te komen of aan spelletjes mee te doen. En steeds wanneer dit gebeurt, is dat een gemiste kans om nieuwe sociale vaardigheden te leren. Hun gebrek aan sociale vaardigheden maakt hen natuurlijk alleen maar onaangenamer, waardoor de treurige en schadelijke cyclus wordt voortgezet. Het is dan ook niet verwonderlijk dat tegen de tijd dat afgewezen kinderen op de middelbare school zitten, ze zich minder goed aan de groepsregels houden, ze minder goed zijn in het oplossen van conflicten met vrienden, en minder goed hun beurt afwachten tijdens gesprekken. Wanneer ze pubers worden, zijn ze de laatsten die afspraakjes maken en hebben ze alleen vrienden die ook werden afgewezen toen ze nog jonge kinderen waren.

Deze cyclus kan al in groep 1 en 2 beginnen.[11] Jennifer Lansford van de Duke-universiteit paste het transactiemodel toe op 585 kinderen die ze van groep 1 tot 5 bestudeerde. De onderzoekers stelden de deelnemers en hun klasgenoten in totaal twaalf keer vragen, waardoor ze de kans kregen om snelle transacties te bestuderen tijdens een belangrijke periode in de ontwikkeling van deze kinderen. Het onderzoek toetste het idee dat ons gedrag niet alleen het gevolg is van hoe anderen ons behandelen, maar ook van grote invloed is op ons toekomstige sociale succes.

Lansford en haar collega's vroegen de kinderen wie van de andere deelnemers ze aardig vonden en ze vroegen de leerkrachten in welke mate ieder kind agressief was op school. Ook stelde het team de kinderen een aantal vragen om meer te weten te komen over hun sociale vaardigheden, met name een afwijking waardoor sommige mensen de wereld in een bepaalde context als vijandig en agressief ervaren, terwijl de meeste mensen de wereld in dezelfde context helemaal niet als vijandig zien. (Meer over deze afwijking in hoofdstuk 6.)

De resultaten lieten zien hoe sterk innemendheid van invloed kan zijn op onze groei en ontwikkeling op de lange termijn. Zoals te verwachten viel, ontdekte Lansford dat hoe agressiever kinderen zich gedroegen of hoe meer ze de wereld als vijandig beschouwden, hoe meer ze door hun leeftijdgenoten werden afgewezen op het moment dat ze opnieuw bestudeerd werden. Belangrijker is echter dat het omgekeerde ook zo bleek te zijn: hoe meer kinderen werden afgewezen, hoe agressiever ze in de loop van de tijd werden. Dit leidde er natuurlijk toe dat de afstand tussen hen en hun leeftijdgenoten alleen nog maar groter werd, waardoor de 'afgewezen' kinderen de wereld nog vijandiger vonden dan voorheen. Wanneer kinderen die werden afgewezen bijvoorbeeld filmopnamen te zien kregen die de meesten van hun leeftijdgenoten niet als bedreigend beschouwden, hadden de afgewezen kinderen de neiging om de handelingen in de film als wreed te beschouwen. Dit verschil in sociale vaardigheden leidde in de jaren die volgden tot een steeds groter verschil tussen kinderen die aardig werden gevonden en degenen die als onaangenaam werden ervaren.

Het transactiemodel verklaart ook waarom Jeff een veel competentere advocaat en een tevredener mens werd dan Steve. Het was al duidelijk wat voor karakter hij heeft op die eerste dag in de volle collegezaal op de universiteit. Terwijl Steve de mensen om hem heen niet leek op te merken, ging Jeff juist naar ze toe, stelde zich hartelijk voor, lachte naar hen en schudde hun de hand. Hij ging staan om studenten in de rij voor en achter hem te bereiken en hij sprak er een heleboel die dag.

'Kom je uit Chicago?' vroeg hij aan een van hen; 'Hé, mijn oom woont daar ook!'

'Ik voetbal ook!' zei hij tegen een ander. 'We moeten kijken of hier een competitie is!'

Jeff is van nature altijd behulpzaam, aardig en vrolijk geweest. Hij is zo iemand die bijna alles tegen iedereen kan zeggen, hoe moeilijk of pijnlijk soms ook, en dat met een ongekunstelde, vriendelijke, bescheiden glimlach en de nodige charme. Alleen al in zijn gezelschap zijn geeft mensen het gevoel dat ze zelf een van de aardigste, interessantste individuen in de zaal zijn.

Omdat iedereen op de universiteit hem zo aardig vond, werd Jeff voor allerlei studiegroepen uitgenodigd, waar hij mensen met verschillende uitgangspunten leerde kennen. Ook leidde het feit dat hij aardig werd gevonden ertoe dat hij soms docenten buiten de les sprak, waardoor Jeff allerlei dingen over de lesstof leerde die tijdens de colleges niet aan bod waren gekomen. Omdat hij meer kennis had opgedaan, had hij meer zelfvertrouwen gekregen en durfde hij beter het woord te nemen, wat weer leidde tot meer kansen om met andere studenten samen te werken, faculteitsleden te ontmoeten, enzovoort. Binnen een jaar werd hij verkozen tot vertegenwoordiger van de studenten op faculteitsvergaderingen, en later werd hij vertegenwoordiger op een nationale conferentie van advocaten. Al deze ontmoetingen waren van grote invloed op de manier waarop Jeff de universiteit ervoer. Doordat hij als student al vriendelijk was, zette hij een cyclus in gang die leidde tot het geluk en succes die hij vele jaren later genoot.

Steve deed dezelfde rechtenstudie als Jeff, maar dat zou je niet zeggen. De academische wereld waarin hij zich bewoog bevatte geen studiegroepen, faculteitsvergaderingen of leidersposities. Wanneer hij door zijn studiegenoten om zijn mening werd gevraagd, was hij ontwijkend en koel, omdat hij bang was dat hij door hen overschaduwd zou worden. De andere studenten voelden zich gespannen in het bijzijn van Steve en begonnen hem algauw te vermijden. Wanneer hij het tijdens de les ergens niet mee eens was, stak hij meteen zijn hand op, maar zijn opmerkingen waren er meer op gericht te laten zien hoeveel hij wist dan om goede opmerkingen van studiegenoten te erkennen. Wanneer hij aan een groepsopdracht moest meedoen, maakte Steve duidelijk wat zijn ideeën waren zonder dat het hem kon schelen of die bij de heersende opvatting van de groep pasten. Omdat hij steeds minder kansen kreeg om met studiegenoten samen te werken, waren zijn cijfers in het eerste jaar lager dan hij verwacht had, waardoor zijn zelfvertrouwen werd aangetast. Dit droeg bij aan een cyclus waarin hij steeds minder betrokken was bij zijn studie, zijn cijfers daalden, enzovoort. Omdat Steve van nature zo onaangenaam was, werd hij eenzaam op de universiteit en kreeg hij weinig kansen om te leren, wat weer van invloed was op zijn latere carrière als advocaat.

De Steves van deze wereld zullen dit een deprimerend hoofdstuk vinden, want het bevestigt wat ze al dachten, namelijk dat de wereld altijd al tegen hen was, wat begon met die eerste onhandige ontmoetingen in hun kindertijd. Nu, na een leven van negatieve transacties en verloren sociale kansen lijkt de uitdaging om zich aardiger te gedragen onoverkomelijk.

Maar dat is niet zo. Het transactiemodel verklaart misschien waarom Steve ongelukkig is geworden, maar het duidt ook op mogelijkheden om te veranderen die helemaal niet zo moeilijk zijn.

Het is goed te weten dat als je in het verleden niet aardig werd gevonden, dat alleen van invloed is op je huidige gedrag als je dat zelf toelaat. Zelfs heel kleine aanpassingen in de manier waarop we ons nu gedragen kunnen onze toekomst veranderen: een vriendelijk gebaar naar een onbekende of zelfs zoiets simpels als een glimlach. Het lijkt een cliché, maar er bestaat nu overtuigend bewijs dat ontmoetingen plaatsvinden op een niveau waar we ons niet bewust van zijn. Zonder het ons te realiseren reageren we op de kleinste sociale signalen en worden we de hele dag door beïnvloed door de innemendheid van anderen.

Stel je voor dat je naar een onderzoekslab gaat om mee te doen aan een experiment. Je ontmoet iemand in de wachtruimte die ongeveer even oud is als jij en aan hetzelfde onderzoek meedoet. Je probeert een gesprek aan te knopen, maar ze maakt nauwelijks oogcontact. Ze beantwoordt je vragen met tegenzin, houdt haar armen over elkaar en lijkt emotieloos, ongeïnteresseerd en nors. Na een poosje komt een van de onderzoekers binnen en zegt dat jij aan de beurt bent. Je wordt naar het lab geleid en wordt gevraagd om over je gevoelens en interesses te praten. Intussen word je door de onderzoeker beoordeeld.

Stel je nu hetzelfde experiment voor, maar dan kijkt de persoon in de wachtkamer je aan, glimlacht, spreekt ongedwongen en beantwoordt je vragen op een vriendelijke manier. De inhoud van het gesprek is hetzelfde als voorheen, maar de vrouw gedraagt zich nu zelfverzekerd en enthousiast. Met andere woorden, ze is aardig. Na een paar minuten wordt je gevraagd om naar het lab te komen, waar je net zoals hierboven is beschreven door een onderzoeker wordt beoordeeld.

Het blijkt dat er een spelletje met je is gespeeld. De persoon in de wachtkamer is helemaal niet net als jij een deelnemer aan het onderzoek, maar een medewerker aan het experiment die van een van de onderzoekers opdracht heeft gekregen zich op een bepaalde manier te gedragen. De list is bedacht om ongemerkt te testen hoe een ontmoeting met een vriendelijk of onaangenaam persoon van invloed op je is. Hoe je je gedraagt, hoe je stemming is en zelfs welke interesses je hebt hangt af van aan welke versie van het experiment je hebt deelgenomen, die met de vriendelijke of de onvriendelijke persoon.

Hoe kan een heel gewone ontmoeting met een volkomen vreemde zo'n opvallend effect hebben? Het is het resultaat van een fenomeen dat we 'sociale mimiek' noemen; de neiging om anderen onopzettelijk en onbewust na te doen.

Sociale mimiek heeft een subtiele maar diepgaande invloed op ons.[12] Onderzoeken zoals het bovenstaande hebben aangetoond dat als je met de onaangename persoon in de wachtruimte zat, de kans veel groter was dat je zelf ook je armen over elkaar deed. Als zij haar wenkbrauwen fronste, deed jij dat waarschijnlijk ook. Hetzelfde geldt voor de snelheid waarmee en de toon waarop je spreekt. Neurowetenschappers hebben ontdekt dat zulke onopzettelijke mimiek waarschijnlijk het gevolg is van een beduidende overlapping in de delen[13] van onze hersenen die te maken hebben met perceptie, en de delen die betrokken zijn bij ons fysiek handelen. Dit verklaart waarom er ook mimiek optreedt wanneer mensen gevraagd wordt om alleen maar te denken aan hoe anderen zich gedragen. In een van de experimenten gingen deelnemers die waren gevraagd om zich oudere mensen voor te stellen naderhand zelfs langzamer lopen.[14]

Het interessantst is misschien wel dat sociale mimiek ook van invloed kan zijn op onze emoties, wat misschien verklaart waarom we liever met aardige mensen optrekken dan met mensen die vreemd, onvriendelijk of somber zijn. We hebben allemaal weleens iemand ontmoet die negativiteit aantrekt, iemand die wanhoop en pessimisme uitstraalt, waar hij of zij ook gaat. Zelfs nadat die persoon is vertrokken zijn we nog neerslachtig en vragen we ons misschien af waarom we in een slecht humeur zijn. Wetenschappelijk onderzoek heeft dit fenomeen aangetoond. Al na een paar minuten met een sombere, sociaal onplezierige medewerker te hebben doorgebracht, zeiden deelnemers aan het onderzoek in het algemeen zich ook zo te voelen. En de verandering van hun gedrag werd niet alleen veroorzaakt door hun medeleven met de medewerker. In een ander onderzoek las een medewerker op een sombere manier een saaie tekst voor, wat genoeg was om de deelnemers zich ook somberder te laten voelen.

Het effect treedt zelfs op wanneer we ons best doen om vriendelijk en opgewekt te zijn. Bij een speeddate-evenement in België[15] vroegen onderzoekers de deelnemers na elke (vier minuten durende) date om aan te geven hoe ze zich voelden en of ze de persoon opnieuw wilden ontmoeten. De resultaten wezen uit dat de deelnemers na een date met een onaangenaam, somber individu minder energiek en enthousiast waren en veel minder interesse hadden in een tweede ontmoeting.

Resultaten zoals deze doen vermoeden dat de wereld voor neerslachtige, onaangename mensen vrij somber is. Elke ontmoeting die ze hebben is een beetje vreugdelozer dan die hoeft te zijn, zonder dat ze zich realiseren dat hun gedrag van invloed is op dat van anderen en dat de kans groot is dat ze daardoor worden afgewezen.

Opgewekte, aardige mensen daarentegen lijken voortdurend te worden omgeven door vrolijke, positieve mensen die hen accepteren. Hun zonnige karakter is zo aanstekelijk dat we het gevoel hebben dat ze het beste in ons bovenbrengen, en we doen ons best om zo vaak mogelijk bij hen te zijn. Intussen zijn we ons er niet van bewust dat hun geheimzinnige 'positieve energie' gewoon het resultaat van sociale mimiek is. Zelfs hun lach is aanstekelijk, wat verklaart waarom er in grappige televisieprogramma's opnamen van gelach te horen zijn. Wanneer we anderen horen lachen, is de kans groter dat we zelf ook gaan lachen.

Zouden we sociale mimiek kunnen inzetten om een nieuw patroon van sociale interactie te veroorzaken of zelfs een nieuwe kettingreactie in ons eigen leven te stimuleren? Dat is moeilijk te zeggen, omdat er nog niet veel onderzoek is gedaan naar de langetermijneffecten van mimiek. Dus besloot ik om zelf een onofficieel experiment te doen.

Toen ik achter mijn computer zat en dit hoofdstuk schreef, trad er een storing op waardoor ik geen internetverbinding meer had. Uiteindelijk besefte ik dat ik mijn provider moest bellen en om hulp moest vragen. Zoals iedereen die weleens een hulplijn heeft gebeld zich kan voorstellen, was ik de uren die volgden bezig me door een hel van automatische keuzemenu's te werken, om uiteindelijk in mijn eigen hel te belanden: een eindeloze reeks medewerkers van de klantenservice die alle voor de hand liggende stappen om het probleem op te lossen, die ik zelf allang genomen had, met me wilden doornemen. Het is dan ook niet verwonderlijk dat ik me na een uur niet meer zo vriendelijk gedroeg.

Ik vroeg me af wat er gebeurd zou zijn als ik geprobeerd had mijn gedrag tijdens de gesprekken te veranderen. In het daaropvolgende uur, waarin ik nog minstens zes medewerkers van de klantenservice sprak, besloot ik mijn gedrag systematisch te variëren. Bij sommige medewerkers gedroeg ik me als een 'afgewezen' persoon: ik was agressief, ongeduldig en zelfs tegendraads. Ik weet zeker dat die medewerkers me niet erg aardig vonden. Bij andere gedroeg ik me als een 'geaccepteerd' persoon: ik was opgewekt, behulpzaam en toonde zelfs interesse in degene met wie ik sprak. Deze persoon toonde dan ook interesse in mij.

Zoals natuurlijk te voorspellen was: hoe vriendelijker ik me gedroeg, hoe vriendelijker de medewerker. Wanneer ik vervelend was, was de medewerker dat ook. En mijn gedrag was niet alleen van invloed op de reactie van de medewerker, maar ook op de kwaliteit van de hulp die hij of zij bood. Wanneer ik me onaangenaam gedroeg, luisterden de medewerkers minder goed en maakten ze eerder fouten. Wanneer de medewerkers me aardig vonden, kreeg ik meer nuttige suggesties.

Maar er waren ook een paar resultaten die ik niet verwacht had. Toen ik me vriendelijk gedroeg, was dat niet alleen van invloed op het gedrag van de medewerker die ik sprak, maar ook op mijzelf. Toen ik welgemeende interesse toonde in de medewerker van het in het buitenland gevestigde callcenter, raakte ik werkelijk geïnteresseerd in het leven van die medewerker, voelde ik me optimistischer over het vinden van een oplossing en had ik meer geduld met het hele proces. Hierdoor deed de medewerker beter zijn best om een oplossing te vinden en werd de ervaring veel draaglijker.

Toen ik me onaangenaam gedroeg, voelde ik mijn bloeddruk stijgen en raakte ik zelfs geïrriteerd door dingen die ik probeerde te doen terwijl ik aan de telefoon zat. Daardoor miste ik waarschijnlijk de kans om te leren hoe ik het probleem zelf kon oplossen, en ik vermoed dat het daardoor ook veel langer duurde voordat mijn internetverbinding hersteld was.

Aardig zijn was niet alleen van invloed op hoe anderen over mij dachten; het maakte me blijer en vergrootte mijn succes. Toen ik dat in de gaten had, was het verbazingwekkend te zien hoe makkelijk ik bepaalde reacties kon ontlokken – thuis of op mijn werk, onder vreemden of vrienden – gewoon door me zo te gedragen dat andere mensen me aardig vonden. Het sneeuwbaleffect was steeds frappant. Elk compliment vergrootte mijn zelfvertrouwen en humeur in de daaropvolgende interactie, en de cyclus kon uren- of dagenlang duren.

We zijn in het dagelijks leven voortdurend in een ingewikkelde opeenvolging van reacties verwikkeld, waarin gegeven en genomen wordt. We laten iets op de wereld los – een bepaalde gedraging, een houding, het verlangen naar verbintenis – en de wereld geeft ons meestal iets soortgelijks terug. Het is een voortdurende uitwisseling van woorden en gebaren die zo snel en schijnbaar automatisch is dat we vaak niet eens beseffen dat hij er is. We beschouwen het gewoon als het leven en realiseren ons nauwelijks dat we zelf steeds hebben bijgedragen aan de richting die de uitwisseling nam.

Maar het is niet altijd even makkelijk om aardig te zijn. Dat komt omdat we ons niet altijd realiseren dat ons gedrag anderen soms afschrikt, en omdat we niet begrijpen dat we zelf uiteindelijk bijdragen aan ons lot, dat beïnvloed wordt door ons verlangen naar populariteit.

Pam is een succesvolle immunologe van vijfendertig met een druk sociaal leven en een opgewekt karakter. Haar agenda staat altijd vol creatieve uitjes en activiteiten. Ze is grappig, mooi en talentvol. Ze heeft veel vrienden en organiseert allerlei leuke bijeenkomsten voor ze, zoals gekostumeerde feestjes en wie-is-de-moordenaaretentjes.

Maar ondanks haar drukke sociaal leven is Pam eenzaam en voelt ze zich vaak ongelukkig. Ze wil ooit graag trouwen en kinderen krijgen, maar ze denkt dat ze de ware nog niet heeft ontmoet. Dat zou best kunnen, maar het zou ook kunnen liggen aan het feit dat Pam in het algemeen een aardige vrouw is die zich af en toe onaangenaam gedraagt. Ze heeft er niet in al haar vriendschappen last van, maar het zou wel de oorzaak kunnen zijn van haar ontevredenheid over haar relaties.

Als ze voor het eerst een man ontmoet, is ze meestal heel vrolijk, spontaan en lief. Haar vriend en zij gaan naar musea, concerten en nieuwe restaurants. Ze flirt en is charmant, ze is geestig en onderhoudend, en de mannen worden snel verliefd op haar. Maar het is onvermijdelijk dat Pam na een tijdje iets opvalt, iets wat haar vriend wel of niet doet, waaruit ze opmaakt dat hij niet zoveel interesse meer in haar heeft. Hij komt bijvoorbeeld te laat voor een afspraakje of heeft op een feestje meer aandacht voor zijn vrienden dan voor haar. Misschien houdt hij de deur niet meer zo vaak voor haar open als voorheen. Op dat moment begint Pam zich zodanig te gedragen dat er een patroon van negatieve transacties ontstaat.

Het begint onschuldig genoeg. 'Gaat het nog goed tussen ons?' vraagt ze haar vriend. 'Het is me opgevallen dat het anders voelt tussen ons.' Soms blijkt Pams instinct te kloppen, soms heeft de man met wie ze een relatie heeft inderdaad niet meer zoveel interesse in haar of voelt hij zich zelfs geïntimideerd door haar openlijke zelfverzekerdheid. Maar meestal is alles in orde en bevestigt haar vriend dat ook. Maar juist dan beginnen de problemen.

Pam gelooft niet dat anderen haar zo leuk vinden als ze zou willen, dus gelooft ze hen niet wanneer ze haar geruststellen. 'Ik weet best dat hij gezegd heeft dat alles in orde is, maar ik ben gewoon bang dat dat niet zo is. Stel dat hij niet zoveel interesse meer in me heeft?' verklaart ze. Dan vraagt ze haar vriend meestal opnieuw om geruststelling. Die geeft hij, maar ze blijft twijfelen en zo begint een negatief patroon waardoor de situatie steeds slechter wordt. Soms ontwikkelt deze cyclus zich over een periode van enkele weken of maanden, maar hij kan ook al na één gesprek ontstaan. In beide gevallen werpen Pams eerdere ervaringen met afwijzing een schaduw over haar nieuwe relatie, waardoor er transacties ontstaan die heel voorspelbaar worden.

Psychologen noemen dit patroon 'overmatig geruststelling zoeken'.[16] Het komt vaak voor in de context van een relatie, maar kan ook voorkomen in vriendschappen of zelfs tussen werknemers en leidinggevenden. Experts op het gebied van overmatig geruststelling zoeken, zoals Jim Coyne en Thomas Joiner, hebben gesteld dat dit gedrag ertoe leidt dat de mislukking die men voorspelt uiteindelijk ook realiteit wordt. Het voortdurend vragen stellen en twijfelen van degene die geruststelling zoekt kan ertoe leiden dat de persoon die de geruststelling moet geven zich gewantrouwd, gestrest en incompetent voelt, en dat hij of zij zich afvraagt: waarom kan ik degene van wie ik zoveel hou niet helpen? Waarom gelooft hij of zij me niet? Door de druk die de twijfelaar op hem of haar zet, zal deze persoon zich uiteindelijk terugtrekken. Hij of zij beantwoordt berichtjes niet meer zo snel en wordt minder overtuigend in zijn of haar liefdesbetuigingen. Hij of zij wordt minder troostend en de superwaakzame geruststellingzoeker heeft dat natuurlijk meteen in de gaten.

'Ik wist het! Ik wist dat hij zich terugtrok!' reageert Pam steevast wanneer ze door haar vriend gedumpt is. Maar in haar boosheid en verontwaardiging om de bevestiging die ze heeft gekregen, heeft ze niet door dat dit resultaat mogelijk het gevolg is van een transactieproces dat ze zelf in werking heeft gesteld. De afwijzing werd veroorzaakt door haar eigen gedrag, maar door de afwijzing voelt ze zich gerechtvaardigd om ook in volgende relaties voortdurend om geruststelling te vragen. Op die manier kan een mislukte liefdesrelatie ook de volgende tot mislukken doemen.

Onderzoek van mijn eigen lab heeft aangetoond hoe sterk overmatig geruststelling zoeken een relatie kan ondermijnen en hoe vroeg dit transactiepatroon begint. In een van onze onderzoeken vroegen we 520 jongeren ons te vertellen over het zoeken van geruststelling. Ook vroegen we hen naar de naam van hun beste vriend of vriendin, en hoe de vriendschap met hem of haar verliep. Toen vroegen we de vrienden naar hun mening over de vriendschap. We ondervroegen de deelnemers en hun vrienden daarna twee keer per jaar om te zien hoe hun vriendschap zich ontwikkelde. Ook stelden we aan de hand van informatie van hun leeftijdgenoten vast of een tiener aardig werd gevonden of niet.

Onze resultaten toonden aan dat het overmatig vragen om geruststelling tot negatieve transacties kan leiden, wat begint in de puberteit[17] en wat voorspelt welke tieners als onaangenaam worden ervaren. Pubers die overmatig om geruststelling vroegen, vertelden ons dat hun vriend of vriendin hun gedrag irritant vond, en dat ze hun zelfs gevraagd hadden ermee op te houden. Maar de pubers die om geruststelling vroegen konden niet begrijpen dat hun gedrag een negatieve invloed op hun vriendschap had. Hoewel zijzelf nog steeds blij waren met de vriendschap, dacht hun vriend of vriendin daar anders over. Hoe vaker een puber tijdens het eerste studiejaar om geruststelling vroeg, hoe vaker hun vriend of vriendin in het tweede studiejaar aangaf dat hun vriendschap in de problemen was. Het was niet zo leuk meer wanneer ze samen waren. Veel vrienden waren begonnen zich terug te trekken en sommige maakten zelfs een eind aan de vriendschap. Het is dan ook niet verwonderlijk dat degenen die overmatig om geruststelling vroegen aan het eind van ons onderzoek veel gedeprimeerder waren geworden dan anderen.

Als we begrijpen hoe ons gedrag van invloed is op onze relatie met anderen, beseffen we niet alleen dat populariteit een weerspiegeling is van hoe anderen ons zien, maar ook dat het gedeeltelijk het resultaat is van hoe wij met anderen omgaan. Deze cyclische wisselwerking tussen ons eigen gedrag en de reacties van anderen is niet alleen van invloed op onze dagelijkse ervaringen. Het kan werkelijk de loop van ons leven veranderen en daarom kan de factor populariteit zo goed voorspellen hoe iemands leven zal verlopen. Naast alle andere factoren waarvan we al weten dat ze van grote invloed zijn op ons succes, ons humeur en zelfs onze fysieke gezondheid is er één waarvan we dachten dat die er sinds de middelbare school niet meer zoveel toe deed.

Wanneer ik het over populariteit heb, hoor ik steevast van twee verschillende groepen mensen. De eerste bestaat uit degenen die als kind tot een van de standaardcategorieën behoorden: geaccepteerd, afgewezen, genegeerd, controversieel of gemiddeld. Ze vertellen me bijvoorbeeld dat ze op hun eerste dag op school werden afgewezen en dat ze zich sindsdien op elke school, in elke relatie en in elke baan zo voelen. Ze zijn ervan overtuigd dat ze ertoe gedoemd zijn om hun leven lang te worden afgewezen.

Mensen uit de andere groep vertellen me dat hun populariteit of impopulariteit sinds hun kindertijd veranderd is. Anderen vonden hen aardig of vervelend, maar dat is op de een of andere manier veranderd. Het proces begon met de manier waarop ze met de mensen om hen heen omgingen. Nu ze terugkijken op hun kindertijd, herkennen ze zichzelf nauwelijks in het kind dat ze waren. Het is alsof ze terugdenken aan iemand met wie ze veel sympathie hebben, maar die allang niet meer bestaat. Dit is de groep die gelooft dat er een manier is om het populariteitspatroon te doorbreken.

En die is er ook.

DEEL III

Dus wat doen we nu?

6

De erfenis van onze puberteit

Hoe we nu het mooiste meisje kunnen veroveren

Voor de meeste mensen geldt dat de middelbare school al heel lang geleden lijkt. En zelfs als het nog niet zo lang geleden is, voelt het alsof die periode in het verre verleden ligt. Welk nut heeft het daarom om er nu nog over na te denken? We kunnen de klok uiteindelijk niet terugdraaien en veranderen hoe populair we toen waren.

Maar als ik je nu eens vertelde dat die tienerervaringen nog steeds van invloed op je zijn? Niet alleen wanneer er toevallig een herinnering opborrelt, maar duizenden keren per dag. Die oude confrontaties met populariteit zijn de basis van je volwassen persoonlijkheid.

Gelukkig is het al voldoende je bewust te zijn van hoe deze dynamiek in zijn werk gaat om ervoor te zorgen dat het mooiste meisje van de klas of die pestkop van toen je leven van nu niet meer beïnvloedt.

Een paar weken geleden kwam ik mijn jaarboek van de middelbare school tegen en tegen beter weten in besloot ik het door te bladeren. Daar was ik, met gekleurde brillenglazen, een shirt met brede kraag en een wannabe-matje.

Wie was dat? Was ik werkelijk dezelfde persoon als die jongen in het jaarboek? Ik herkende hem wel, hij was net een broertje dat ik lang geleden verloren had, maar ik had inmiddels meer jaren geleefd sinds die foto was genomen dan op het moment dat hij genomen werd. Mijn smaak is veranderd en mijn toekomstdromen ook. Ik ben toch niet meer dezelfde persoon?

Velen van ons voelen een zekere afstand wanneer we aan onszelf door de jaren heen denken. Soms gebeurt dat wanneer we een oude foto zien waarop een versie van ons staat die we inmiddels achter ons hebben gelaten. En soms kijken we in de spiegel en zijn we verrast dat we door zo'n oud persoon worden aangekeken. Het is verbazingwekkend hoe weinig verbonden we ons kunnen voelen met wie we ooit waren of zelfs met wie we tegenwoordig zijn.

Natuurlijk, dat was ik. Ik ben dezelfde persoon. Tenminste, er zijn genoeg lijntjes tussen die tienerjongen van toen en de man die ik nu ben. De jongen in het jaarboek was bijvoorbeeld een laatbloeier, zelfs als tiener was ik nog een puk. Degene die ik nu ben doet regelmatig oefeningen met gewichten, wat waarschijnlijk geen toeval is. En waarschijnlijk is mijn neiging om me als een jonge, coole professor te kleden voortgekomen uit mijn gesnater tijdens de middelbare schoollessen voor hoogbegaafde leerlingen: beide strategieën voorkomen dat ik op een totale nerd lijk.

Dit zijn de verbanden die gemakkelijk te herkennen zijn, de sporen van onszelf als puber die we terugzien in de mens die we tegenwoordig zijn. Misschien houd je nog van dezelfde muziek. Misschien heb je nog dezelfde groep vrienden of draag je je haar nog op dezelfde manier (ik doe dat gelukkig niet). Waar het om gaat is dat dit oppervlakkige overblijfsels van ons verleden zijn die we voor ons gevoel zelf in de hand hebben.

Maar stel dat de erfenis van onze puberteit dieper gaat dan dat. Stel dat die nog steeds van invloed op ons is, zonder dat we het ons realiseren. En stel dat die ons leven ondermijnt.

Hoe alarmerend het ook is om je dit te vertellen, steeds meer onderzoeksresultaten wijzen uit dat dit het geval is. Wie we als tiener waren beïnvloedt ons leven misschien zelfs wel meer dan wie we nu zijn.

Een groep professoren economie van de Universiteit van Michigan en de Universiteit van Pennsylvania heeft bijvoorbeeld onderzoek gedaan naar het verdienpotentieel van mannen. Met gebruikmaking van grote nationale databanken in de Verenigde Staten en het Verenigd Koninkrijk keken ze naar factoren die het salaris van meer dan twintigduizend mannen van drieëndertig jaar voorspellen. Een van de factoren die ze bestudeerden was de lengte van de mannen en de lengte van die mannen toen ze zestien waren. Was er een verband tussen de lengte van de mannen en hoeveel geld ze verdienden?[1]

Ja, dat was er: lange mannen verdienden meer. Maar wat vooral verrassend was, was dat niet hun lengte als volwassene nauw verbonden was met de hoogte van hun salaris, maar hun lengte als zestienjarige. Op de een of andere manier was de lengte die deze mannen als zestienjarige hadden voor de rest van hun leven van invloed gebleven. Het had iets in hen veranderd: welk zelfbeeld ze hadden, hoe ze zich gedroegen of welke ervaringen ze sindsdien hadden gehad. Wat het ook was, het bleef nog decennialang van invloed.

Onderzoek heeft aangetoond dat niet alleen ons uiterlijk als tiener van invloed is op ons volwassen leven. Er zijn andere eigenschappen die ertoe doen, sommige meer dan andere, want in vergelijking met wat we van de veranderingen in ons uiterlijk vinden, die duidelijk zichtbaar zijn, zijn er dingen die tijdens onze tienerjaren zijn gebeurd die onzichtbaar van invloed zijn.

Recent onderzoek heeft zelfs uitgewezen dat het aspect van onze tienerjaren dat het meest van invloed is op hoe we nu zijn, dat ene is dat destijds zo belangrijk voor ons was: onze populariteit. En onze populariteit heeft ons niet alleen oppervlakkig veranderd, maar is ook van invloed geweest op de manier waarop we denken, met als gevolg dat het bepaald heeft wat we zien, wat we denken en hoe we ons gedragen.

Gelukkig kunnen we de mate waarin we onze tienerervaringen van invloed laten zijn op ons leven van nu goed onder controle houden. Maar eerst moeten we even stilstaan bij wat populariteit voor ons betekende toen we jong waren.

In de stad waarin ik opgroeide, op Long Island, was populariteit, zoals in zoveel steden, nauw verbonden met geld in de vorm van grote huizen, sieraden en de 'juiste' kleding. Alle populaire kinderen hadden een jas van het merk Members Only en gebleekte designerjeans. Zij waren de eersten die een Atari kregen, en die het hele najaar praatten over het dure kamp in het noorden van de staat New York waar ze tijdens de zomervakantie waren geweest.

Ik was niet rijk en ook niet cool. Ik ben opgevoed door een alleenstaande moeder die als secretaresse op een accountantskantoor werkte. Ik werkte ook: parttime bij de plaatselijke supermarkt. Ik spaarde al mijn geld om een jack op de vlooienmarkt te kopen dat op een Members Only-jack leek. Ik heb met een fles chloor en een nieuwe goedkope broek zelfs geprobeerd om mijn eigen gebleekte spijkerbroek te maken. (Wat niet lukte.)

Ik deed heel erg mijn best om erbij te horen, en dat betekende dat ik dingen moest faken. Tijdens de lunchpauze hield ik mijn geld in mijn vuist, zodat niemand kon zien dat ik minder hoefde te betalen. Ik deed net of ik muziekvideo's had gezien die ik in werkelijkheid helemaal niet gezien had, omdat we ons geen MTV konden veroorloven.

Wat populariteit betreft was ik in het algemeen bang dat ik te arm was om erbij te kunnen horen, en dat is een gevoel dat ik nog steeds heb. Dit verklaart ongetwijfeld waarom ik me verwant voel met studenten aan de universiteit waar ik lesgeef wier ouders niet hebben gestudeerd.

Zijn er nog andere manieren waarop mijn achtergrond van

invloed op mij is? Verlang ik hevig naar rijkdom en materialistische overdaad, bijvoorbeeld in de vorm van luxe auto's of dure horloges? Nee, zo eenvoudig is het niet. De hoop die we als tiener hadden beïnvloedt ons volwassen leven op een meer onzichtbare en doordringende manier. De kracht van populariteit blijkt uit de subtiele, bijna onzichtbare manier waarop die ons nog steeds karakteriseert: uit wat psychologen onze 'automatische' reacties noemen.

Hoewel we niet vaak meer over verouderde psychologische begrippen als het id, het ego, het superego en het onderbewustzijn praten, weten we dat we heel veel doen zonder daarbij na te denken, dat er gevoelens uit het niets lijken op te borrelen en dat we op bepaalde manieren reageren die onderdeel van onze 'persoonlijkheid' lijken te zijn. We weten nu dat al deze automatische gedragingen, gevoelens en gedachten het resultaat zijn van bepaalde hersenactiviteit. Recent onderzoek heeft uitgewezen dat onze hersenen letterlijk gebaseerd zijn op populariteit.[2]

Tijdens de adolescentie, om precies te zijn aan het begin van de puberteit, ontwikkelen onze hersenen zich sneller dan in welke periode van ons leven na de leeftijd van één jaar dan ook.[3] Wanneer we tieners worden, worden er veel meer neuronen in onze hersenen aangemaakt, waardoor we beduidend meer informatie kunnen opslaan. Tijdens de adolescentie worden de neuronen ook op grotere schaal met myeline bedekt, een vettige substantie waardoor onze hersenen sneller werken, waardoor ons denkproces efficiënter en ingewikkelder kan zijn. Kortom, onze hersenen ontwikkelen zich van de manier waarop kinderen denken (spontaan, niet zelfbewust) naar de manier waarop volwassenen dat doen (meer nadenkend, autobiografisch en ingesteld op hoe anderen ons zien).

De ervaringen die wie tijdens deze kritieke jaren opdoen

kunnen de hersens beïnvloeden waar we de rest van ons leven mee doen, daarom zijn onze tienerervaringen met populariteit zo enorm invloedrijk. Het zijn de eerste gedachten die we belangrijk vinden in een tijd waarin onze hersenen zich sterk ontwikkelen. Momenten en ontmoetingen waarbij populariteit een grote rol speelt worden in deze volwassen wordende hersenen vastgelegd en alle ervaringen die daarop volgen, worden ermee vergeleken. Zij vormen de basis waarop gebouwd wordt.

Heeft populariteit een grote rol gespeeld in hoe jouw hersenen zich hebben ontwikkeld? Probeer jezelf eens te testen. Wat kun je je beter herinneren, de naam van je geschiedenisleraar in de derde of die van de populairste jongen of het populairste meisje van de school? Als jij net als heel veel anderen geen eindexamen geschiedenis hebt gedaan, heb je waarschijnlijk minder vage herinneringen aan de populaire leerlingen dan aan andere aspecten van je puberteit. Je kunt je waarschijnlijk nog herinneren wat je van die coole kinderen vond en je bij die herinneringen misschien zelfs weer voelen zoals je je toen voelde. Het is niet alleen een kwestie van nostalgie, het is alsof die tienerervaringen veel recenter zijn dan in werkelijkheid, en opvallender en invloedrijker dan ze zouden moeten zijn.

Dit is geen toeval, zoals door recent onderzoek in de psychologie en neurowetenschap is vastgesteld. Wetenschappers dachten dat verschillende delen van onze hersenen onafhankelijk verantwoordelijk zijn voor wat onze zintuigen waarnemen, hoe we ons gedragen en wat we voelen. Maar nu weten we dat dat niet helemaal klopt. Functionele MRI-scans van de hersens van volwassenen die tijdens het scannen iets moesten bekijken, ruiken, beluisteren of betasten, hebben aangetoond dat er een verzameling van onderling verbonden gebiedjes in de hersenen werkzaam is, een neuraal netwerk. Hetzelfde gebeurt wanneer we emoties ervaren, problemen oplossen of beslissingen nemen. En onderzoeksresultaten hebben aangetoond dat onze hippocampus, het deel van de hersenen dat verantwoordelijk is voor een groot deel van ons autobiografisch geheugen, op dit gebied veel actiever is dan we dachten.⁴ Dit betekent dat we ons ons verleden voortdurend voor de geest halen en dat we dat gebruiken als een sjabloon waarmee we onze ervaringen van nu vergelijken en waarop we onze reacties baseren. Met andere woorden, zonder dat we het ons bewust zijn, put ons brein in zekere mate de hele dag door uit die eerste, vormende herinneringen van de middelbare school.

Herinneringen uit onze puberteit kunnen op veel manieren op ons van invloed zijn, omdat ze bepaalde neigingen creëren in de manier waarop we kijken, denken en doen. Psychologen beschouwen deze neigingen als stappen in de 'sociale informatieverwerking',⁵ wat een ingewikkelde manier is van zeggen dat als we een sociale interactie in super slow motion zouden analyseren, we zouden ontdekken dat de duizenden reacties die er onderdeel van zijn het resultaat zijn van een reeks afzonderlijke automatische beslissingen. We ervaren ze natuurlijk niet als afzonderlijke stappen maar als instinctief gedrag, want dit gebeurt letterlijk in een fractie van een seconde.

Ik moest bijvoorbeeld onlangs even naar de supermarkt voor een boodschap, en toen ik naar binnen ging, kwam er een lange man haastig naar buiten. Toen hij langs me liep, raakten onze schouders elkaar en werd ik een beetje opzijgeduwd. Ik zei meteen: 'Oeps, sorry.' Dat was een automatische reactie.

Dit soort onbeduidend incident komt zo vaak voor dat we er nooit over nadenken. Maar dit keer vroeg ik mezelf af: waarom bood ik eigenlijk mijn excuses aan? Het was niet mijn schuld dat we elkaar in het voorbijgaan raakten, dus mijn reactie leek een beetje dwaas. Even later zag ik een andere klant, die door dezelfde man op precies dezelfde manier werd geraakt. Zijn automatische reactie was anders: hij schreeuwde iets wat niet

voor herhaling vatbaar is. We hadden onze reactie op het ge-
duw geen van beiden voorbereid, het gebeurde gewoon. De beslissingen waaruit zulke reacties bestaan en die in een milliseconde worden genomen, laten een zekere neiging zien die
kan worden teruggevoerd op ons verleden. De afzonderlijke
beslissingen hebben niet altijd grote gevolgen, maar gezamen-
lijk bepalen ze wie we zijn en hoe ons leven verloopt.

De psychologie heeft aangetoond dat deze neigingen door
onze herinneringen, die bij elkaar onze 'sociale databank'
vormen, veroorzaakt worden. In veel opzichten kan dit proces heel nuttig zijn. Hierdoor kunnen we op een efficiënte
manier de sociale informatie waar we mee worden gecon-
fronteerd beoordelen, beslissingen nemen over hoe we moeten reageren en ons gedragen op een manier die ervoor zorgt
dat we overleven. We kunnen uiteindelijk niet over elke sociale uitwisseling die we op een dag hebben nadenken. Ons efficiënte, geavanceerde volwassen brein verlaat zich gewoon
op reacties die in het verleden goed uitpakten. Er loopt iemand voorbij die gedag zegt? Terugknikken werkte in het verleden goed, dus doen we dat nu weer. Er loopt iemand tegen
je op? Beleefd zijn, opzijgaan en een conflict vermijden is altijd de weg van de minste weerstand gebleken, dus herhalen
we die reactie.

Maar vergeet niet dat deze neigingen allemaal gebaseerd zijn
op die eerste vormende herinneringen uit onze puberteit. Onze
volwassen hersenen begonnen zich te ontwikkelen om te kunnen overleven in de gangen van de middelbare school. Het probleem is alleen dat we de middelbare school al lang geleden
verlaten hebben, en dat ons brein dat niet heeft doorgekregen.
Dat verklaart waarschijnlijk waarom er af en toe iets atypisch
gebeurt, iets vreemds, of dat nu een misverstand is, een men-
taal probleempje of een gênant moment. Op zulke momenten
treden onze op ons verleden gebaseerde neigingen op de voor-

grond en komt de erfenis van onze ervaringen met puberpopulariteit voor het voetlicht.

Lang geleden probeerde ik een scheidingswand te plaatsen in mijn flatje in New Haven om een extra kamer te creëren. Na een paar uur realiseerde ik me dat ik geen aanleg had voor doe-het-zelven, dat ik onder het gips zat, en dat ik moe en gestrest was. Toevallig had ik kort daarvoor een consultancy gedaan waarbij ik de voordelen van een geheel betaalde reis naar een luxe kuurhotel had ondervonden, en ik bedacht me dat een massage, iets waar ik eerder nooit aan gedacht zou hebben, de perfecte manier was om te ontspannen.

Ik vond een gelegenheid die zich *health studio* noemde,[6] waar je een massage kon krijgen. De studio bevond zich slechts een paar kilometer verderop, in een chique buitenwijk in Connecticut. Ik maakte een afspraak en om vier uur reed ik de parkeerplaats van een ogenschijnlijk chic winkelcentrum op. Je weet misschien al waar dit heen gaat, en denkt misschien dat je zelf zo'n fout nooit zou maken. Er bestaan toch zeker geen neigingen die zo krachtig zijn dat ze je immuun maken voor zulke duidelijke signalen? Maar die vrijdagmiddag was ik vooral bezig met het idee dat ik me een chique massagesalon kon veroorloven, waar ik van een dure behandeling zou genieten. Ik wilde erbij horen door niet al te armlastig te lijken.

Na enige tijd naar de salon te hebben gezocht werd me verteld dat ik naar de achterkant van de winkels moest lopen, waar ik uiteindelijk de ingang vond. De salon bevond zich naast een dumpstore, onder een bord met neonreclame, een belangrijk signaal als ik in de stemming was geweest dat op te merken.

Ik ging naar binnen, keek om me heen en vroeg de receptioniste enigszins verward: 'Kan ik hier met een creditcard betalen?'

'Nee,' antwoordde ze, 'je betaalt contant. Een halfuur kost

veertig dollar. En vergeet geen fooi te geven wanneer je de kamer in gaat.'

Dat leek vreemd, maar nogmaals, ik had het nooit eerder gedaan. Ik zag een man in de kleedkamer die een duur kostuum aan had. Hij was bijzonder opgewekt en was net begonnen zijn das af te doen. Hij keek op en knikte me toe. Ik werd weer rustig, want hij leek rijk en op zijn gemak te zijn, dus hij wist vast wat hij deed.

Gina, de massagetherapeute, was jong, aantrekkelijk en blij om me te zien. Ze vroeg meteen om haar fooi.

'O, eh, sorry,' zei ik terwijl ik een briefje van tien dollar in mijn vuist klemde. 'Wil je die nu al?'

Gina keek naar het geld en toen naar mij. Toen keek ze weer naar het geld. Dit keer was ze veel directer en vroeg: 'Eh... wat wil je eigenlijk precies?'

O! Er ging eindelijk een lampje bij me branden. Is dit zó'n soort massagesalon? Ik raakte ogenblikkelijk in paniek, vroeg me af hoe ik daar zo snel en beleefd mogelijk weg kon komen, en begon naar een ontsnappingsroute te zoeken. Ik loog dat ik mijn schouder had bezeerd, dat ik medische verzorging nodig had, en toen ging ik ervandoor.

Nooit heeft iemand zich sneller aangekleed dan ik. Nog voordat ik om mezelf kon lachen was ik de kleedkamer uit, de trap af, langs de dumpstore gelopen en zat ik in mijn auto.

Ik begon na te denken over wat me zojuist overkomen was. Hoe had ik de zo duidelijk zichtbare neonreclame over het hoofd kunnen zien? Waarom dacht ik dat de aanwezigheid van een goedgeklede man automatisch betekende dat er werkelijk therapeutische massages werden gegeven? En waarom loog ik over mijn schouder? Al deze automatische reacties zeiden iets over mijn neigingen.

Mijn bezoek aan de 'gezondheidsstudio' was op zijn zachtst gezegd vernederend, en het is nog steeds gênant om eraan terug te denken. Maar er kunnen naar aanleiding van dit akkefietje twee belangrijke conclusies worden getrokken. De eerste, en misschien wel belangrijkste, is dat als je een massage boekt, je eerst moet kijken welke diensten er geboden worden voordat je je afspraak bevestigt. De tweede conclusie is dat we allemaal neigingen hebben die sterk te maken hebben met populariteit. En deze neigingen zijn verantwoordelijk voor veel meer automatische handelingen en vergissingen dan we voorheen wellicht dachten.

We denken allemaal graag dat we heel goed zijn in het observeren van de wereld om ons heen, dus je kunt behoorlijk van streek raken wanneer je je realiseert dat je soms overduidelijke signalen, zoals een enorm neonreclamebord, gewoon niet registreert. Maar we merken in feite voortdurend allerlei signalen niet op. Dit is het gevolg van de eerste stap in het verwerkingsproces van sociale informatie, ook wel 'signaalverwerking' genoemd.

Neigingen op het gebied van signaalverwerking kunnen bijzonder sterk zijn. Maar denk eens even aan de enorme hoeveelheid complexe informatie die je hersenen elke dag moeten verwerken. Ze moeten als een enorme filter alle prikkels uit je omgeving beoordelen en begrijpen, en dan moeten ze bepalen wat je aandacht verdient. Denk bijvoorbeeld eens na over wat er gebeurt wanneer je naar je werk gaat. Je loopt tientallen mensen voorbij – in een grote stad zijn dat er misschien wel honderden of duizenden – en je hersens beoordelen automatisch hun gezichtsuitdrukking, hun houding, gespreksflarden en de ruimte tussen jou en al die mensen. Dat doen je hersenen om vast te stellen welke sociale signalen er zijn en welke aanleiding tot handelen geven. Als iemand die zich aan de rand van je gezichtsveld bevindt knikt, reageer je onmiddellijk door terug te knikken en te glimlachen, zonder daarbij na te denken. Als iemand op een zorgelijke manier langs je heen kijkt, kijk je bijna instinctief achterom. Maar soms gebeurt er iets wat minstens zo opvallend is – er vliegt bijvoorbeeld een vliegtuig over – waarop alleen kinderen reageren. Volwassenen weten dat zoiets nauwelijks relevant is voor hen, dus letten ze er niet op. We negeren zoiets niet alleen, onderzoek heeft aangetoond dat wanneer er later naar gevraagd wordt, we zeker weten dat er helemaal geen vliegtuig was.

Wat merken we nog meer niet op? Of omgedraaid: welke informatie nemen we juist wel in ons op? Om dit te onderzoeken voerde een team Britse psychologen een onderzoek uit[7] om te zien in hoeverre signaalverwerkingsneigingen van invloed zijn op wat we observeren, en in welke mate die neigingen te maken hebben met populariteit. Ze vroegen volwassenen om acht korte filmpjes te bekijken en op alle details te letten. Elk filmpje ging over een typisch middelbareschooltafereel, zoals tieners die bij hun kluisjes, in de kantine of buiten staan. In elk tafereel werden verscheidene sociale signalen gegeven. Uit sommige signalen bleek dat de tieners elkaar aardig vonden, bijvoorbeeld omdat ze glimlachten naar elkaar, knikten of onder elkaar lachten. Andere signalen waren bijvoorbeeld elkaar onderbreken of negeren, ruziemaken of een gesloten lichaamshouding aannemen, allemaal tekens van afwijzing. De wetenschappers wilden graag weten wat de deelnemers aan het onderzoek zou opvallen, en daarom moesten alle deelnemers een speciaal apparaatje voor hun ogen dragen dat precies vastlegde waarop hun pupillen gericht waren en hoelang ze op bepaalde beelden op het scherm gericht bleven.

De resultaten toonden aan dat zelfs wanneer we naar iets eenvoudigs kijken, we niet alles opmerken. Onze ogen blijven op kleine signalen gericht die overeenkomen met onze eigen sociale ervaringen. De deelnemers aan het onderzoek die in het verleden op sociaal gebied succesvol waren, bleven bijvoorbeeld vooral op de positieve interactie in de filmpjes gericht. 60 tot 70 procent van de tijd was hun blik gericht op de mensen die glimlachten, knikten of elkaar bij de interactie betrokken. Ze keken minder vaak naar de mensen die zich negatief gedroegen, en als ze dat deden, bleef hun blik maar korte tijd op hen gericht.

Mensen die in het verleden geïsoleerd of alleen waren geweest, keken echter nauwelijks naar de positieve taferelen. Ongeveer 80 procent van de tijd bleven hun pupillen gericht op de handelingen die sociale buitensluiting en negativiteit weergaven. Het was alsof ze een heel andere film hadden gezien, want ze richtten zich veel sterker op signalen die de anderen nauwelijks waren opgevallen.

Ook veel andere onderzoeken hebben tot deze resultaten geleid. Toen kinderen werd gevraagd om naar tekenfilms te kijken die vijandigheid toonden, keken kinderen die door hun leeftijdgenootjes waren afgewezen daar veel langer naar dan de andere kinderen. Wanneer ze verhalen lazen over verschillende vormen van sociale interactie, herinnerden degenen die problemen hadden met populariteit zich de vijandige momenten in de verhalen meer, en degenen die populair waren, herinnerden zich vooral de vriendelijke en steunbetuigende uitwisselingen.

> We zien de dingen niet zoals ze zijn, we zien ze zoals we zelf zijn.[8]
>
> ANAÏS NIN

Betekent dit dat impopulaire mensen het risico lopen dat ze zich hun ongemakkelijke tijd op de middelbare school eeuwig blijven herinneren en alle positieve signalen die ze oppikken wegfilteren?[9] En zien populaire mannen en vrouwen de wereld altijd door een 'populairkleurige' bril? Tot op zekere hoogte is het antwoord ja.

Denk eens na over je eigen neigingen. Als je een praatje houdt voor een groep, kijk je dan naar de mensen die oogcontact maken en knikken, of naar degenen die naar hun telefoon zitten te kijken en geen aandacht aan je besteden? Als je een feestje verlaat, herinner je je dan de gasten die jou aangesproken hebben, of degenen die niet eens gedag zeiden? Zorgt je huidige verlangen naar populariteit ervoor dat je alleen de informatie in je opneemt die je geluk vergroot, of is het de informatie die je herinnert aan het gedwarsboomde tienerverlangen om erbij te horen?

Negatieve sociale informatie in je opnemen is niet per se slecht. Stel je bijvoorbeeld voor dat je deelneemt aan een bijeenkomst waarin jouw bedrijf zijn diensten aan een potentiële cliënt presenteert. Je teamgenoten zijn vriendelijk, charismatisch en stralen status uit, en ze vangen waarschijnlijk allemaal sociale signalen op die erop duiden dat de cliënt hen aardig vindt. Ze zien dat de cliënt vaak glimlacht, instemmend knikt en enthousiast een hand geeft. Onderzoek heeft aangetoond dat deze medewerkers hun optreden tijdens zo'n bijeenkomst als voortreffelijk beoordelen, en het zeer waarschijnlijk achten dat de potentiële cliënt inderdaad cliënt wordt.

Maar mensen die vroeger impopulair waren, zijn in deze situatie uiteindelijk nuttiger. Het valt hun bijvoorbeeld eerder op dat de potentiële cliënt het oogcontact verbreekt of zijn lichaamshouding verandert wanneer de spreker het over de toekomst heeft. Zij zijn vooral bedacht op signalen die aangeven of de ideeën van het bedrijf aanslaan of niet. Wanneer mensen die als tiener minder populair waren gevraagd wordt hoe de bijeenkomst is verlopen, hebben ze daar gemengde gevoelens over. Dit fenomeen, ook wel 'depressief realisme'[10] genoemd, betekent dat oplettendheid wat betreft negatieve signalen kan leiden tot een objectiever en helderder beeld dat uit de sociale informatie wordt gevormd, dat niet vertekend wordt door een positieve inclinatie. Sommige onderzoeken hebben aange-toond dat mensen die vroeger impopulair waren om die reden door anderen worden gezien als mensen die in sociale situaties empathischer en gevoeliger zijn.

In één bepaald onderzoek werd mensen die veel macht, prestige en invloed hebben gevraagd om zo snel mogelijk een hoofdletter E op hun voorhoofd te tekenen. Er waren minder mensen met een hoge status die de letter leesbaar op hun voor-hoofd tekenden dan mensen met een lage status. De mensen met een hoge status tekenden de letter in het algemeen in spie-gelbeeld, waaruit de onderzoekers concludeerden dat mensen met een hoge status minder goed in staat zijn om na te denken over het gezichtspunt van anderen. Mensen met een hoge soci-ale status scoorden ook minder goed dan degenen met een lage status in tests over emotionele intelligentie, empathie, het ver-mogen om sarcasme te ontdekken, en het correct opmerken van verschillende gezichtsuitdrukkingen.

In een ander onderzoek maakten de wetenschappers gebruik van experimentele manipulatie om de deelnemers tijdelijk het gevoel te geven dat ze meer of minder status hadden dan nor-maal, en daarna testten de onderzoekers of er verschillen waren in de manier waarop de groepen sociale informatie verwerkten. Ze lieten alle deelnemers foto's zien waarop alleen de ogen van iemand te zien waren wiens gezicht verschillende emoties uit-drukte. De resultaten wezen uit dat vergeleken met mensen die het gevoel hadden gekregen meer status te hebben dan nor-maal, degenen die het gevoel hadden gekregen dat ze minder status hadden plotseling beter waren in het herkennen van de gevoelens van een ander.[11] Zelfs deze kunstmatige simulatie van een lage status was genoeg om mensen signalen beter te laten opmerken. De voordelen van impopulariteit gaan misschien nog wel verder. Onderzoek waarin gebruik werd gemaakt van fMRI-scans heeft aangetoond dat mensen met een lage status tijdens het lezen van verhalen over anderen meer activiteit hebben in de dorsomediale prefrontale cortex, de mediale prefrontale cortex en de precuneus of posterieure cingulate cortex; gebiedjes die geassocieerd worden met ons vermogen om te begrijpen wat anderen denken, voelen en willen.

Onze tienerervaringen met populariteit beïnvloeden niet alleen wat we zien, maar ook hoe we die observaties interpreteren. Psychologen noemen dit de 'signaalinterpretatie'-stap in het proces van sociale informatieverwerking.

Voor sommigen is dit begrip moeilijk te begrijpen. Komt niet iedereen die dezelfde informatie krijgt ook tot dezelfde logische conclusie daarover? Interpreteren we informatie niet allemaal op dezelfde manier?

Ik besloot om dit in een van mijn lessen te testen door een snel experiment te doen. De deelnemers werd gevraagd om naar een kort filmpje te kijken en te omschrijven wat ze zagen. Het filmpje was eenvoudig en gemakkelijk in je op te nemen. Midden op een wit scherm stond een doos waar drie gekleurde cirkels[12] – een blauwe, een groene en een rode – omheen bewogen. Op een gegeven moment gaan twee cirkels de doos in, en de derde blijft achter. Op een ander moment botst een van de cirkels tegen de zijkant van de doos, waardoor die lijkt te breken. Zodra het filmpje ten einde was, werd de studenten gevraagd om op te schrijven wat ze gezien hadden.

Het filmpje was opzettelijk eenvoudig, waardoor iedereen die ernaar keek waarschijnlijk dezelfde informatie zou waarnemen. De deelnemers kregen het filmpje zelfs tweemaal te zien, zodat de kans klein was dat ze een van de objecten erin niet opgemerkt hadden. Ook de taak die de studenten kregen om op te schrijven wat ze gezien hadden werd opzettelijk gegeven: er werd hun niet gevraagd om het filmpje te interpreteren, maar alleen te vertellen wat ze gezien hadden. De verwachte reactie was daarom een beschrijving van wat er gebeurde, namelijk drie cirkels die om een doos heen bewogen, waarvan er twee in de doos gingen, enzovoort. Maar niemand schreef dat op. Omdat het interpreteren van signalen een automatisch proces is, schrijven we zelfs fictieve objecten een betekenis en een bedoeling toe. En beschrijvingen van verschillende mensen van dezelfde gebeurtenis kunnen sterk uiteenlopen.

Hier volgen een paar voorbeelden van de meer kleurrijke beschrijvingen die mijn studenten hebben gegeven. Merk hierbij op dat ze het filmpje allemaal anders interpreteren en een neutraal tot meer agressief standpunt innemen.

Student 1: 'Rood en Groen gingen aanvankelijk voorop en Blauw volgde. Blauw was heel ver achter en kon het vierkant niet in omdat de deur dichtging voordat hij er kwam.'

Student 2: 'De blauwe cirkel was boos op de twee andere cirkels, omdat ze hem hadden buitengesloten, dus verschafte hij zich met geweld toegang tot de doos en zei: "Hé Groen, waarom deed je dat?!" De rode en groene cirkel hadden zoiets van "het zal wel" en lieten de blauwe cirkel in zijn eigen sop gaarkoken. Daarna lieten ze hem helemaal aan zijn lot over.'

Student 3: 'Oké... de rode en groene cirkel zitten te chillen in de kamer (ik denk dat Rood een vrouw is). Blauw is kwaad en voelt zich buitengesloten, geeft de groene cirkel er duidelijk de schuld van dat hij is buitengesloten. Blauw bonsde op de deur en maakte hem hardhandig open. Blauw was woedend en sprong in het rond. Het ziet ernaar uit dat het gewelddadig is. Groen ging de confrontatie met Blauw aan en verliet toen samen met Rood de kamer en sloot de deur voor Blauw.'

Student 4: 'Blauw is een dolgedraaide verliefde figuur, verblind door jaloezie, die woedend is en zich zorgen maakt. In een hevige narcistische woedeaanval forceert Blauw de deur van Groen (de man in de relatie) en Rood, en lokte een gevecht uit met Groen. Groen had geen zin om te vechten omdat hij het naar zijn zin had met Rood. Rood zat te chillen in de hoek, bang van Blauw. Groen en Blauw vechten het uit en de groene cirkel, die de winnaar lijkt te zijn, nam Rood mee de doos uit.'

Hoe komt het dat zulke eenvoudige signalen tot zulke uiteenlopende interpretaties leidden? Het antwoord heeft weer alles te maken met populariteit. Dezelfde studenten hadden met behulp van vertrouwelijke ID-nummers eerder in het semester al aangegeven hoe populair ze waren toen ze nog op de middelbare school zaten. Toen ik hun beschrijving van het filmpje naast deze gegevens legde, ontdekte ik dat de studenten die als tiener impopulair waren, zoals student 3 en 4, dachten dat de cirkels ruzie hadden. De studenten die vroeger populair waren, zoals student 1, zagen hen eerder als speels.

We hebben allemaal neigingen wanneer we sociale signalen interpreteren. Omdat we allemaal een uniek verleden hebben, zijn deze neigingen voor iedereen anders. Sommige mensen vragen zich bijvoorbeeld af wat een goedgeklede man die zijn das losmaakt en lacht als een idioot in zijn schild voert, en worden misschien achterdochtig over hun omgeving. Anderen leggen die informatie heel anders uit. Toegegeven, onze neigingen wanneer we signalen interpreteren leiden niet altijd tot een hol van zonde, zoals ze bij mij deden, maar als ze extreem zijn en niet onder controle worden gehouden, kunnen ze van grote invloed zijn op ons leven.

Onderzoek heeft een aantal veelvoorkomende neigingen aangetoond die we hebben wanneer we signalen interpreteren, en die nogal vervelend zijn, vooral als ze regelmatig van invloed zijn op de manier waarop we de wereld om ons heen zien. Uit lange-termijnonderzoeken blijkt dat deze in sterke mate relatieproble-men en zelfs psychologische symptomen als depressie, angst of een verslaving van jaren later voorspellen. De meesten van ons kennen wel iemand wiens gedrag deze neigingen vertoont.

Stel je voor dat je met een vriend of vriendin om zes uur in een café hebt afgesproken, misschien zelfs voor de eerste keer. Om half zeven begin je je ongemakkelijk te voelen, want je zit nog steeds alleen. Je kijkt op je telefoon, maar er is geen e-mail, sms of voicemail. Wat is het probleem? Je neemt alle informatie in je op: de persoon met wie je hebt afgesproken is er niet en je hebt niets van hem of haar gehoord. Nu is het tijd om de infor-matie te interpreteren. Wat is je reactie? Maak je je zorgen dat er iets ergs is gebeurd? Neem je aan dat je vriend/vriendin ver-laat is of de afspraak vergeten is om een reden die verder niets met jou te maken heeft?

Misschien. Maar als je je ooit afgewezen en buitengesloten hebt gevoeld, of ernaar verlangd hebt om populairder te zijn, begin je je misschien af te vragen – of zelfs te veronderstellen – dat je vriend/vriendin je heeft laten zitten. Je wordt een beetje boos. Zelfs als je vriend/vriendin komt opdagen en een redelij-ke verklaring heeft, is er een kans dat je dat gevoel blijft hou-den. Dit is een teken van wat psychologe Geraldine Downey 'afwijzingsgevoeligheid'[13] noemt, de neiging om afwijzing te verwachten en daar emotioneel op te reageren, wat een cyclus van levenslange impopulariteit creëert: we willen populair zijn, nemen aan dat we dat niet zijn en verlangen er dan nog meer naar. Het is dan ook niet verwonderlijk dat dit soort neiging allerlei gerelateerde negatieve zaken in ons leven voorspelt,[14] zoals ontevredenheid met het eigen lichaam, een burn-out op het werk, depressiviteit en eenzaamheid. Volwassenen die zeer afwijzingsgevoelig zijn, lopen zelfs meer kans op het oplopen van een besmettelijke ziekte of een hartaandoening.

Kunnen mensen die gevoelig zijn voor afwijzing er niet gewoon voor kiezen om iets op een andere manier te interpreteren? Kunnen ze niet gewoon inzien dat ze te pessimistisch zijn en hun kritische neigingen geestelijk bijstellen? Met andere woorden, kunnen ze er niet gewoon mee ophouden?

Maar zo gemakkelijk is dat niet. Iemands eerdere sociale status en de neigingen die daaruit zijn voortgekomen hebben de hersenen zodanig veranderd dat het de nodige moeite kost om die neigingen te onderdrukken.

Leah Somerville, psychologe verbonden aan de Harvard-universiteit, vroeg een aantal mensen om aan een standaardmeting van afwijzingsgevoeligheid mee te doen, waarbij sommige mensen aangaven dat ze naar aanleiding van een reeks denkbeeldige sociale situaties verwachtten dat ze door anderen gekwetst zouden worden of in de steek zouden worden gelaten. Daarna vroeg ze de deelnemers die ofwel heel afwijzingsgevoelig waren of niet om naar enkele nieuwe afbeeldingen van mensen te kijken en te raden of ze aardig gevonden zouden worden door de personen op de afbeeldingen, en of ze verwachtten gekwetst te worden of in de steek te worden gelaten door die personen. Terwijl de deelnemers op de resultaten wachtten, werd door middel van een fMRI-scanner hun hersenactiviteit gemeten om te laten zien wat hun neurale respons op hun sociale evaluatie was.[15] Somervilles resultaten zijn vooral interessant omdat haar onderzoek aantoont dat de hersenen vooral reageerden toen de deelnemers verwachtten dat ze zouden worden afgewezen of geaccepteerd, niet zozeer toen ze ontdekten dat ze werden afgewezen of geaccepteerd. Mensen die weinig afwijzingsgevoelig waren, hadden een vrij gematigde neurale reactie in een bepaald deel van de hersenen, waaruit Somerville concludeerde dat het deze deelnemers niet echt kon schelen of de vreemden hen aardig vonden of niet. Het leek niet erg relevant voor hun zelfbeeld.

Maar bij deelnemers die afwijzingsgevoelig waren, was de neurale activiteit in hetzelfde hersengebied vrij groot toen ze verwachtten afgewezen of geaccepteerd te worden, wat suggereert dat ze veel waarde hechtten aan dit soort sociale beoordeling. Met andere woorden, mensen die bijzonder afwijzingsgevoelig zijn, vinden sociale feedback heel belangrijk en deze feedback is van grote invloed op hun zelfbeeld.

Een tweede algemene interpretatieneiging die misschien bekend voorkomt: de inclinatie om aan te nemen dat anderen vijandig zijn in een emotioneel dubbelzinnige situatie. Herinner je je de vriend of vriendin met wie je in een café had afgesproken? Iemand met de neiging om de wereld als vijandig te zien, denkt waarschijnlijk dat zijn vriend/vriendin hem opzettelijk heeft laten zitten,[16] omdat hij/zij gemeen is. Dit type neiging komt veel voor bij mensen die als puber impopulair waren. Psychologen hebben de neiging om de wereld als vijandig te zien ontdekt bij kinderen door hun te vragen ambigue verhalen te interpreteren. Bijvoorbeeld: je leent je favoriete speelgoed uit aan een ander kind, maar wanneer die het terugbrengt, is het kapot. Of: je zit je boterham te eten en er loopt iemand met een glas in de hand achter je langs. Even later ontdek je dat er melk op je rug is gemorst. Na elk verhaal moesten de kinderen aangeven wat er volgens hen gebeurd was en waarom.

Na het horen van de verhalen gaven de meeste kinderen aan dat het gebeurde per ongeluk was gegaan. Maar sommige kinderen, vooral degenen die werden afgewezen door hun klasgenoten, geloofden dat de gebeurtenissen opzettelijk veroorzaakt waren door kinderen die gemeen waren. Ervaringen met impopulariteit versterken de neiging om de wereld als vijandig te zien. Afgewezen worden aan het begin van het schooljaar voorspelt welke kinderen aan het eind van het schooljaar verwachten vijandig behandeld te worden. Dit is zelfs het geval als rekening wordt gehouden met kinderen die deze neiging aan het begin van het jaar al hadden. Dit is waarschijnlijk het geval omdat de neiging om de wereld als vijandig te zien voor sommige kinderen een adaptieve manier is om levenservaringen te interpreteren. Het is logisch dat degenen die slecht behandeld werden door hun klasgenoten zich tijdens het opgroeien tegen sociale narigheid zijn gaan beschermen. Maar helaas groeien sommige kinderen nooit over deze neiging heen,[17] zelfs jaren nadat de wreedheid van hun puberteit uit hun leven verdween.

Wanneer ze volwassen worden, veranderen kinderen met een vijandigheidsneiging in paranoïde buren en cynische collega's, mensen die een groter risico lopen op problemen thuis en op het werk. Veel moeders met deze neiging nemen aan dat anderen vijandig zijn jegens hun kinderen en dat hun eigen kinderen opzettelijk vijandig zijn. De kans is groot dat hun kinderen ook agressief worden. Ouders met een vijandigheidsneiging gedragen zich ook vaak agressief jegens hun partner.

Volgens onderzoek van bedrijfspsychologen gedragen mensen met een vijandigheidsneiging zich vaker agressief op hun werk. Ze komen laat op kantoor, gaan niet naar vergaderingen, verspillen kantoorbenodigdheden, jagen collega's tegen zich in het harnas en zijn negatief over het bedrijf tegen mensen die ergens anders werken. Wanneer ze in de rede worden gevallen, hun advies genegeerd wordt of hun bijdragen niet erkend worden, is de kans groot dat ze zich zorgen maken, kwaad worden of zelfs ontslag nemen.

Onze tienerervaringen zijn niet alleen van invloed op het opmerken van signalen en onze interpretatie daarvan, maar ook op de manier waarop we ons gedragen tijdens de milliseconden wanneer we sociale informatie verwerken. Deze 'responsneigingen'[18] hebben veel met populariteit te maken. Het verlangen om erbij te horen door slim en ontwikkeld te lijken kan er bijvoorbeeld toe leiden dat we onnodig tegen een medewerkster van een 'health studio' liegen om geen gezichtsverlies te lijden.

In een recent onderzoek heeft een team ontwikkelingspsychologen meer dan vierhonderd jongeren een reeks filmpjes laten zien, waarbij ze de deelnemers vroegen zich voor te stellen dat zij degenen in het filmpje waren die gepest werden. Eén filmpje liet kinderen zien die water over hun slachtoffer gooiden, in andere filmpjes scholden de kinderen het slachtoffer uit, maakten zijn speelgoed kapot of maakten hem vuil. Na elk filmpje werd de deelnemers gevraagd om te vertellen hoe ze zouden reageren als zij zo behandeld zouden worden. De deelnemers bespraken de filmpjes met de onderzoekers, die er daardoor zeker van waren dat de kinderen de gebeurtenis in het filmpje in zich op hadden genomen en op dezelfde manier hadden geïnterpreteerd. Maar de resultaten wezen uit dat degenen die populair waren zich gedroegen op een manier die hen in staat stelde om de relatie met de pestkoppen te herstellen en zelfs vriendschap met hen te sluiten. Degenen die impopulair waren, waren meer geïnteresseerd in wraak, in dominant lijken of in het vermijden van de situatie. Met andere woorden, de neiging van impopulaire kinderen was om agressief, brutaal of passief te zijn. Ook dit is een neiging, maar niet van het opmerken of interpreteren van signalen. Het is een neiging die bepaalt hoe we handelen in milliseconden.

Gerelateerd onderzoek heeft aangetoond dat volwassenen door dezelfde neigingen beïnvloed worden, afhankelijk van of ze populair waren of niet, en deze neigingen zijn vooral zichtbaar wanneer ze in een emotionele bui of dronken zijn.[19]

We nemen dagelijks aan duizenden vormen van sociale interactie deel. En elke keer nemen we de informatie van de wereld om ons heen in ons op en interpreteren die. Als de situatie om een reactie vraagt, gaan we tot handelen over. Hoewel psychologen deze reactie als een reeks stappen in het verwerken van sociale informatie beschouwen, ervaren wij die in minder dan een milliseconde, zonder erover na te denken. Die milliseconden tezamen vullen onze dagen, beïnvloeden onze relatie met anderen, en uiteindelijk bepalen ze ons leven, wie we zijn. Die automatische reacties kunnen ons de indruk geven dat we geweldige instincten hebben of ze kunnen ons in moeilijkheden brengen. En de basis voor wat we zien, hoe we ons gedragen en wat we dagelijks de hele dag doen is grotendeels gelegd door onze populariteit op de middelbare school. Die oude, vormende herinneringen worden steeds weer geraadpleegd terwijl onze hersenen ons helpen de dag door te komen.

Als je populair was op de middelbare school en je hersens hebben herinneringen aan erbij betrokken worden, acceptatie en bewondering opgeslagen, is dat goed nieuws. Je hebt een reeks positieve neigingen kunnen ontwikkelen waarvan onderzoek heeft uitgewezen dat ze bijdragen aan je optimisme, zelfvertrouwen en vriendelijke karakter van nu. Maar wees gewaarschuwd: ze kunnen ook tot een onrealistisch beeld van de wereld om je heen, te veel zelfvertrouwen en naïviteit leiden.

Als je niet populair was, kan het voelen alsof het oude verlangen om erbij te horen of die oude wonden door afwijzing nooit zullen genezen. Omdat de kracht van populariteit het sterkst is wanneer die onbeteugeld en onbestreden blijft, is het de moeite waard te proberen de invloed van ons verleden op ons heden te verkleinen. Hoewel het deprimerend of fatalistisch kan zijn om te ontdekken dat onze middelbareschoolervaringen er op de achtergrond nog steeds voor zorgen dat we onze puberteit steeds herhalen, is het heel belangrijk te bedenken dat we niet het slachtoffer van ons verleden hoeven te worden. We weten nu dat we elke milliseconde van ons sociaal leven de kans hebben om nieuwe keuzes te maken. Als we begrijpen dat onze middelbareschoolpopulariteit nog steeds van invloed op ons is, zijn we niet gedoemd gedomineerd te worden door ons verleden, maar voelen we ons vrij om die te overschrijven! Uiteindelijk kunnen we onze sociale databanken dan vullen met nieuwe herinneringen die de schadelijke vervangen.

Het is alweer een poosje geleden dat ik door mijn jaarboek bladerde, maar ik heb sindsdien heel wat nagedacht over die periode in mijn leven. Ik had onlangs een droom waarin ik bij een faculteitsvergadering was, maar de andere docenten waren allemaal kinderen uit het laatste jaar van de middelbare school en ze letten helemaal niet op wat ik te zeggen had. Ik herinner me dat ik in de war was in mijn droom. *Waarom zijn zij hier? Ik werk helemaal niet met deze mensen. Ik ben volwassen. Ze zijn helemaal geen onderdeel van mijn leven meer!*

Maar misschien zijn ze dat nog wel, op een manier die ik me nooit had voorgesteld.

7

Klikken en klieken

Wat is er nou niet te 'liken'?

Het is nog niet zo heel lang geleden – in het jaar 2000 om precies te zijn – dat twee technici uit Silicon Valley, James Hong en Jim Young, een meningsverschil hadden over het uiterlijk van een vrouw die voorbijliep. Hun meningsverschil begon misschien als een onschuldige discussie, maar je zou kunnen zeggen dat er een wereldwijd fenomeen uit voortkwam dat onze hele samenleving veranderde, misschien wel zo wezenlijk en wijdverbreid als sommige vernieuwingen uit de twintigste eeuw, zoals de auto, de telefoon en de microchip.

Volgens Hong en Young leidde dit gesprek[1] tot de ontwikkeling van een website die ze 'Hot or Not' noemden. Je hebt er destijds misschien wel over gehoord. Je hebt er misschien zelfs gebruik van gemaakt of je hebt je foto gepost. Het leek waarschijnlijk niet iets wat een groot voorbeeld zou zijn, maar je herinnert je misschien ook niet meer hoe de wereld eruitzag toen de site voor het eerst online kwam.

Het internet was in 2000 nog niet zo druk. Slechts vier jaar daarvoor was Google ontwikkeld,[2] in een onderzoekslab een paar kilometer verderop. Hot or Not was niet de eerste website van zijn soort, maar hij raakte een gevoelige snaar en werd een van de populairste sites van zijn tijd. Binnen een week kreeg hij meer dan twee miljoen hits per dag. Een paar weken later stond hij op de door de Nielsen Company opgestelde lijst van vijfentwintig populairste sites ter wereld voor adverteren op internet. Maar het belangrijkste effect van deze site had misschien meer te maken met de manier waarop hij anderen inspireerde, van wie één man in het bijzonder. Hot or Not diende naar verluidt als inspiratie voor Facemash, een uitvinding van Mark Zuckerberg, die ten tijde van zijn uitvinding aan de Harvard-universiteit studeerde.[3] En we weten allemaal wat er daarna is gebeurd.

Het idee van Hot or Not was een publieke dienst voor iedereen die onzeker was over zijn of haar uiterlijk. Een paar minuten na het posten van hun foto kregen de gebruikers een objectieve reactie van duizenden mensen van over de hele wereld, waardoor ze erachter kwamen hoe ze door anderen gezien werden.

Maar de site bood nog iets veel belangrijkers, dat onze verhouding met populariteit voor altijd veranderde. Bedenk je dat dit hetzelfde jaar was als waarin voor het eerst over de hele wereld allerlei realityshows op televisie verschenen. In de Verenigde Staten waren dat *Survivor* en *Big Brother*, kort daarna gevolgd door *American Idol*. Niet lang daarna werden in meer dan veertig andere landen versies van deze programma's op televisie gebracht. Dit was het tijdperk waarin we voor het eerst kennismaakten met het idee dat iedereen landelijke roem, zichtbaarheid en waardering van anderen kon krijgen, en waarin het publiek kon beslissen wie populair was en wie niet zonder dat het daarvoor thuis van de bank hoefde te komen.

Dat was ook mogelijk met Hot or Not. De bedenkers gaven het aantrekkelijkheidsoordeel over elke foto niet alleen als vertrouwelijke informatie door aan degene die de foto had gepost, maar maakten die informatie openbaar. Bovendien werden de beoordelingen gerangschikt en als lijst gepresenteerd, zodat je kon zien wie de meeste positieve beoordelingen had gekregen. Plotseling konden we door een simpele druk op een knop een onvoorstelbare hoeveelheid mensen bereiken en konden zij ons, althans ons uiterlijk, gemakkelijk beoordelen.

Deze kans om in een ogenblik wereldwijd populair te worden is een fundamenteel aspect van alle socialemediaplatforms van tegenwoordig. Of het nu Facebook, Twitter, Instagram of Snapchat is, het gemeenschappelijke doel is om zoveel mogelijk likes te krijgen of zelfs 'viral' te gaan, met andere woorden, om heel populair te worden. Wat maakt dit zo aantrekkelijk?

Ik heb in dit boek verscheidene factoren besproken die ervoor zorgen dat we het belangrijk vinden hoe anderen over ons denken, zowel factoren waar we ons van bewust zijn, als factoren waar we ons niet van bewust zijn. Een van deze factoren is de unieke manier waarop onze hersenen in elkaar zitten, waarbij vooral de primitievere gebiedjes, onderdeel van ons limbisch systeem, gevoelig zijn voor sociale beloningen. Op het moment waarop we het gevoel hebben aandacht en goedkeuring van anderen te krijgen, wordt volgens fMRI-onderzoeken de anterieure cingulate cortex geactiveerd, wat betekent dat er neurotransmitters aanwezig zijn waardoor we ons goed voelen en waardoor we hetzelfde fijne gevoel krijgen als van recreatieve drugs. En vergeet niet dat de activering van deze hersengebiedjes niet alleen belangrijk is omdat het plezierig is, maar ook omdat die van grote invloed is op nabijgelegen gebiedjes die onze gevoelens beïnvloeden, ons motiveren om ons gedrag te veranderen en ons zelfs doen verlangen naar wat we indirect in verband brengen met de bron van dat fijne gevoel.

In 2016 besloten onderzoekers van de UCLA een onderzoek te doen naar de mate waarin sociale media dit effect op ons hebben.[4] Dat deden ze door een slimme benadering te ontwikkelen om te bepalen wat er in onze hersenen gebeurt op het moment dat we liken wat we zien. Ze besloten dit onderzoek uit te voeren met tieners van dertien tot achttien jaar, wat de periode is waarin de anterieure cingulate cortex net de geavanceerde zenuwschakelingen in de hersenen heeft ontwikkeld die bij het volwassen-zijn horen.

Er werd de deelnemers gevraagd om in een fMRI-scanner plaats te nemen en naar een platform te gaan dat op Instagram leek, de populaire sociale mediasite om foto's te delen. De onderzoekers hadden de deelnemers eerder gevraagd om zijn of haar eigen Instagramfoto's in te leveren, waarvan ze beweerden dat die door vijftig andere tienerdeelnemers bekeken zouden worden. Dit was niet waar, maar het stelde de onderzoekers in staat om te bepalen hoe vaak de foto's van de deelnemers zogenaamd door leeftijdgenoten geliket waren. Van de helft van de foto's van iedere deelnemer, willekeurige foto's, werd beweerd dat die populair was onder de andere kinderen: deze foto's kregen veel likes. De andere helft van de foto's kreeg zogenaamd weinig likes.

Het was niet verwonderlijk dat de onderzoekers ontdekten dat de sociale media een grote boost konden geven door middel van sociale beloningen, wat te zien was aan het grote effect ervan op de hersenen. Wanneer de deelnemers naar hun foto's keken en zagen dat ze door heel veel anderen geliket waren, ging dat gepaard met veel activiteit in de anterieure cingulate cortex, wat aangaf dat de deelnemers een fijn gevoel kregen dat moeilijk te weerstaan was en zelfs verslavend was. Het effect op de hersenen was verrassend vergelijkbaar met de beloningen die we krijgen wanneer we offline communiceren.

Dit verklaart wellicht een aantal redenen waarom de sociale media zo populair zijn geworden. In 2015 meldde het Pew Research Center,[5] een onafhankelijke feitentank, dat 76 procent van de pubers en 65 procent van de volwassenen in de Verenigde Staten sociale media gebruiken, waarvan de overgrote meerderheid aangaf dat ze niet één keer, maar meerdere malen per dag online zijn. De meeste Amerikanen zijn ook op meerdere sociale media actief: 71 procent van alle tieners zit op Facebook, 52 procent op Instagram, 41 procent op Snapchat, 33 procent op Twitter, 33 procent op Google+, en 14 procent op Tumblr. De percentages voor volwassenen zijn iets anders (ze maken minder gebruik van Snapchat, en meer van Pinterest en Linked-In), maar het aantal volwassenen dat actief is op deze sites is vergelijkbaar met het aantal tieners. Er zijn interessant genoeg maar minimale verschillen wat betreft de sekse, etniciteit of economische status van de gebruikers van sociale media. De meeste jongeren en veel volwassenen geven aan dat ze dagelijks meer door middel van socialemediaplatforms communiceren dan met fysieke personen of via de telefoon.

Er is de afgelopen twintig jaar veel over de sociale media geschreven: sommige critici waarschuwen dat ze het eind betekenen van de maatschappij zoals we die kennen, dat ze een negatief effect hebben op de ontwikkeling van kinderen en de productiviteit van volwassenen, en dat ze door de kliekachtige verdeling van de wereld in mensen die we volgen en mensen die we niet volgen leiden tot het uiteenvallen van de eenheid van de wereldgemeenschap. Anderen hebben juist de loftrompet gestoken over de sociale media en de ongekende mogelijkheden die ze bieden om sociale contacten te leggen en viraal informatie uit te wisselen op een schaal die voorheen ondenkbaar was.

Wetenschappers hebben deze aspecten ook besproken, maar hun onderzoeken verschijnen minder snel dan sommigen zouden willen, waarschijnlijk omdat de wereld van het internet te snel verandert om bij te houden. Onderzoeksresultaten wezen aanvankelijk uit dat mensen die de sociale media intensief gebruiken het risico lopen op psychopathologie, een begrip dat in de literatuur van de psychologie bekendstaat als 'Facebook-depressiviteit'.[6] Overmatig gebruik van het internet[7] werd zelfs beschouwd als een mogelijke psychiatrische diagnose in de nieuwste versie van de *Diagnostische en statistische handleiding voor psychische aandoeningen* (DSM).

Maar het onderzoek heeft sindsdien een grote ontwikkeling doorgemaakt en we beginnen nu wat meer te begrijpen over de manier waarop de sociale media onze persoonlijke relaties veranderen. Het effect van de sociale media heeft minder te maken met of we er gebruik van maken, en meer met hoe en wanneer we er gebruik van maken, en wie we waren voordat we inlogden.

Mijn eigen onderzoekslab heeft een paar onderzoeken uitgevoerd om te bepalen wat er precies goed of mis kan gaan wanneer we sociale media gebruiken. In navolging van het voorstel van mijn postdoctorale studente Jackie Nesi hebben we bijvoorbeeld kunnen aantonen dat buitensporige online communicatie[7] tijdens cruciale perioden in het leven implicaties kan hebben voor de sociale vaardigheden die normaal tijdens de puberteit ontwikkeld worden. Onze resultaten hebben uitgewezen dat vooral tienerjongens die meer via de computer met hun vriend/vriendin communiceerden dan met de fysieke persoon, later minder goede basisvaardigheden met betrekking tot een liefdesrelatie hadden. Ze waren bijvoorbeeld minder goed in het oplossen van conflicten of het uiten van behoeften in hun relatie.[8]

Van ander werk hebben we geleerd dat het gebruik van sociale media ook slecht kan zijn als we ze om de 'verkeerde' redenen gebruiken. Een onderzoek met zo'n achthonderd tieners heeft Jackie en mij geleerd dat hoewel velen van hen sociale media gebruikten om in contact te komen met oude vrienden en nieuwe vriendschappen te sluiten, sommige *lurkers* online gingen om anderen te observeren. Wanneer ze online gingen, vergeleken ze zichzelf vooral met hun leeftijdgenoten om te bepalen of ze net zo aantrekkelijk, populair en actief waren als zij. Dit klinkt misschien als iets typisch voor tieners, zoals de meisjes die Ira Glass filmde voor het televisieprogramma *This American Life*,[9] die zeiden onder druk te staan om overdreven complimenten te geven voor een post van een van hun vriendinnen, uit angst voor strafmaatregels met betrekking tot hun vriendschap. Maar naar online foto's van anderen kijken en de lovende opmerkingen van vrienden lezen doen volwassenen ook op de sociale media. Uit onze resultaten bleek dat er een verband bestaat tussen het gebruik van sociale media om 'sociale vergelijkingen' te maken en 'naar reacties te vissen',[10] en latere depressiviteit, vooral in geval van degenen die impopulair waren en 'opwaartse vergelijkingen' maakten wanneer ze het profiel van hun leeftijdgenoten bekeken.

Ter verduidelijking: de sociale media zijn niet wezenlijk slecht. Er zijn misschien onbezonnen manieren van communiceren op deze platforms en mogelijkheden voor misbruik, maar dat kan van bijna elke sociale activiteit gezegd worden. Sommigen stellen zelfs dat de sociale media op een snelle manier steun kunnen bieden aan degenen die met tegenslag te maken hebben gehad. Ze kunnen mensen helpen contact te leggen met gelijkgestemden die ze in hun eigen gemeenschap niet hebben of met wie ze niet in contact kunnen komen. De sociale media kunnen tieners zelfs helpen om managementvaardigheden of efficiënte communicatiepatronen te ontwikkelen die jaren later van pas kunnen komen. De sociale media zijn geen probleem. Maar het is misschien de moeite waard om na te denken over de manier waarop ze in bredere zin de waarden van onze samenleving hebben veranderd. Het zou goed zijn om deze zaak aan de orde te stellen, want als we dat niet doen, zal het ons misschien verbazen wat 'hot' is geworden en wat 'not'.

Mijn vrouw en ik hadden kortgeleden een etentje. Het was ontzettend gezellig. Het eten was heerlijk, de wijn vloeide rijkelijk en op een gegeven moment lachten we zo hard dat de kinderen van onze gastheer en -vrouw er wakker van werden. We kenden allemaal maar een paar van de andere gasten toen we arriveerden, maar tegen de tijd dat het toetje werd geserveerd, waren we de beste vrienden. Dat was het moment waarop de man die tegenover ons aan tafel zat zei dat hij het jammer vond dat zijn vrouw besloten had om thuis te blijven.

'Is ze ziek?' vroegen we.

'O, nee hoor,' vertelde hij. 'Ze zit niet ziek thuis. Ze zit naar een televisieprogramma te kijken waar ze live over tweet, zodat ze meer volgers op Twitter krijgt.'

Deze gebeurtenis herinnerde me aan een andere gelegenheid, toen ik met vrienden in een restaurant zat en mensen aan een tafel in de buurt zag wachten op hoeveel likes ze kregen voor een foto van hun bord in plaats van dat ze met elkaar praatten.

Of die keer dat ik voor het operagebouw in Sidney stond en een groepje vrienden hoorde overleggen over welke selfies in plaats van foto's van elkaar ze het best op Facebook konden zetten.

Wat mij betreft benadrukten deze situaties de verschillen tussen de twee vormen van populariteit, en ik vroeg me in al deze gevallen af of we uit het oog zijn verloren welke vorm er werkelijk toe doet. In alle gevallen, en in zoveel andere die we allemaal wel kennen, leek men liever in zichtbaarheid, bekendheid en directe sociale beloningen te investeren dan in meer betekenisvolle sociale contacten. Kortom, al die mensen streefden liever naar meer status dan dat ze probeerden aardig te worden gevonden.

Sommige aspecten van de sociale media bieden een uitstekende manier om vriendschap te sluiten, gezamenlijke interesses te delen en relaties met anderen op te bouwen. Ook bieden de sociale media een toegankelijk platform waarop we enthousiast kunnen zijn over elkaars prestaties en steun kunnen krijgen wanneer we in de put zitten. Ze bieden een manier om oude vrienden en collega's terug te vinden met wie we graag weer contact zouden willen hebben, en de kans om meer informatie over het leven van anderen te krijgen dan waar tijdens een telefoontje of lunch tijd voor is. Met elke klik waarmee we werkelijk aandacht besteden aan anderen, iets positiefs kunnen uitdrukken of een mening kunnen delen waarmee we anderen meer helpen dan onszelf, nemen we ook deel aan een activiteit waardoor anderen ons aardiger zullen vinden.

Maar we weten allemaal dat dat niet de enige vorm van populariteit is die de sociale media bevordert, en ook niet de enige vorm waarvoor mensen inloggen om die te verkrijgen. Onze online 'vrienden' zijn niet altijd mensen met wie we werkelijk bevriend zijn of mensen die we kennen. Op sommige platforms wordt zelfs niet geprobeerd om de indruk te wekken dat het om vriendschap draait: het doel is gewoon om zoveel mogelijk volgers te krijgen, honderden of zelfs duizenden mensen die we nooit zullen ontmoeten en die nooit iets wezenlijks over ons zullen weten. Het doel is om zo zichtbaar mogelijk te zijn, om zoveel mogelijk mensen te krijgen die naar ons luisteren en om zo invloedrijk mogelijk te zijn. Dit zijn allemaal klassieke eigenschappen van status.

Afhankelijk van de context is ook de term 'like-knop' in zekere zin misleidend. Hij kan voor mensen die erop klikken een manier zijn om hun oprechte steun te betuigen of begrip te tonen, maar voor degenen die obsessief likes (of *favourites* of *notes*) verzamelen, is het vaak gewoon een poging om het goede gevoel te krijgen dat we krijgen wanneer we merken dat we gezien zijn en door heel veel andere mensen gewaardeerd worden. Mensen die vaak van sociale media gebruikmaken, zullen erkennen dat hoewel het heerlijk is als een bepaalde vriend een post geliket heeft, het net zo fijn, zo niet fijner is om erachter te komen dat honderden onbekenden een post hebben geliket.

We zouden ons ten slotte minder druk moeten maken over de vraag hoe het uitgebreide gebruik van sociale media van invloed is op ons als individu, en meer over de algemene terugslag ervan op onze cultuur. Hoewel je je kunt voorstellen dat als mensen te afhankelijk zijn van hun online status, dat uiteindelijk tot problemen kan leiden – je kent waarschijnlijk ook wel iemand voor wie dat geldt – gebruiken de meesten van ons de sociale media om onze status af en toe een kleine boost te geven. Daar is niks mis mee, vooral als we net zo vaak iets aardigs doen op de sociale media als dat we naar erkenning vissen. Veel zorgelijker is het als het onderscheid tussen deze twee vormen van populariteit in het algemeen verloren gaat onder ons als maatschappij. Of je nu gebruikmaakt van sociale media of niet, je weet dat de wijdverbreide gebruikmaking van deze platforms een diepgaand effect heeft op de wereld waarin we leven en op de vorm van populariteit die als waardevol wordt beschouwd.

In mei 2015 stond in het tienertijdschrift *Tiger Beat* het verhaal 'Hoe word je een socialemediaberoemdheid!'. Het artikel besloeg zes pagina's en vertelde de lezers precies hoe ze het soort populariteit konden krijgen dat werd voorgesteld als het ultieme succes voor tieners van nu.

Het begon met een artikel over de band 5 Seconds of Summer,[11] waarin onthuld werd dat alle leden van de band hun 'impopulariteit te boven waren gekomen' doordat ze beroemd waren geworden, veel geld verdienden en miljoenen fans hadden. Ooit waren het volgens het artikel allemaal 'loners' en 'nerds' en waren ze onzichtbaar, maar nu werden '[ze] door heel veel mensen leuk gevonden'.

Daarna werd uitgelegd hoe je zoveel mogelijk volgers op de sociale media krijgt. Het artikel moedigde de lezers aan zo vaak mogelijk te posten, hun telefoon overal mee naartoe te nemen, betrokken te blijven bij wat al heel populair was, enzovoort.

Ook waren er interviews met 'tienerberoemdheden', wier roem bepaald werd door het aantal volgers dat hij of zij had. Veel van hun verhalen waren hetzelfde: ooit waren ze eenzaam en alleen, maar nu ze zoveel volgers hadden, waren ze gelukkig. In een kader stond een stukje tekst waarin tieners werden aangemoedigd om een socialemediamanager in te huren als ze net zo gelukkig wilden worden. 'Dit is niet zomaar een hobby,' adviseerde zo'n manager, 'het is een carrière.'

Volwassenen krijgen hetzelfde soort berichten van de media: 'Optimaliseer je feed: de 10 geboden voor het nemen van food pics op Instagram',[12] adviseerde een tijdschrift voor fijnproevers, *Bon Appétit,* zijn lezers. Het bewuste artikel bood tips voor gebruikers van Instagram om zoveel mogelijk likes te krijgen voor hun foto's van etenswaren. Eentje was van een gebruiker die wel 264.000 volgers zou hebben: 'Etenswaren die algemeen populair zijn en die mensen echt willen eten doen het altijd goed.' Een ander adviseerde: 'De meeste mensen houden van snoep en kleine lekkernijen. Wie wordt er niet enthousiast als hij ijs ziet?' Het tijdschrift *Forbes* moedigde zijn lezers aan om 'bekende hashtags'[13] te gebruiken en om 'honderden willekeurige foto's van mensen uit je doelgroep te liken'.

Als we van het tijdschriftenschap wegkijken, zal het niemand verbazen dat er nu meer dan dertienduizend verschillende filmpjes op YouTube staan waarin wordt uitgelegd hoe je de perfecte selfie neemt. De markt voor selfiesticks[14] is trouwens wereldwijd een miljoenenindustrie geworden. Er nemen zoveel mensen foto's van zichzelf, soms in gevaarlijke omstandigheden, dat de Russische regering richtlijnen heeft opgesteld[15] om het aantal doden als gevolg van het nemen van selfies te verkleinen. Het cosmeticamerk Cover Girl[16] heeft zelfs een cosmeticalijn op de markt gebracht die speciaal bedoeld is om er goed uit te zien op selfies.

In tegenstelling hiermee staan er maar zo'n vierhonderd filmpjes op YouTube over hoe je aardiger overkomt. Ik heb er een paar bekeken, en het is ironisch dat de meeste over het verkrijgen van meer status gaan.

Waarom we ons hier zorgen over zouden moeten maken? Het antwoord ligt in wat we van de neurowetenschap hebben geleerd. In het onderzoek van de UCLA waar ik het eerder over had, besloten de onderzoekers niet alleen de hersenrespons te bestuderen van de deelnemers op de foto's die ze op Instagram hadden gepost, maar ook op een reeks foto's die de onderzoekers hadden verzameld. Daar zaten een paar uitdagende foto's bij (agressieve gebaren, ongepast geklede tieners, verboden middelen), maar ook enkele neutrale (huishoudelijke voorwerpen, koffie, onbekende leeftijdgenoten). Van de helft van deze foto's (willekeurige foto's) beweerden de onderzoekers dat ze heel veel likes hadden en dus populair waren, en de andere helft zou maar weinig likes hebben.

De resultaten wezen uit dat onze interesse in wat populair is wellicht zo sterk is dat die onze waarden kan gaan ondermijnen. Toen de deelnemers naar uitdagende foto's keken die slechts enkele likes hadden gekregen, reageerden ze zoals je mag hopen of verwachten: de meesten liketen deze foto's niet en de reactie in hun hersenen gaf activiteit in de prefrontale cortex aan, een gebied dat geactiveerd wordt wanneer we op de rem trappen en onszelf ervan weerhouden om iets impulsiefs te doen. Maar als een uitdagende foto zogenaamd populair was, was de reactie het tegenovergestelde: heel veel tieners liketen die foto's zelf ook. Bovendien nam alleen al door te zien dat een foto veel likes op de sociale media had de activiteit in hun prefrontale cortex, de rem op de hersenen, af.[17] Met andere woorden, door de foto's te associëren met het aantal likes die ze

ogenschijnlijk hadden gekregen, hadden de sociale media uitdagende handelingen plotseling 'hot' gemaakt, terwijl neutrale
handelingen dat 'not' waren.

Dit resultaat heeft grote gevolgen. Het geeft aan dat hoe
meer waarde we hechten aan status, hoe minder goed we in
staat zijn om een onderscheid te maken tussen goed en slecht.
Populariteit wordt mogelijk de enige waarde die ertoe doet, en
we verwarren kwaliteit met status, wat niet veel goeds voorspelt
voor de eeuw die komen gaat.

8

Ouders en populariteit

*Kunnen pa en ma het verschil maken en
moeten ze dat wel proberen?*

In een plaatsje in de buurt van Portland in Oregon komen in de maand juni zo'n tweehonderd inwoners bijeen in de aula van de school voor de jaarlijkse kleuterpresentatie. Het evenement is een aloude traditie, een overgangsrite voor iedere inwoner die daar ooit naar de basisschool is geweest.

Peggy herinnert het zich nog als de dag van gisteren. Zo'n dertig jaar geleden stond ze op het podium van de aula achter twee rijen klasgenoten terwijl ze om de beurt een couplet van een liedje uit *The Sound of Music* zongen. Maar terwijl haar klasgenoten lachten en naar hun familie zwaaiden, verstopte Peggy zich achter de rest en verscheen ze pas toen de melodie voor 'My Favourite Things'[1] werd ingezet. Plotseling werden Peggy's handen warm en klam. Ze liep langzaam naar het midden van het podium terwijl de kinderen die haar waren voorgegaan hun deel zongen. Tegen de tijd dat ze bij 'warm woolen mittens' waren, sloeg Peggy's hart twee keer zo snel als de muziek. Toen ze voor aan het podium kwam, keek ze uit over het publiek van ouders, leerkrachten en schoolgenootjes, die allemaal naar haar opkeken. De lampen waren warm, ze kon haar eigen ademhaling horen en het leek wel of de muziek langzamer werd toen het haar beurt was om te zingen. Uiteindelijk opende ze haar mond en...

199

Peggy vond haar kleutertijd niet leuk. Omdat haar ouders immigranten waren, zag ze er een beetje anders uit dan haar klasgenoten. Ze was zichtbaar dikker. Haar haar was donkerder en ze droeg kleding uit een tweedehandswinkel. Haar ouders kenden niet veel andere mensen in de plaats waar ze woonden, dus speelde Peggy in het weekend meestal alleen. Soms kon ze haar moeder ervan overtuigen om met haar naar het park in de buurt te gaan, maar dat draaide vaak op ellende uit. Terwijl haar moeder een boek las, leidde het een of ander onvermijdelijk tot geschreeuw tussen Peggy en de andere kinderen.

Op die juniochtend van de voorstelling moest Peggy een couplet zingen dat voor haar heel ongelukkig was. Toen ze begon te zingen, kon ze haar schoolgenootjes op de eerste rij al horen giechelen. Haar stem trilde toen ze over '*crisp apple strudel*' en '*schnitzel with noodles*' zong.

'Piggy!' riep een kind.

'Ze is nog dikker dan kapitein Von Trapp!' schreeuwde een ander.

De hele eerste rij barstte in lachen uit. De volwassenen probeerden de kinderen het zwijgen op te leggen, maar ze bleven haar uitschelden. Toen het couplet af was, rolden de tranen over Peggy's wangen en rende ze het podium af naar haar juf, die haar in de armen sloot.

In de jaren die volgden op de voorstelling dacht Peggy er niet zo vaak meer aan, maar toen haar dochter op datzelfde podium stond en de muziek van *The Sound of Music* werd ingezet, kwamen al haar herinneringen aan haar pijnlijke ervaring weer terug. Daar stond haar eigen kind, gekleed als een Oostenrijks schoolmeisje, en ze was bijna aan de beurt. Peggy voelde het zweet in haar handen staan.

Herinner jij je jouw kleuterjaren? Kun je details voor je zien van je klas of je juf? Wat voor kinderen zaten er bij je in de klas?

Speelde je met ze of keek je van een afstand toe? Waren ze aardig tegen je?

Is er een bepaalde gebeurtenis of een bepaald beeld dat je na al die jaren is bijgebleven? Waarom blijft dit volgens jou je scherpste herinnering na al die jaren? Wat betekent die gebeurtenis voor je?

Deze vragen werden door professor Martha Putallaz van de Duke-universiteit in North Carolina aan een groep moeders gesteld, als onderdeel van een onderzoek naar populariteit onder kinderen. Iedere moeder had een kind in groep 1 of 2 in de periode dat ze gevraagd werd om mee te doen aan het onderzoek. Ik heb een dergelijk onderzoek uitgevoerd, en ontdekte net als Putallaz dat de herinneringen van moeders aan hun eigen kleuterervaringen sterk uiteenliepen.[2]

'Het doet me denken aan hoe belangrijk het is om een sterke band met je vrienden te hebben... het was een geweldige tijd,' schreef een van de deelnemers.

'Het doet me denken aan hoe wreed en gemeen kinderen kunnen zijn, en ik hoop altijd maar dat mijn eigen kinderen niet op die manier gekwetst zullen worden,' schreef een andere moeder.

Een derde antwoordde: 'Ik was een beetje onzeker, vond het belangrijk wat anderen vonden, voelde me geïsoleerd.'

Onderzoeken waarin moeders gevraagd worden om hun vroegste herinneringen aan leeftijdgenootjes, wijzen uit dat deze moeders in drie categorieën kunnen worden onderverdeeld. Putallaz ontdekte dat één groep moeders positieve herinneringen had. Toen deze moeders aan hun tijd op de kleuterschool dachten, herinnerden ze zich hun klasgenootjes als een bron van enthousiasme en plezier. Meer dan de helft van de ondervraagden had blije, positieve verhalen waarin nauwelijks sporen van spijt, angst of verdriet zaten.

Zoals één vrouw schreef: 'Ik had een fijne tijd met mijn

vriendinnetjes... Ik voelde me zelfverzekerd en op mijn gemak wanneer ik bij hen was.'

Andere vrouwen hadden minder plezierige herinneringen. Putallaz verdeelde deze deelnemers in twee groepen. De ene groep bestond uit vrouwen wier herinneringen gekleurd werden door agressie, kwaadaardigheid en vijandigheid. Hun klasgenootjes waren een bron van wreedheid en spotternij. Soms waren deze herinneringen onderdeel van een herinnering die verder positief was, maar toch waren deze herinneringen opvallend toen ze vergeleken werden met die van de vrouwen die alleen maar positieve herinneringen hadden.

'Het was zo pijnlijk,' herinnerde één vrouw zich. 'Ik vond het pesten zo vijandig... het geeft de pijn weer die we als kinderen leden toen we probeerden ons aan te passen, erbij te horen, ervoor te zorgen dat mensen ons leuk vonden.'

De derde groep moeders had herinneringen die gekenmerkt werden door angst of eenzaamheid. De verhalen die deze vrouwen vertelden gingen over het onbeantwoord verlangen naar klasgenootjes, zich buitengesloten voelen en van een afstand toekijken. Dit waren ervaringen waarvan velen dachten dat ze er jaren later nog last van hadden.

Zoals een van hen zei: 'Het vormde een patroon voor mij waardoor ik me nog steeds ongemakkelijk voel in een groep vreemden.'

Nadat deze groep moeders over hun eigen kinderervaringen had verteld, keek Putallaz naar hoe het hun kinderen wat hun sociaal leven betreft op school verging. Ze vroeg hun klasgenootjes om te vertellen welke kinderen ze het aardigst vonden en wie het minst aardig. Ze gebruikte deze informatie om elk kind een populariteitsscore te geven, waarbij werd uitgegaan van de vorm van populariteit gebaseerd op vriendelijkheid. De resultaten wezen uit dat zelfs met het kleine beetje informatie dat Putallaz over de moeders had, ze kon voorspellen welke kinderen het meest of minst populair waren.

De populariteit bleef door de generaties heen opvallend stabiel. Moeders die positieve herinneringen aan hun eigen kindertijd hadden, hadden kinderen die meer dan gemiddeld populair waren. Moeders met herinneringen aan vijandigheid hadden impopulaire kinderen. Maar de vrouwen die als kind angstig of eenzaam waren geweest, hadden opvallend genoeg kinderen die helemaal niet impopulair waren. Kinderen met angstige of eenzame moeders waren zelfs middelmatig populair en in sommige gevallen waren ze net zo populair als de kinderen van de positieve moeders.

De resultaten van Putallaz wierpen twee interessante vragen op.

Is populariteit erfelijk? En zo ja, waarom doen kinderen van moeders met blije herinneringen en kinderen van moeders met angstige of eenzame herinneringen het dan even goed bij hun klasgenootjes?

Het is natuurlijk onmogelijk om vast te stellen of de kleuterherinneringen van de moeders accuraat waren. Herinneringen zijn niet altijd betrouwbaar en vooral in dit onderzoek konden de herinneringen van de moeders net zo goed een weerspiegeling zijn van het leven van hun kinderen als van dingen die hun decennia eerder waren overkomen. Om die reden noemde Putallaz de herinneringen van de moeders een 'sociaal raamwerk',[2] een lens waardoor ze vroegere, huidige en toekomstige sociale ervaringen zagen. Putallaz ontdekte dat moeders met een positief of angstig/eenzaam raamwerk in één belangrijk opzicht veel meer overeenkomsten vertoonden dan verwacht was: beide groepen bekommerden zich veel over hoe hun kinderen met hun klasgenootjes omgingen. Beide groepen gaven met name aan dat ze veel meer dan de moeders met een vijandig sociaal raamwerk van plan waren hun kinderen zoveel mogelijk te helpen om aardig gevonden te worden. En dit leek het verschil te maken.

Dit leidt tot de twee vragen die mij vaak door bezorgde ouders worden gesteld: ten eerste, kunnen ouders hun kinderen helpen om populairder te worden? En ten tweede, moeten ouders dat wel doen?

Het antwoord op de eerste vraag is: ja, ouders kunnen de populariteit van hun kinderen op verschillende manieren beïnvloeden. Sommige hiervan hebben we zelf in de hand, andere niet.

Ouders beïnvloeden de populariteit van hun kinderen bijvoorbeeld door middel van hun genen. Voor zover we weten bestaat er geen populariteitsgen, maar bepaalde genen lijken sommige kinderen een voordeel te geven en andere een levenslang nadeel.

Het uiterlijk is een voorbeeld van een geërfde eigenschap. Meestal beschouwen we schoonheid als een factor die bijdraagt aan het soort populariteit dat tijdens de puberteit verschijnt en gebaseerd is op status en dominantie. Maar fysieke aantrekkelijkheid voorspelt ook of iemand aardig gevonden wordt,[4] en aantrekkelijke ouders hebben vaak aantrekkelijke kinderen.

Talloze onderzoeken hebben aangetoond dat de invloed van schoonheid op populariteit groot is. Sommige onderzoeken waren specifiek gericht op fysieke aantrekkelijkheid. Kinderen met obesitas worden bijvoorbeeld eerder gepest[5] dan kinderen met een gemiddelde lichaamsvorm, zelfs al op de crèche. Maar de meeste onderzoeken waren voornamelijk op het gezicht gericht, en wezen uit dat het uiterlijk een belangrijke rol speelt in wie we leuk vinden en wie niet, zelfs lang voordat seksuele aantrekkelijkheid een factor van betekenis is.

Voor een representatief onderzoek op dit gebied werd een groep volwassenen gevraagd om een reeks foto's van kindergezichten te bekijken en elk gezicht op aantrekkelijkheid te beoordelen. Om ervoor te zorgen dat de beoordeling niet beïnvloed werd door hoe rijk of blij elk kind leek, werden de foto's zodanig bewerkt dat de beoordelaars geen haar of kleding konden zien. Ook hadden alle gezichten een neutrale uitdrukking. Deze beoordelingen werden vervolgens vergeleken met hoe aardig de kinderen door hun klasgenootjes werden gevonden. De resultaten van onderzoeken zoals deze wijzen uit dat de meest aantrekkelijke kinderen ook het populairst zijn. De kinderen die het minst aantrekkelijk zijn, worden het vaakst afgewezen, zelfs onder kinderen van vijf.[6]

Hoe kan dit? Hebben kleuters de maatstaven op basis waarvan onze samenleving bepaalt wat mooi is al in zich opgenomen? Hebben ze al een vooroordeel tegen minder aantrekkelijke leeftijdgenootjes ontwikkeld?

Het lijkt nog verder te gaan dan dat. Onderzoek uitgevoerd door psychologe Judith Langlois van de Universiteit van Texas in Austin wees uit dat zelfs baby's van drie maanden oud langer naar een aantrekkelijk gezicht kijken dan naar een onaantrekkelijk gezicht.[7] Het maakte daarbij niet uit of de gezichten van volwassenen waren of van andere baby's, of dat ze bij dezelfde of een andere etnische groep hoorden. Baby's hebben ook eerder een afkeer van onaantrekkelijke vreemden.[8]

Waarom is onze voorkeur voor aantrekkelijkheid al ingebakken vanaf de geboorte? Sommige mensen denken dat het is omdat we voorgeprogrammeerd zijn om ons te vermenigvuldigen, en aantrekkelijke gezichten zijn een teken van een goede genetische gezondheid,[9] waardoor de kans op succesvolle voortplanting groter is. Anderen stellen dat baby's een voorkeur hebben voor aantrekkelijke gezichten omdat die het beste voorbeeld zijn van het prototype van een gezicht. Langlois heeft aangetoond dat aantrekkelijke mensen een meer symmetrisch en 'typisch' gezicht hebben dan anderen. Toen ze digitale foto's van een aantal verschillende gezichten samenvoegde om een compositiefoto te maken, was het resultaat altijd aantrekkelijker dan de gezichten die gebruikt waren om haar samen te stellen, zelfs als al die gezichten op zich al heel aantrekkelijk waren. Ons idee van aantrekkelijkheid is grotendeels gebaseerd op een 'doorsneegezicht'.[10] We worden als baby aangetrokken door het typische of gemiddelde gezicht, omdat het ons helpt om alle nieuwe gezichten waaraan we worden blootgesteld in een context te plaatsen. Het is een aangeboren instinct om ons te helpen begrijpen wat prototypisch is, op basis waarvan we al het andere dat afwijkt van de blauwdruk van het gemiddelde kunnen begrijpen.

Omdat onze voorkeur voor aantrekkelijke mensen vanaf de geboorte aanwezig is, is de kans groot dat onze aantrekkelijke leeftijdgenoten de populairste mensen zijn die we kennen. Onderzoek heeft aangetoond dat leerkrachten meer aandacht schenken aan de meer aantrekkelijke kinderen in de klas.[11] Zelfs ouders hebben de neiging om hun beter uitziende kinderen iets meer aandacht en steun te geven dan hun andere kinderen.[12]

Maar let wel dat fysieke aantrekkelijkheid niet de enige erfelijke eigenschap is die aan iemands populariteit bijdraagt. Er is ook een genetische basis voor de mate waarin we ons op ons gemak voelen wanneer we met anderen omgaan. Dit is niet per se extraversie, maar eerder een eigenschap die 'gedragsgeremdheid'[13] wordt genoemd, die ruwweg geassocieerd wordt met een interesse in wat anders en nieuw is versus een voorkeur voor wat aangenaam en bekend is. Zoals je je kunt voorstellen, zijn baby's die op basis van hun genen geneigd zijn om sociaal geremd te zijn minder geïnteresseerd in de omgang met anderen, wat een direct effect heeft op hun populariteit. Elk sociaal contact dat wordt vermeden is een verloren kans om de sociale vaardigheden te ontwikkelen die nodig zijn om jaren later een geaccepteerd en innemend kind te worden.

Genen bepalen echter niet altijd ons lot, vooral wat betreft ons sociaal leven. Net zoals mensen die niet de genen hebben om een filmster of model te worden wel mooi kunnen worden gevonden, blijkt uit onderzoek dat mensen die een geërfde aanleg voor populariteit of impopulariteit hebben, ook in sterke mate beïnvloed worden door hun omgeving.

Het is tussen de middag en ik bevind me in de buurt van mijn geboorteplaats op Long Island in New York. Het is jaren geleden dat ik daar was, dus ik voel me net een toerist en bekijk de mensen om me heen als een buitenlander. Terwijl ik in het restaurant van de plaatselijke Ikea zit, zie ik overal kinderen gillen, terwijl hun ouders bekvechten over de keus tussen een Duken en een Fjell. Plotseling valt er vlak achter me een dienblad op de vloer, maar voordat ik me om kan draaien om te helpen met opruimen, hoor ik een vrouw, vermoedelijk de moeder, zo hard en gespannen fluisteren dat ze net zo goed had kunnen schreeuwen.

'Wat doe je nóú weer?' vraagt ze. 'Houd je handen thuis. Denk je dat dat grappig is? Als je nog iets laat vallen, nou dan lach je niet meer, dat beloof ik je!'

Ik ben te verbaasd om me om te draaien en blijf heel stil zitten. Ik wil de vrouw niet afluisteren, maar kan niet voorkomen dat ik de ruzie hoor die zojuist een paar centimeter van mijn hoofd is uitgebroken.

'Liever, laat toch zitten,' zegt een mannenstem. 'Ze beseft helemaal niet wat ze doet.'

'Ik ben het spuugzat,' antwoordt de vrouw. 'Ze doet het expres. Ze vindt het gewoon leuk om me kwaad te maken.' Ze zucht en bijt het kind geërgerd toe: 'Waarom luister je niet?'

Op dat moment buig ik me voorover om een tuitbeker op te rapen die bij mijn voeten is beland en draai me om om hem aan de vrouw te geven. Ze neemt de beker van me aan, rolt met haar ogen terwijl ze naar haar kind knikt en bedankt me. Ik werp een blik op de bekergooier: ze is zo'n anderhalf jaar oud en zit vrolijk te lachen in haar kinderstoel. Ze heeft geen idee waarom ze geen dienblad op de vloer mag duwen.

Ik weet niets over deze vrouw of haar kind, maar iedereen kan zien dat deze moeder ontzettend gestrest is, en onderzoek stelt dat volwassenen als zij misschien niet zo aardig werden gevonden toen ze jong waren. Onderzoek heeft ook uitgewezen dat kinderen zoals dat kleine meisje mogelijk later ook populariteitsproblemen krijgen. En dat geldt ook weer voor haar kinderen, want populariteit heeft niet alleen te maken met de ouders die we hadden, maar ook met de ouders die we worden.[14]

Een van de factoren die in grote mate voorspelt wie populair zal zijn en wie zal worden afgewezen is een agressieve sociale omgeving,[15] een sfeer die vaak generaties lang in een familie blijft bestaan.[16] Psychologen kunnen de sociale omgeving van een kind vrij gemakkelijk beoordelen. De manier waarop ouders slechts één eenvoudige taak vervullen kan frappant genoeg al inzicht geven in hun verleden en in de toekomst van hun kinderen.

De opdracht is eenvoudig: praat vijf minuten over je kind. Dat doen ouders eigenlijk voortdurend. Wanneer ze een bekende tegenkomen die ze jarenlang niet gezien hebben of een collega in de lift, wordt hun meestal gevraagd: 'En, hoe gaat het met de kinderen?' Bijna alle ouders kunnen daar eindeloos over doorpraten, maar hun antwoorden lopen sterk uiteen.

De psychologen Terrie Moffitt en Avshalom Caspi vroegen bijna zeshonderd moeders uit Engeland en Wales om deze vraag over hun kind van vijf te beantwoorden. De onderzoekers wilden weten hoe warm of kritisch de sociale omgeving van de kinderen was, en al na een gesprekje van vijf minuten met de moeders ontdekten ze een wereld van verschil.[17] Verder wilden ze onderzoeken hoe de sociale omgeving van invloed is op agressief en impopulair gedrag. Ze gebruikten interessant genoeg alleen eeneiige tweelingen voor hun onderzoek, wat hen in staat stelde om ervoor te zorgen dat de verschillen in het gedrag van de kinderen niet verklaard kon worden aan de hand van genetische variatie, omdat elk paar tweelingen precies hetzelfde DNA had.

De psychologen ontdekten dat hoewel kinderen die een tweeling vormden rond dezelfde tijd geboren waren, dezelfde ouders hadden als hun broer of zus, en dezelfde genen hadden, in een ogenschijnlijk heel andere sociale omgeving opgroeiden. Dit bleek uit de manier waarop hun moeder over hen sprak. Sommige vrouwen gaven een beschrijving van hun kinderen waaruit warmte en genegenheid sprak ('ze is zo grappig, ze verzon pas een liedje, en danste en zong in de tuin'), terwijl andere veel kritischer waren ('ze is verschrikkelijk' of 'hij is zo lui').

Moffitt en Caspi zochten hun deelnemers twee jaar later weer op om te kijken hoe de kinderen opgroeiden. Ze waren toen zeven jaar oud en sommige waren ontzettend agressief, terwijl andere zich netjes gedroegen. Dit resultaat werd in sterke mate voorspeld door de sociale omgeving waarin ze opgroeiden. En de resultaten zijn vooral opvallend omdat de onderzoekers zelfs verschillen tussen eeneiige tweelingen zagen. Met hoe meer genegenheid de moeders over hun kinderen praatten toen de kinderen vijf waren, hoe minder agressief de kinderen op hun zevende waren. Hoe kritischer de moeder, hoe agressiever haar kind in de loop van die twee jaar werd. Later onderzoek heeft het verband bevestigd: moeders die kritisch zijn wanneer ze over hun kinderen praten, al praten ze maar vijf minuten, creëren vaak een vijandige sociale omgeving voor hun kinderen, die dan later impopulair worden.[18]

Maar het draait niet alleen om agressie, er zijn legio andere aspecten van de sociale omgeving van een kind die voorspellen of hij of zij populair wordt. Onderzoek heeft bijvoorbeeld allerlei manieren aangetoond waarop gedeprimeerde moeders verschillen van andere moeders[19] en velen van hen hebben een direct effect op hoe populair hun kinderen uiteindelijk worden.

In vergelijking met andere moeders disciplineren gedeprimeerde moeders hun kinderen minder effectief. Ze brengen minder tijd door met hun kinderen en glimlachen minder vaak naar ze. Gedeprimeerde moeders kunnen ook genen doorgeven waardoor hun kinderen de neiging hebben om somber of teruggetrokken te zijn. Om deze redenen is de kans groot dat deze kinderen jaren later sociale problemen krijgen.

Wat betreft factoren die bepalen of een kind populair wordt of niet kunnen zelfs schijnbaar heel gewone momenten van contact verschil maken. Stel je een baby voor die in zijn of haar wieg naar een mobiel ligt te kijken. De moeder van de baby heeft een speelse bui en verschijnt plotseling lachend boven de wieg. Ze kietelt haar baby misschien zelfs, waardoor het kindje lacht en trappelt van plezier. Het lachen is zo aanstekelijk dat de moeder er een spelletje van maakt. Ze verschijnt nog een keer plotseling boven de wieg, de baby lacht weer en zo gaat het nog even door. Na een paar keer laat de moeder de mobiel misschien draaien om haar baby te kalmeren, die daarna rustig in slaap valt.

Dit klinkt heel normaal, maar kan zo'n kort contact echt van invloed zijn op hoe populair een baby uiteindelijk wordt? Kan het zijn of haar hele leven beïnvloeden?

Ja. Die paar momenten waarop de baby de kans had om zijn/haar moeder te zien lachen leidden tot een biologische reactie in de hersenen van de baby.[20] Onderzoek stelt dat deze reactie het kind zal helpen om zelfs decennia later beter met stress om te gaan. Het helpt haar om kalm te blijven wanneer een klasgenootje haar jaren later boos maakt, of nog later, wanneer ze zelf moeder is geworden en haar baby huilt. Het spelletje kiekeboe heeft de baby ook geleerd om iets om de beurt te doen,[21] wat een fundamentele sociale vaardigheid is die we in elk succesvol gesprek toepassen. Doordat ze haar moeder zag lachen, werd de baby enthousiast, en ook dat is belangrijk, want het leerde het kind hoe ze met sterke emoties moet omgaan en die onder controle kan houden.[22] Moeders die gedeprimeerd zijn, ontnemen hun kinderen deze kansen en uit onderzoek is gebleken dat deze kinderen veel minder in staat zijn om hun emotionele uitbarstingen onder controle te houden.

Toen die baby naar haar mobiel keek en langzaam in slaap viel, leerde ze ook hoe ze kon kalmeren, een vaardigheid die ze nooit had kunnen leren als haar moeder niet naar haar wiegje was gekomen. Zo'n kort moment van contact is ook van invloed op het gedrag, zoals beschreven in hoofdstuk 5. Hoe meer plezier de moeder heeft in het spelletje, hoe groter de kans is dat ze het nog een keer speelt, hoe meer kansen haar baby heeft om dezelfde sociale vaardigheden te oefenen.

Als je niet erg populair was als kind, kom je nu dankzij de onderzoeksresultaten die hierboven beschreven staan misschien in de verleiding om een boze mail naar je ouders te schrijven. Het zou heel makkelijk zijn om hen te beschuldigen van alle manieren waarop ze de ontwikkeling van je sociale vaardigheden en kansen op sociaal succes in de weg hebben gestaan.

En als je zelf kinderen hebt, voel je je door dit onderzoek misschien een beetje schuldig of onder druk gezet. Geloof me, dat begrijp ik best. Toen mijn eigen kinderen net geboren waren, voelde ik me gebombardeerd door een barrage van informatie over hoe ik ze op moest voeden en wat ik kon doen om ze te helpen zich zo goed mogelijk te ontwikkelen. Het was allemaal heel erg nuttig, maar ook uitputtend, en het legde de lat onmogelijk hoog. Welke ouder verliest tenslotte niet eens zijn geduld, is radeloos of zegt iets tegen zijn kind waar hij later spijt van heeft? We voelen ons allemaal weleens gefrustreerd door onze kinderen. Verder is het zorgelijk te bedenken dat steeds wanneer we somber zijn, we het langetermijnsucces van ons kind bij zijn klasgenootjes schaden, en dat terwijl een op de vijf vrouwen en een op de tien mannen in de Verenigde Staten vóór zijn of haar vijfentwintigste verjaardag een klinisch ernstige depressieve periode doormaakt.[23] Daarnaast is het gewoon niet praktisch om vierentwintig uur per dag kiekeboe te spelen.

Maar zo streng hoeven we ook weer niet te zijn voor onszelf, omdat de populariteit van een kind niet helemaal door de ouders wordt bepaald. De beslissende factor is hoe de band tussen ouder en kind is,[24] en dat heeft net zoveel te maken met hoe de ouder zich gedraagt als met het gedrag van het kind tijdens de sociale interactie tussen de twee. Het is een voortdurend geven en nemen dat ouders en kinderen vormt, en dat ook sterk van invloed is op de sociale ontwikkeling van het kind. Psychologen noemen dit de 'hechting' tussen ouder en kind.

Er zijn twee vormen van hechting tussen ouder en kind: veilig en onveilig. Het duurt ongeveer twintig minuten om vast te stellen welke versie van toepassing is op een bepaald ouder-kindpaar. Een ouder komt met zijn of haar negen tot achttien maanden oude baby naar een onbekende kamer. Na een poosje samen gespeeld te hebben komt er een vriendelijke, vreemde volwassene bij en in de minuten die daarop volgen blijft de baby in de kamer met zijn ouder, met de vreemde of met allebei. Psychologen onderzoeken of het kind meer met de ouder speelt en op onderzoek uitgaat, met de vreemde of met geen van tweeën. Ook de reactie van de baby op het onopvallend weggaan van zijn ouder en op de terugkomst van de ouder wordt vastgelegd.

Ongeveer twee derde van de ouder-kindparen zijn veilig gehecht, wat blijkt uit het feit dat het kind vooral speelt wanneer zijn ouder in de buurt is. Kinderen die veilig gehecht zijn raken enigszins van streek wanneer hun ouder de kamer verlaat, zijn een beetje nerveus in het bijzijn van de vreemde en zijn snel getroost wanneer hun ouder terugkomt. Ouders die een veilige band met hun kind hebben, laten zien dat ze gevoelig zijn voor het verdriet van hun kind, dat ze hun baby kunnen kalmeren en dat ze alle aandacht hebben voor de behoeften van hun kind.

Wanneer ouders en kinderen niet veilig gehecht zijn, kan er van alles misgaan. Sommige baby's lijken niet zo op hun gemak te zijn bij hun ouders en lijken hen zelfs te vermijden. Andere zijn juist heel erg aanhankelijk. Sommige zijn ontroostbaar wanneer hun ouder de kamer verlaat, andere lijkt het niet eens op te vallen. Sommige ouders reageerden op elk wissewasje, andere leken zich juist niet erg in het gedrag van hun kind te interesseren.

Onderzoek heeft aangetoond dat baby's met een veilige hechting later in het leven veel meer succes hebben in hun contacten met anderen.[25] Ze zijn niet alleen populairder, maar ze zijn ook gelukkiger in hun relatie en hebben vaker een hechte band met hun eigen kinderen. Een team van Nederlandse onderzoekers onder leiding van Marinus van IJzendoorn bestudeerde de hechting tussen ouder en kind bij twaalf maanden oude baby's die geadopteerd waren,[26] waardoor het verband tussen de onderzoeksresultaten en het gedrag van de ouders niet veroorzaakt kon zijn door gemeenschappelijke genen. De onderzoekers ontdekten dat toen de kinderen zeven jaar oud waren, de kinderen die als baby veilig gehecht waren volgens hun schoolgenoten veel vaker populair waren dan degenen die onveilig gehecht waren. Dit resultaat gold zelfs nadat hun socio-economische status en individueel temperament in overweging waren genomen. Onderzoeken waarin naar het effect van hechting met de vader werd gekeken, leidden tot precies dezelfde resultaten.

Het is misschien ook geruststellend te weten dat ouders de sociale omgeving van hun gezin gemakkelijk kunnen veranderen. Eén manier waarop ze van invloed kunnen zijn op de latere populariteit van hun kinderen is door spelletjes met ze te spelen. Het hangt er dan alleen wel vanaf hoe ze spelen.

Toen de psychologen Ross Parke, Gregory Pettit en Jackie Mize ouders observeerden die met hun kinderen speelden, merkten ze verschillen op die de weg bereidden voor de manier waarop de kinderen zich later ten opzichte van anderen zouden gedragen.[27] Sommige ouders, ontdekten Mize en Pettit, speelden met hun kinderen als gelijken. Ze lieten hun kinderen beslissen welk spel ze wilden doen, lieten de kinderen regels voor nieuwe spelletjes bedenken en bepalen wanneer ze een ander spel gingen spelen. Ze praatten veel tegen hun kinderen tijdens het spelen en drukten daarbij verschillende emoties uit. De meesten van deze kinderen werden later door hun leeftijdgenootjes geaccepteerd. Door middel van deze momenten van interactie tussen ouders en kinderen leren de kinderen samen te werken en te delen, creatief en onderzoekend te zijn en mee te leven met anderen. Met andere woorden, deze speelmomenten zijn goede momenten om emotionele intelligentie te leren.

Maar niet alle ouders spelen op deze manier. Sommigen domineren, stellen strenge grenzen en blijven terughoudend, stoicijns zelfs, terwijl ze met hun kinderen spelen.[28] Het is dan ook niet verwonderlijk dat hun kinderen zich precies zo gedragen wanneer ze met kinderen van hun eigen leeftijd spelen. Hoe meer de moeders hun eigen macht lieten gelden terwijl ze met hun kinderen speelden, vooral wanneer ze geen warmte uitstraalden of niet op de behoeften van hun kinderen reageerden, hoe agressiever hun kinderen jegens leeftijdgenootjes waren, zelfs jaren later nog. Uiteindelijk werden die kinderen heel impopulair.

De manier waarop vaders spelen is ook belangrijk.[29] Vergeleken met moeders spelen vaders vaker ruwe spelletjes met hun kinderen. Kinderen lachen veel harder en raken veel enthousiaster wanneer ze worstelen met een ouder dan wanneer ze bijvoorbeeld samen een puzzel maken. Deze uiterst fysieke speelmomenten zijn waardevol om kinderen te leren sterke emoties in goede banen te leiden. Vaders en moeders die tijdens het spelen vrijelijk hun eigen emoties uiten en laten zien hoe je die gevoelens veilig onder controle kunt houden, hebben kinderen die later populairder zijn. Dat komt waarschijnlijk doordat de kinderen van hun ouders leren hoe ze zich kunnen uiten, hoe ze met emoties omgaan en hoe ze steun kunnen krijgen wanneer ze die nodig hebben.

Openstaan voor de behoeften van je kinderen en betrokken zijn bij hun spel kan natuurlijk ook te ver gaan. Als je weleens in een speeltuin bent geweest, heb je gezien wat er kan gebeuren. Wanneer kinderen aan het spelen, schommelen, glijden en klimmen zijn, dan valt er weleens een. De schrik van het vallen is vaak groter dan de verwonding zelf en het kind lijkt in huilen uit te barsten. Maar dat doet hij niet, althans niet meteen. Het eerste wat hij doet is naar zijn vader of moeder kijken. Als de ouder rustig blijft, klopt het kind zich waarschijnlijk af en gaat weer spelen. Maar als de ouder zorgelijk of verontrust kijkt, komen de tranen.

Sommige ouders reageren zelfs te sterk. Ze rennen naar hun kind toe, drukken hem of haar tegen zich aan en blijven dicht in de buurt – dichter dan nodig is voor een kind van die leeftijd – om ervoor te zorgen dat hij of zij niet weer valt. Of ze raken zo gestrest door het idee dat het kind weer kan vallen dat ze besluiten om de speeltuin te verlaten. Onderzoek heeft aangetoond dat deze kinderen veel vaker het slachtoffer worden van pesterijen door leeftijdgenoten wanneer ze ouder zijn. Als je ouders hebt die overgevoelig[30] zijn voor de emoties van hun kinderen en hen te veel beschermen, is de kans groot dat je later impopulair bent.

Ouders kunnen de toekomstige populariteit van hun kroost ook beïnvloeden door zich met hun sociaal leven te bemoeien.[31] Neem nou Sam, een trotse vader. Zijn zoon Joey lijkt precies op hem: hij heeft dezelfde krullen, een slungelig lijf en sproeten op zijn armen. Sam vindt het heerlijk om Joey te zien opgroeien. 's Middags staat hij trots op het honkbalveld terwijl Joey van het ene honk naar het andere rent, en op zaterdag is hij graag in de buurt wanneer Joey met zijn vrienden is. Waar Joey ook gaat, Sam is altijd in de buurt.

Toen de school van Joey een feest in de gymzaal organiseerde, belde Sam een andere ouder om te vragen of zijn zoon er met haar dochter heen kon. Sam keek toe terwijl Joey en het meisje een glas punch haalden, om de dansvloer heen liepen en samen aan een tafeltje gingen zitten. 'Vergeet niet te delen!' riep Sam. Toen Joey zich heel dicht naar het meisje toe boog, maande Sam: 'Doe het met woorden, houd je handen thuis!'

Joey draaide zich rood aangelopen om, keek woedend naar zijn vader en beende toen de school uit.

Sam deed wat iedere goede ouder zou doen – dat wil zeggen, een ouder van een kind op de crèche. Maar Joey was zeventien en de gelegenheid was het galafeest op de middelbare school. In die context hield Sam zich overdreven bezig met de contacten van zijn zoon.

Ken jij ouders die in feite de persoonlijk assistent van hun zoon of dochter zijn geworden? Ze maken speelafspraakjes voor hun eenjarige en doen hem of haar later op muziek- of gymnastiekles, waar hij of zij met andere peuters speelt. Een groot deel van de dag zijn ze bezig om hun kleintje naar afspraakjes en activiteiten te brengen.

Maar lach ze niet uit, want dit zijn precies de stappen die ouders kunnen ondernemen om hun kinderen te helpen aardig te worden gevonden door hun leeftijdgenootjes en dit is inderdaad een goede manier om een peuter op te voeden. De effectiviteit van deze benadering hangt volgens psycholoog Gary Ladd van de Arizona State-universiteit echter af van hoe en wanneer ouders het sociaal leven van hun kinderen regelen.

Ladd stelt dat er drie manieren zijn waarop ouders hun kinderen geliefder kunnen maken.

De eerste heeft te maken met het maken van speelafspraakjes. Hoewel het belangrijk is dat kinderen de kans hebben om met anderen te spelen, is het creëren van de kans om te spelen niet het voornaamst. Het grootste verschil wordt gemaakt door de manier waarop de ouder deze afspraakjes maakt. Wanneer de kinderen twee zijn, zegt Ladd, nemen hun ouders al contact op met anderen, maken speelafspraken en kiezen vriendjes en vriendinnetjes. En hoewel deze speelkameraadjes de kinderen helpen een breder sociaal netwerk op te bouwen, is het goed als ouders hun bemoeienis met hun kinderen in de loop van de tijd aanpassen. Wanneer de kinderen drie zijn, zouden de kinderen al zelf moeten kunnen kiezen met wie ze graag spelen. Op hun vierde zouden ze moeten kunnen kiezen wat ze willen doen tijdens de speelafspraak en op hun vijfde of zesde zouden kinderen zelf het initiatief moeten nemen voor het maken van speelafspraakjes.

Ontwikkelingspsychologen noemen dit *scaffolding* (een steiger bouwen)[32] en deze metafoor is heel toepasselijk. In elke fase van zijn of haar ontwikkeling is het belangrijk om een kind alleen de steun te geven die het nodig heeft, meer niet. De steiger kan worden weggehaald als het kind zelf goed op twee benen kan staan. Ladd ontdekte dat de kinderen die het populairst waren onder de kleuters, ouders hadden die hun geleerd hadden om geschikte speelkameraadjes te kiezen, ze te vragen of ze na school wilden spelen en om activiteiten voor te stellen. Algauw konden de kinderen dit zelf, wat hielp de leercurve te versnellen voor toekomstige sociale interactie.

Naarmate de kinderen ouder worden, leren ze zich voor te stellen aan een nieuwe groep en leren ze anderen met wie ze een nauwe band hebben te vertrouwen. Deze vaardigheden worden natuurlijk steeds complexer en algauw moeten kinderen leren dat ze eerst aan de ander moeten denken, dat ze een balans moeten vinden tussen wat ze zelf graag willen en wat het beste is voor de groep. Ze leren verschillen tussen zichzelf en anderen te respecteren. Zelfs in de eerste en tweede klas van de middelbare school kunnen ouders helpen door steun te verlenen wanneer hun kind meer ingewikkelde beslissingen op sociaal vlak moet nemen, zoals bepalen wie ze willen uitnodigen voor een verjaarsfeestje wanneer de ruimte beperkt is, of hoe je een uitnodiging afzegt wanneer je meer dan één activiteit tegelijk hebt. Elk van deze taken is een kans voor kinderen om te leren leven in een steeds ingewikkelder sociale wereld. Onderzoek heeft uitgewezen dat kinderen die deze vaardigheden al vroeg leren, later beter in staat zijn om de overstap naar een liefdesrelatie te maken.

Een tweede manier waarop ouders de populariteit van hun kinderen kunnen beïnvloeden heeft te maken met de manier waarop ze zich bemoeien met de speelafspraakjes van hun kinderen. Hoe meer ouders zich met hun kinderen bezighouden tijdens het spelen wanneer ze nog heel jong zijn, hoe beter. In één onderzoek waren ouders en hun kinderen van een of twee jaar oud uitgenodigd om naar een bijeenkomst te komen waarbij de kinderen met elkaar konden spelen.[33] Eerst kregen de ouders de opdracht om mee te doen terwijl de kinderen speelden, of om zich afzijdig te houden. Daarna gingen de ouders weg en lieten ze de kinderen een paar minuten alleen spelen. De kinderen wier ouders de opdracht hadden gekregen om betrokken te zijn bij hun kinderen, bleven in het algemeen rustig doorspelen nadat hun ouders de ruimte hadden verlaten. De kinderen wier ouders zich niet met hen hadden bemoeid gingen eerder huilen. Toen hetzelfde experiment met kinderen van een paar jaar ouder werd gedaan, waren de resultaten omgekeerd. Voor kleuters was grote betrokkenheid van de ouders niet zo nuttig meer.

Bij oudere peuters en kleuters houden de ouders hen vanaf een afstand in de gaten,[34] waardoor ze de kans hebben hun kinderen later te vragen wat ze deden met hun vriendjes, of ze onenigheid hadden en hoe ze dit probleem hebben opgelost. Dit zijn nuttige gesprekjes die kinderen helpen hun emoties te benoemen, en hen over bepaalde situaties en hun eigen gedrag helpen nadenken. Dus als een kind thuiskomt en zegt: 'Toen Pietertje mijn vrachtwagen pakte om ermee te spelen, gaf ik hem een klap,' is dat een goed moment om andere oplossingen te bespreken. De ouder zou bijvoorbeeld kunnen vragen: 'Hoe voelde je je toen hij dat deed?' 'Heeft hij je eerst gevraagd of hij met je auto mocht spelen?' 'Had je er zelf al een poosje mee gespeeld?' 'Hoe vind je het als iemand jou een klap geeft?' enzovoort.

Dit helpt kinderen niet alleen op de korte termijn, maar bereidt ook de weg voor hoe ze over andere sociale ervaringen denken, hoe ze met hun gevoelens omgaan, verschillende oplossingen bedenken en nadenken over het resultaat van die oplossingen: een mooi raamwerk waarvan velen wensen dat volwassenen er meer gebruik van zouden maken. Dit zijn vaardigheden die niet alleen voorspellen welke kinderen populair worden, maar ook wie later betere schoolresultaten haalt.

Een derde tip heeft te maken met hoe ouders hun kinderen steunen wanneer die een probleem hebben gehad.[35] Dit gaat om meer dan gewoon luisteren naar wat hun kind tijdens een middag met leeftijdgenootjes heeft gedaan. Het is belangrijk dat een ouder specifieke instructies geeft en toepassingen bespreekt wanneer hij praat over de omgang van zijn kind met leeftijdgenoten. De meeste ouders geven natuurlijk basisrichtlijnen als 'je mag andere kinderen niet slaan', 'laat andere kinderen ook met jouw speelgoed spelen' en 'zeg alsjeblieft en dank je wel'. Maar het soort steun dat vooral belangrijk is, is het advies dat volwassenen geven over de gebeurtenis in kwestie en de manier waarop ze voordoen hoe je je in bepaalde situaties gedraagt.

Ouders doen meestal hun best om hun kinderen zich net zo te laten gedragen als zijzelf. Het is opmerkelijk hoezeer kinderen hun ouders nadoen. En dan heb ik het niet alleen over de kleine dingen, zoals het feit dat mijn dochter dezelfde gezichtsuitdrukkingen heeft als ik en dat mijn zoon zijn handen gebruikt terwijl hij praat, net als ik. Zulk gedrag is ook zichtbaar in hoe kinderen met elkaar omgaan.

In een van haar andere onderzoeken naar overeenkomsten in populariteit tussen de generaties[36] vroeg Martha Putallaz moeders om met hun kinderen naar haar onderzoekslab op de Duke-universiteit te komen om samen te spelen. Door middel van een spiegel waar je vanaf één kant doorheen kunt kijken, konden Putallaz en haar onderzoeksassistenten de kinderen zien spelen en vaststellen welk kind aangenaam en behulpzaam was en welk agressief. De moeders van de kinderen, die in een andere ruimte met de moeders van de andere kinderen zaten te praten, werden intussen ook geobserveerd. De kinderen van de vrouwen die gezellig zaten te praten waren vriendelijk tegen hun leeftijdgenootjes. De kinderen van moeders die het gesprek probeerden te domineren, waren vaak ook erg op zichzelf gericht in hun interactie met de andere kinderen.

Peuters en kleuters vertrouwen op de steun en hulp van hun ouders. Onderzoek heeft aangetoond dat veel ouders minstens om de andere dag[37] met hun kinderen praten over hoe ze met andere kinderen om moeten gaan, en dat dit van invloed is op de latere populariteit van hun kinderen.[38] Sommigen steunen hun kinderen natuurlijk niet alleen, maar bemoeien zich actief met de sociale interactie van hun kinderen om hun kinderen te helpen aan een spel mee te doen of van een ruzie af te komen. Maar tegen de tijd dat het kind op de middelbare school zit, wordt zulk ouderlijk gedrag als opdringerig beschouwd en schaadt het de populariteit van het kind. Oudere kinderen en pubers hebben nog steeds de steun van hun ouders nodig,[39] maar ze geloven graag dat ze niet om hulp hebben gevraagd. Een onderzoek waarin werd onderzocht of ouderlijke steun tieners helpt om te gaan met leeftijdgenoten die ze nooit eerder hebben ontmoet, toonde echter aan dat ouderlijke bemoeienis wel degelijk verschil maakt. De ouders die met hun kinderen over hun leeftijdgenoten praatten, over de beste eigenschappen die een vriend of vriendin kan bezitten of de beste manier om met anderen om te gaan, hadden kinderen die slechts binnen enkele maanden een hechte vriendschap opbouwden.

Alle speculatie over hoe de populariteit van ouders van invloed is op hun manier van opvoeden, en al het onderzoek naar hoe vaders en moeders van invloed kunnen zijn op hoe goed hun kinderen met leeftijdgenootjes kunnen omgaan ten spijt, er is één vraag die nog niet beantwoord is: moeten ouders wel proberen om invloed uit te oefenen op de populariteit van hun kinderen?

Het antwoord is ja en nee.

Ik vind van wel, omdat ik als klinisch kinderpsycholoog ouders sterk aanraad om alert te zijn op kinderen die problemen hebben met aardig gevonden worden. Soms is het duidelijk dat er problemen dreigen.

Ik herinner me een jongetje van vijf dat zo onstuimig en energiek was dat hij nooit met de andere kinderen op school speelde. Hij rende gewoon door wanneer ze naar hem riepen en vroegen of hij meedeed. Toen hij een maatje moest kiezen voor een schoolreisje, was er niemand die naast hem wilde zitten.

En dan had je het kortaangebonden meisje dat alleen op een agressieve en ongeduldige manier tegen haar klasgenoten praatte. Je kon bijna de echo van het geschreeuw van haar ouders tegen haar horen als ze tegen haar klasgenoten zei dat ze 'hele stoute kinderen' waren. Het duurde niet lang voordat ze door al haar klasgenoten was afgewezen, een status die ze dagelijks versterkte door te schreeuwen tegen iedereen die het lef had met haar te spelen.

Een ander meisje was zo pijnlijk schuw dat op school zijn op zich al een moeilijke ervaring voor haar was. Ze klampte zich net zo lang aan haar vaders been vast totdat ze er met enige moeite moest worden af gehaald en daarna bleef ze angstvallig in de buurt van haar juf. Ze huilde de hele dag door, zelfs als de andere kinderen medelijden met haar toonden en vroegen of ze mee wilde naar de schommels.

Dit soort kinderen – de kinderen die al vóór groep 3 door hun leeftijdgenoten worden gemeden, die vaker huilen dan lachen in hun omgang met andere kinderen of die niet zo geïnteresseerd zijn in meedoen – zouden iets kunnen hebben aan een zekere mate van bemoeienis.

Want dit zijn de kinderen die straks lijden onder het ergste gevolg van impopulariteit, namelijk pesten, een crisis die eindelijk wereldwijd de aandacht krijgt.

Psychologen zijn al vele jaren geïnteresseerd in de oorzaken en gevolgen van pesten, maar pas na de moorden op de Columbine High School[40] begon de rest van de wereld serieus naar dit probleem te kijken. Op 20 april 1999 namen twee tieners die naar verluidt gepest waren door hun leeftijdgenoten vuurwapens en granaten mee naar school en doodden twaalf medeleerlingen en een leraar. Tweeëntwintig anderen raakten gewond en uiteindelijk gebruikten de tieners hun wapens om zichzelf van het leven te beroven. De Amerikaanse bevolking was geschokt toen aan het licht kwam hoe deze schijnbaar typische tieners plotseling in woedende moordenaars waren veranderd. Het was niet de eerste massamoord die had plaatsgevonden op een school en helaas ook niet de laatste. Er zijn sindsdien zoveel schietincidenten op scholen in Amerika geweest dat de meeste Amerikanen alleen maar kunnen hopen dat zulke drama's nooit in hun eigen gemeenschap zullen plaatsvinden.

Als gevolg van het drama in Columbine ontstond echter een hernieuwde interesse in pesten door leeftijdgenoten. Toen de federale regering een wetsvoorstel tegen pesten[41] indiende dat niet werd aangenomen, namen individuele staten in Amerika eigen wetten aan,[42] die strenge straffen instelden voor leerlingen die anderen pestten op het terrein van hun school. Deze wetten en de toegenomen publieke aandacht voor het probleem hebben wel geholpen.[43] Op scholen waar zware straffen zijn ingesteld, komen openlijke vormen van pesten niet zo vaak meer voor. Maar de populariteitsdynamiek die aan het pesten ten grondslag ligt, is niet verdwenen en veel kinderen hebben natuurlijk allerlei verborgen manieren gevonden om elkaar te pesten, of dat nu anoniem is, buiten school of online.

Er is aangetoond dat sommige antipestmaatregelen het aantal gevallen van pesten effectief gereduceerd hebben,[44] maar het zou wishful thinking zijn te geloven dat pesten in het algemeen daardoor zal ophouden, omdat pesten iets van alle tijden is. Het is belangrijk dat er net zoveel aandacht wordt besteed aan het kinderen leren omgaan met momenten waarop ze door andere kinderen geplaagd, buitengesloten, getreiterd of zelfs minachtend behandeld worden. En psychologen weten precies hoe ouders daarbij kunnen helpen.

Hebben een vriend of vriendin van je en jij weleens een stressvolle situatie meegemaakt waar jullie totaal anders op reageerden? Dat gebeurt regelmatig en ligt aan het feit dat hoe de situatie voor ons gevoel was niet zozeer te maken heeft met wat er werkelijk gebeurde, maar met wat we dáchten dat er gebeurde.

Stel je twee leerlingen voor die een onvoldoende hebben gehaald voor een toets geschiedenis. De ene geeft er zichzelf de schuld van, heeft spijt van de beslissingen die ze de avond voor de toets heeft gemaakt en begint te denken dat ze het nooit goed zal doen op school. De andere geeft de schuld aan de leerkracht, vindt dat de toets oneerlijk was en wordt er emotioneel niet door geraakt.

Het verschil tussen hoe deze twee leerlingen op een stressvolle situatie reageerden is wat psychologen hun 'attributiestijl' noemen.[45] Wijt je negatieve gebeurtenissen in je leven aan je eigen eigenschappen ('ik ben dom'), die algemeen ('ik doe nooit iets goed') en permanent ('ik zal het nooit goed doen op school') zijn? Dit soort attributiestijl leidt regelrecht tot depressiviteit. Door alle negatieve gebeurtenissen in ons leven aan onszelf te wijten en geen ruimte te laten voor verbeteringen of een alternatieve verklaring, geven we die negatieve gebeurtenissen de kans ons geestelijk veel schade te berokkenen, vooral als het onze gewoonte is zo te reageren.

Of wijt je zulke ervaringen aan dingen die niets te maken hebben met jou ('de vragen waren slecht'), die specifiek ('ik ben niet goed in multiplechoicetoetsen') en niet permanent ('ik zou het waarschijnlijk beter hebben gemaakt als ik meer tijd had gehad om te leren') zijn? Deze reactie is gezonder, maar dat betekent niet dat mensen geen verantwoordelijkheid moeten nemen voor wat ze doen.

In 1998 voerden Sandra Graham en Jaana Juvonen[46] een onderzoek uit waarin ze 418 eersteklassers vroegen hoe ze zouden reageren als ze gepest werden door hun klasgenoten. De antwoorden van deze groep liepen sterk uiteen. Sommige kinderen zeiden dat als ze geplaagd zouden worden, dat aan hun eigen fouten of gebreken zou liggen. ('Dat zal mij wel weer gebeuren.' 'Als ik cooler zou zijn, zou ik niet gepest worden.' 'Het is mijn schuld, ik had niet op de wc/bij de kluisjes moeten zijn.') Graham en Juvonen ontdekten dat deze kinderen de grootste kans liepen op depressiviteit, angst en een lage dunk van zichzelf. Ook was de kans groot dat ze zouden worden afgewezen door hun klasgenoten en dat ze nog meer gepest zouden worden.

Maar anderen pasten zich beter aan en erkenden dat het pesten misschien niet zoveel met henzelf te maken had. ('Die kinderen pesten iedereen.' 'Ik had gewoon de pech dat ik op het verkeerde moment op de verkeerde plek was.') Deze kinderen hadden op de lange termijn nergens last van.

Ouders hebben veel invloed op de attributiestijl die hun kinderen ontwikkelen[47] en de overeenkomsten tussen de generaties zijn opnieuw opvallend. Je attributiestijl is verder een eigenschap die relatief gemakkelijk te veranderen is.[48]

Stel je een wereld voor waarin we pestkoppen niet zien als kinderen die anderen intimideren, maar als kinderen die waarschijnlijk grote psychologische moeilijkheden hebben. Ze lijken misschien cool, en ze krijgen misschien alle aandacht als ze anderen met veel succes pesten. Maar dit is slechts een teken van de vorm van populariteit die gebaseerd is op status, en die uiteindelijk leidt tot nare dingen als eenzaamheid, verslaving en een voortdurende obsessie met de eigen reputatie. Pestkoppen krijgen vaak een ellendige opvoeding[49] en zien hun ouders ruziën en elkaar intimideren. Ze zijn vaak zelf slachtoffer geweest[50] en hun agressieve gedrag kan een roep om aandacht zijn in de vorm van het nastreven van status.

In sommige opzichten is het zorgelijk dat pestkoppen door de nieuwe zero-tolerance-wetgeving in Amerika meteen van school worden gestuurd. Hoewel het een effectieve manier is om hun slachtoffers te beschermen en een waarschuwing is voor andere agressors, zijn dit de kinderen die mogelijk juist hulp nodig hebben. Deze kinderen van school sturen is een goede oplossing voor de korte termijn, maar door deze kwetsbare kinderen weg te sturen, stuur je ze misschien regelrecht terug naar de omgeving waarin ze zo agressief zijn geworden.

Hoewel niemand van slachtoffers verwacht dat ze makkelijk

of plotseling medelijden krijgen met degenen die hen gepest hebben, kunnen vooral ouders in dit opzicht helpen door hun kinderen te leren begrijpen waarom andere kinderen zich zo gedragen. Als slachtoffers beseffen dat ze zelf kunnen bepalen hoe ze het pesten verklaren, zullen ze misschien gekwetst zijn door de pesterijen, maar de kans is groot dat ze er dan geen psychische schade aan overhouden.

Ik stelde eerder dat er gevallen zijn, zoals die ik hierboven heb beschreven, waarin het zin heeft dat ouders proberen de populariteit van hun kinderen te beïnvloeden. Maar volgt daaruit dat ouders altijd moeten proberen om hun kinderen populairder te maken?

Sommige ouders vinden van wel. Zij willen dat hun kind de meeste vrienden heeft, voor de meeste feestjes wordt uitgenodigd en voor elk team en elk klassenproject gekozen wordt. Ze vertellen trots hoeveel alle andere kinderen tegen hun zoon of dochter opkijken.

Maar ik zou in dit geval zeggen dat ouders dat niet moeten proberen, want er is maar een heel klein verschil tussen dit soort populariteit stimuleren en kinderen aanmoedigen om waarde te hechten aan status in plaats van vriendelijkheid. Het is eerder het soort tactiek dat een wanhopige ouder gebruikt om te proberen zijn kind zijn eigen fantasieën over populariteit in praktijk te laten brengen.

In 1991 wilde de Texaanse moeder Wanda Holloway[51] zo graag dat haar dochter een populaire cheerleader werd dat ze een plan smeedde om de moeder van de grootste rivaal van haar dochter te vermoorden, in de hoop dat er daardoor een plaatsje in het cheerleaderteam zou vrijkomen. Er zijn twee aspecten aan dit verhaal die weerzinwekkend zijn. Ten eerste natuurlijk het moordzuchtige gedrag. Maar het andere is dat een ouder volkomen geobsedeerd raakte door het idee dat haar kind veel status moest hebben. Hoezeer je ook probeert om je kind te helpen die te verkrijgen, onderzoek heeft aangetoond dat het nastreven van status alleen te adviseren is als je wilt dat je kind uiteindelijk een grote kans loopt op een te grote afhankelijkheid van anderen, riskant gedrag, relatieproblemen en ongelukkigheid.

Het beste wat ouders misschien kunnen doen is hun kinderen over de twee vormen van populariteit leren. Mijn eigen kinderen zijn nog maar net met de basisschool begonnen, dus ik moet nog zien hoe ik erover denk tegen de tijd dat het tieners zijn, maar voorlopig doe ik mijn best om er op z'n minst voor te zorgen dat ze begrijpen dat het prima is om populair te zijn, zolang het maar het soort populariteit is waar ze gelukkig van worden.

Bijna elke avond vraagt minstens een van de twee of ik het verhaal over de racewagen Bliksem McQueen[52] wil voorlezen, die graag mee wil doen aan een race en rijk en beroemd wil worden door de wedstrijd te winnen. Bliksem heeft zijn hele leven hard gewerkt om de felbegeerde Piston Cup te winnen en wil niets liever dan van alle voordelen genieten die een kampioen ten deel vallen, zoals overgespoten worden, goede *sponsorshipdeals*, en vooral de horden fans die hem verafgoden. Maar voordat hij zijn droom kan verwezenlijken komt Bliksem per ongeluk in het plaatsje Radiator Springs terecht, waar hij gedwongen wordt om een poosje te blijven en samen te werken met de inwoners, een stel auto's dat veel meer interesse heeft in plezier maken en vriendschap sluiten met Bliksem dan in de race. Aan het eind van het verhaal, wanneer hij het stadje verlaten heeft, doet Bliksem uiteindelijk toch mee aan de race waar hij zo lang over gedroomd heeft, maar tot zijn verrassing mist hij de auto's in Radiator Springs. Wanneer hij vlak bij de finish is, besluit Bliksem het kampioenschap op te geven door belangeloos een andere deelnemer te helpen.

Op dat punt vraagt mijn zoon meestal: 'Papa, waarom heeft Bliksem de race niet afgemaakt?'

'Het maakt niet uit hoelang je al racet,' zeg ik dan tegen hem, 'van winnen word je nooit gelukkiger dan van goede vrienden.'

9

De grootste kans op succes

Het soort populariteit dat we willen

Het was laat op de avond en in Foodtown, de plaatselijke supermarkt van het stadje Plainview, pakte een zestienjarige jongen die eruitzag en klonk als een elfjarige de microfoon van de winkel. 'Dames en heren,' kondigde hij aan. 'Het is kwart voor tien. Over een kwartier gaan wij sluiten.' Toen de klanten zijn hoge stemmetje hoorden, keken ze op van hun winkelwagentje. Een van hen liep naar de servicebalie waar de jongen de microfoon weer in de houder zette.

'Werk jij hier?' vroeg ze grijnzend. 'Hoe oud ben jij?'

'Zestien,' zei hij terwijl hij zijn bril omhoogduwde.

Haar uitdrukking veranderde. 'Ben je zestien?' riep ze. 'O, ik dacht dat je een genie was of zo, zoals die jongen van de serie Doogie Howser.'

De aankondiging dat de winkel ging sluiten was voor alle tienermedewerkers van Foodtown het teken om plannen te maken voor de rest van de avond. Het was vrijdag en het was de gewoonte dat degene wiens ouders weg waren de rest uitnodigde om goedkoop bier te komen drinken.

Die avond was dat Jason, een aardige jongen uit een hogere klas van de middelbare school. Hij liep langs de schappen en liet iedereen weten dat het feestje die avond bij hem thuis zou zijn. Hij ging natuurlijk eerst naar Tony. Tony was de stille tweedeklasser met wie alle caissières wilden praten. Als Tony niet kon komen, was het eigenlijk nauwelijks de moeite waard om een feestje te houden. De volgende die Jason uitnodigde was Sean, de jongen die de puberteit overleefd leek te hebben zonder een enkel spoor van acne. Tegen de tijd dat de laatste aankondiging dat de supermarkt ging sluiten door de winkel klonk, had Jason zowat iedereen uitgenodigd. Terwijl ze allemaal snel de winkel opruimden en schoonmaakten, liep Sandra, een van de meisjes die achter de kassa werkte, naar de jongen achter de servicebalie en vroeg of hij zin had om mee te gaan naar het feestje, een uitnodiging waar hij sprakeloos van werd. Sandra was toevallig het eerste meisje op wie hij verliefd was.

Jason was heel enthousiast dat die zestienjarige ook zou komen. 'Raad eens wie er nog meer komt vanavond!?' riep hij naar Sean terwijl hij glimlachend naar de jongen wees.

Die jongen was ik, en ik kan me nog heel goed het moment herinneren waarop de coole kids – Jason, Tony en Sean – mij mee vroegen. Ik had het gevoel dat ik ondanks het feit dat ik er zo anders uitzag dan zij nu een van hen zou worden. Op mijn eigen school, aan de andere kant van de stad, nodigden de populaire kinderen me nooit uit om iets met hen te doen, hoe graag ik dat ook wilde. Ze kenden me natuurlijk allemaal: ik was die jongen die in de derde nog maar 1,25 meter was, die op zijn zestiende nauwelijks meer dan 1,50 meter mat en pas in het tweede jaar van de universiteit meer dan 45 kilo woog. Vanaf mijn vijfde droeg ik een bifocale bril en toen iedereen spijbelde om naar het strand te gaan, ging ik braaf elke dag naar school, waardoor ik uiteindelijk op de diploma-uitreiking de beslist niet coole Aanwezigheidsprijs kreeg uitgereikt, omdat ik sinds de kleuterschool nooit een les gemist had. Ik snapte destijds nooit waarom ik nooit gevraagd werd om met de populaire kinderen uit te gaan. Ik dacht dat ik net zo cool was als zij.

Maar nu was ik dat echt. Even later gingen Sean, Tony en Sandra de winkel uit. Ze liepen eerst langs de zware binnendeuren die normaal automatisch opengingen, maar die vanwege de sluiting toen gedeactiveerd waren, en daarna door de buitendeuren en bleven buiten staan. Jason hield de binnendeur voor me open en wachtte, en daarna deed hij de deuren op slot. Maar toen, net toen ik naar buiten wilde lopen, voelde ik hem aan de capuchon van mijn winterjas trekken. Voordat ik wist wat er gebeurde, had Jason me tegen de muur van de vestibule geduwd. Verbaasd zag ik hem zonder mij door de buitendeur rennen, en toen die was dichtgevallen, draaide hij die ook op slot.

Ik zat in de val. Ik kon de donkere winkel achter me niet meer in, en ik kon ook niet naar buiten, waar Sean, Tony en Jason op de deur stonden te bonken en me uitlachten.

Ik probeerde natuurlijk een paar seconden nonchalant te doen en deed net of ik het een goede grap vond. 'Oké, haha. Leuk gedaan.'

Maar toen het maar duurde, begon ik bang te worden. De jongens gingen op hun hurken zitten, zodat hun hoofd op dezelfde hoogte kwam als het mijne. Ze schreeuwden en wezen naar me. Ze praatten op een gekke manier om me te pesten en te bespotten, en toen mijn uitdrukking van zogenaamd geamuseerd in ellendig veranderde, lagen ze krom van het lachen. Ik weet nog dat ik Jason in de ogen keek en dat hij uitdagende gezichten naar me trok. *Ik dacht dat je mijn vriend was.*

Sandra, die een stukje verderop stond, deed helemaal niks om te helpen. Ze leek zelfs te giechelen toen ze me tegen de deuren zag duwen. Ik herinner me dat ik op dat moment door het glas keek en dacht dat het leven zoveel beter en makkelijker moest zijn als je populair bent.

Waarom ik je dit verhaal vertel? Omdat ik weet dat mijn ervaring allerminst uniek is. We zijn allemaal weleens vernederd, buitengesloten of zelfs gepest. Onderzoek heeft uitgewezen dat meer dan 80 procent van ons in onze jeugd weleens het slachtoffer is geweest van leeftijdgenoten. Of dat nu was omdat we te klein of te groot waren, te slim of niet slim genoeg, te luidruchtig of te stil, we hebben het allemaal meegemaakt.

Maar we hebben deze gekwetste gevoelens niet net als onze puberteit achter ons gelaten: we dragen de herinneringen de rest van ons leven met ons mee. We houden ze misschien voor onszelf of ontkennen hoe belangrijk ze zijn. Maar ze blijven ons bij, en soms zijn ze nog net zo pijnlijk als toen we ze als tiener ervoeren. Ze horen bij ons, ze zijn een onderdeel van ons en we blijven geloven, althans tot op zekere hoogte, dat ons leven beter zou zijn als we populair waren. Als we populair waren, zouden we succesvoller, rijker, zelfverzekerder en minder gestrest zijn. Als iedereen ons geweldig zou vinden, zouden we er misschien zelf ook zo over gaan denken. Populair zijn is gelukkig zijn, althans dat denken we.

Een van de grootste angsten die veel mensen hebben is impopulair zijn.[1] Aaron Beck, grondlegger van de cognitieve therapie en winnaar van de eerste National Mental Health Award (Nationale geestelijke gezondheidsprijs) van het Kennedy Forum, stelde dat bijna elk moment van angst, depressiviteit, verslaving, zorgelijkheid of wanhoop terug te voeren is op wat Beck onze 'kernovertuigingen' of ons 'schema' noemt. Becks voormalig student Jeff Young ontdekte[2] dat er maar een stuk of tien van deze schema's zijn, die mensen in alle culturen gemeen hebben,[3] en veel daarvan zijn op de een of andere manier gerelateerd aan populair zijn. We zijn bang dat we alleen worden gelaten, dat we buitengesloten worden, dat we de aandacht of steun van anderen verliezen of dat niemand meer van ons houdt. In zekere zin liggen deze zorgen over populariteit ten grondslag aan heel veel momenten waarop we ons overmatig zorgen maken, te sterk reageren of onze toevlucht zoeken tot onaangename manieren om onszelf gelukkig te maken. Als je hard genoeg nadenkt over het meest recente moment waarop je van streek was, en diep genoeg graaft om te achterhalen wat er zo naar aan was, is de kans groot dat je ontdekt dat het was vanwege een diepgewortelde overtuiging dat je impopulair wordt.

Ik heb in dit boek beargumenteerd dat het verlangen om populair te zijn typisch menselijk is. Of het nu het evolutionaire bijproduct is van het kudde-instinct van onze voorouders dat zijn weerslag vindt in de sociale gevoeligheid van ons DNA, een functie van onze puberherinneringen die een model voor al onze sociale interacties zijn geworden, of ten grondslag ligt aan onze collectieve psychologische schema's, we delen allemaal het verlangen om door anderen gewaardeerd te worden. Onze geest, ons lichaam, onze gezondheid en onze emoties hebben allemaal iets met populariteit te maken, iets wat de allernieuwste en meest geavanceerde methoden van de psychologie en neurowetenschap nu beginnen aan te tonen.

Maar je hebt de keus: je kunt deze instincten aanwenden om meer status na te streven, maar ook om ervoor te zorgen dat je aardig gevonden wordt. Dat laatste is niet altijd makkelijk in een wereld die geobsedeerd is door status. We worden voortdurend gestimuleerd om mensen met status te bewonderen, we beoordelen kwaliteit op basis van status en we schenken zelfs aandacht aan mensen met wie we het niet eens zijn, maar die wel status hebben. Alsof zichtbaar, dominant, machtig of cool zijn bewonderenswaardige eigenschappen op zich zijn. We zijn zo geneigd om naar meer status te streven dat we allerlei manieren hebben bedacht waarop we gewoon op een knopje kunnen drukken en dat vierentwintig uur per dag kunnen doen.

Maar alle onderzoeken die de afgelopen decennia zijn uitgevoerd en in dit boek zijn besproken hebben aangetoond dat het voortdurend nastreven van status tot een kans op allerlei grote levensproblemen leidt, zoals verslaving, eenzaamheid en depressiviteit.[4] De inspanningen die nodig zijn om meer status te verwerven – agressief gedrag, geen rekening houden met de gevoelens van anderen, egoïsme – zouden niet de inspanningen van onszelf of de samenleving moeten zijn die we waarderen.

Het blijkt dat de oplossing waar we naar zoeken iets is wat we altijd al geweten hebben: we zijn het gelukkigst als andere mensen ons leuk vinden. Sommige mensen hoeven daar geen moeite voor te doen. Hun natuurlijke aantrekkelijkheid helpt hen om moeiteloos nieuwe contacten te leggen, en hun innemendheid zal hun nog jarenlang van nut zijn. Maar anderen moeten moeite doen om leuk gevonden te worden, en na een puberteit waarin ze vaak werden buitengesloten, lijkt dat onmogelijk. Het zijn misschien juist deze mensen die er alles aan doen om meer status te krijgen.

Ik hoop dat dit boek heeft laten zien dat we ongeacht ons verleden allemaal de kans hebben om leukere, aangenamere mensen te worden, misschien zelfs wel honderden keren per dag. Daarvoor moeten we onze tieneropvattingen over wat 'het populairst' is vergeten en terugkeren naar wat we als kind hebben geleerd. Als we proberen om eerder een aangenaam persoon te zijn dan iemand met veel status, betekent dat dat we ervoor kiezen om anderen te helpen in plaats van alleen onszelf, dat we meer aandacht schenken aan anderen in plaats van dat we proberen zelf meer aandacht en macht te krijgen, en dat we meer energie steken in het cultiveren van relaties in plaats van het vergaren van likes. Het betekent dat we ervoor kiezen om anderen het gevoel te geven dat ze welkom zijn en erbij horen in plaats van ons superieur te voelen. Je krijgt de meest bevredigende vorm van populariteit door te proberen je aan te passen in plaats van op te vallen, en door te doen wat je kunt om harmonie te creëren in plaats van je te richten op hoe je anderen domineert.

Om een aangenamer persoon te worden is het ook nodig om naar jezelf te kijken, om stil te staan bij de invloed van je tienerervaringen op hoe je je ten opzichte van anderen gedraagt. Het is niet makkelijk te bedenken dat veel van onze meest fundamentele opvattingen en ideeën gebaseerd zijn op neigingen die ontstaan zijn in onze tienerjaren, maar als we dat doen, opent dat de deur naar een veel gelukkiger leven.

Dankwoord

Door het schrijven van *Populair* weet ik nu hoe het voelt om zwanger te zijn. Niet lang nadat ik op het idee van dit boek was gekomen, begon ik me misselijk te voelen. Na een paar weken was ik doodmoe en hoe meer de Wordbestanden in mijn computer zich begonnen te delen en groeiden, hoe duidelijker het me werd dat ik iets zou ervaren wat ik nog nooit eerder had meegemaakt. Een boek over populariteit schrijven was een droom die werkelijkheid werd, een kans om de psychologie in het zonnetje te zetten en mogelijk mensen over de hele wereld te helpen een gelukkiger leven te leiden. Ik had ook geen idee hoe ik als gevolg van deze ervaring zou groeien. Naarmate de weken verstreken en mijn manuscript langzaam uitdijde, werd ik me ervan bewust dat ik alles om me heen door de bril van de hypotheses begon te zien die ik in elk hoofdstuk besprak. De tekst begon mijn dagelijks leven te beïnvloeden, overvleugelde gesprekken en zorgde er uiteindelijk voor dat de broekband van mijn dagelijkse routines, die eerder ruim genoeg was, veel te strak werd. Ik kon uiteindelijk niet wáchten tot het er allemaal uit zou zijn. Nu het moment gekomen is waarop dit boek ter wereld komt, worstel ik met mijn neiging het te beschermen en de hoop dat het op zichzelf zal kunnen staan en aan de verwachting die ik ervan heb zal voldoen.

Ik ben dankbaar voor de enorme steun van de drie vroedvrouwen die een buitengewone rol hebben gespeeld bij de geboorte van mijn manuscript. De eerste is Richard Pine, die niet alleen een voortreffelijk literair agent is, maar die gedurende het hele proces ook mijn mentor, collega, vertrouweling en vriend was. Richard geloofde in dit boek en in mij als schrijver lang voordat ik dat zelf deed. Terwijl hij me door alle taken loodste die bij het uitgeven van een populairwetenschappelijk boek horen, werd ik steeds getroffen door zijn karakter en gedrag. Richard zette zich in zijn rol als literair agent onophoudelijk in voor kwaliteit. Ik was er altijd van overtuigd dat hij net zo graag wilde dat *Populair* anderen zou helpen een gelukkig leven te leiden als ik, en hij bleef tot het laatste detail aan toe zijn best doen om dit een zo goed mogelijk boek te maken. Hij heeft me bij elke stap met eindeloos geduld, tomeloze energie en een feilloos beoordelingsvermogen begeleid. Ik kan me niet voorstellen dat iemand mensen zo in hun werk stimuleert en zo toegewijd is als Richard gedurende het hele proces was. Maar bovenal verschafte het werken met Richard me levenslessen in zelfvertrouwen, vriendelijkheid en gelijkmatigheid. En omdat ik met Richard samenwerkte, plukte ik indirect de vruchten van het feit dat hij enorm populair is. Hij is een sterke persoon, een goedaardige natuurkracht en een van de meest efficiënte mensen die ik ooit heb ontmoet. Zonder hem zou *Populair* niet hebben bestaan. Mijn speciale dank gaat verder uit naar al Richards collega's van Inkwell Management, vooral Eliza Rothstein, Lyndsey Blessing en Nathaniel Jacks, die me gedurende het hele proces hebben gesteund en allemaal verschrikkelijk aardig zijn.

Bill Tonelli is de man die je graag bij je wilt hebben om 'persen!' te roepen als je de neiging krijgt het op te geven. Zijn ongecensureerde feedback op de ene versie na de andere en zijn unieke vermogen om een eerlijk, evenwichtig en verstandig oordeel over elk idee te geven werden zeer gewaardeerd. Bill was bescheiden, eerlijk, zo 'echt' als maar kan, altijd beschikbaar als ik hem nodig had en ik ben hem heel dankbaar voor zijn begeleiding.

De derde persoon bij wie ik enorm in het krijt sta is Rick Kot van Viking, die niet alleen briljant, bedachtzaam en scherpzinnig is, maar ook zachtmoedig, aimabel en vriendelijk. Rick heeft *Populair* niet alleen geredigeerd, hij was een bron van inspiratie. Ook dank ik de rest van het Vikingteam, waaronder Brian Tart, Andrea Schulz, Lindsay Prevette, Mary Stone en Diego Nunez. Hun gezamenlijke energie was aanstekelijk en hun expertise indrukwekkend. Heel veel dank aan Carolyn Coleburn voor haar passie, professionaliteit en enthousiasme voor populariteit! En ik ben dank verschuldigd aan Whitney Peeling van Broadside voor haar energie, humor en optimisme.

Daarnaast zijn er nog heel veel anderen die erkenning verdienen voor *Populair* en voor de ontwikkeling die ik heb doorgemaakt tijdens het schrijven. Ten eerste word ik voortdurend geïnspireerd door de ongelofelijke wetenschappelijke ontdekkingen van mijn collega's, rolmodellen en vrienden uit het vakgebied, waaronder Amanda Rose, Karen Rudolph, Julie Hubbard, Jaana Juvonen, Mara Brendgen, Joe Allen, Toon Cillessen, George Slavich, Paul Hastings, Ben Hankin, David Schwartz, Ernest Hodges, Bill Bukowski, Brad Brown, Jamie Ostrov, Wendy Troop-Gordon, Ron Scholte, Rutger Engels, Noel Card, Audrey Zakriski, Janis Kupersmidt, Jeff Parker, Ken Dodge, John Coie, Bill Hartrup, Ken Rubin, Steve Asher, Tom Dishion, Wyndol Furman, Gary Ladd, Geertjan Overbeek, Marlene Sandstrom, Catherine Bagwell, Adrienne Nishina, Amori Mikami, Amy Bellmore, Andy Collins, Dianna Murray-Close, Doran French, Lawrence Steinberg, Jennifer Lansford, John Lochman, Barry Schneider, Dorothy Espelage, Frank Vitaro, Heidi Gazelle, Hongling Xie, Becky Kochenderfer-Ladd, Brett Laursen, Carolyn Barry, Cathryn Booth-Laforce, Sandra Graham, Scott Gest, Shelley Hymel, Marian Underwood, Martha Putallaz, Michel Boivin, René Veenstra, Richard Fabes, Robert Coplan, Ryan Adams, Stacey Horn, Thomas Berndt, Thomas Kindermann, Wendy Craig, Christina Salmivalli, Craig Hart, David Nelson, David Perry, Debra Peplar, Julie Bowker, Karen Bierman, Kristina McDonald en Lara Mayeux. Nicki Crick, Phil Rodkin en Duane Buhrmester hebben ons te vroeg verlaten, maar jullie erfenis leeft voort. Steve Hinshaw, ontzettend bedankt voor je geweldige steun. Tegen al deze collega's en zoveel anderen die ik vast vergeten ben zeg ik 'dank jullie wel'. Ik heb geprobeerd om aandacht aan al jullie onderzoeken te besteden, zodat anderen net zo geïnspireerd kunnen raken door jullie werk als ik.

Verder dank ik mijn huidige en voormalige postdoctorale studenten, die altijd een bron van mijn grootste beroepsplezier zijn. Ik leer elke dag van jullie en het feit dat jullie me zo aanmoedigden toen ik met dit krankzinnige avontuur begon, betekent ontzettend veel voor me. Dank jullie wel Sophie Choukas-Bradley, Jackie Nesi, Matteo Giletta, Laura Widman, Casey Calhoun, Adam Miller, Sarah Helms, Maya Massing-Schaffer, Sarah Owens, John Guerry, Whitney Brechwald, Caroline Adelman, Joe Franklin, Shelley Gallagher, Leigh Spivey, Chris Sheppard, Diana Rancourt en Matt Nock dat jullie zo enthousiast waren! Ook ben ik enorm veel dankbaarheid verschuldigd aan Sam Sifrar, Ryn Linthicum, Blaire Lee-Nakayama, Matt Clayton en Jeff Parlin voor al hun steun en enorme inzet voor het Peer Relations Lab, waardoor we meer over relaties met leeftijdgenoten kunnen leren. Emmy Mallasch, dank je wel dat je altijd lacht, waardoor mijn dagtaak zoveel leuker is. En dank natuurlijk aan alle doctoraalstudenten van Yale en de Universiteit van North Carolina die mijn colleges over populariteit volgen. Door jullie enthousiaste deelname, scherpzinnige opmerkingen en goede ideeën herontdek ik elke dinsdag en donderdag mijn passie voor dit onderwerp.

Speciale dank aan mijn mentoren, Annette La Greca en Tony Spirito. Jullie hebben me jaren geleden begeleid en zijn sindsdien decennialang toegewijde adviseurs gebleven. De lessen die jullie me geleerd hebben gaan het curriculum voor psychologie ver te buiten. Door jullie voorbeeld hebben jullie me geleerd een beter mens te zijn.

Het schrijven van *Populair* was iets wat ik voor mijn plezier deed, maar het zou niet geschreven zijn zonder de liefde en steun van zoveel vrienden die me al die tijd hebben gesteund. Jack Harari, dit was meer jouw droom dan de mijne, maar je hebt me in elke fase van dit proces belangeloos geholpen. Dank jullie wel Adam en Jackie Golden, Vicki DiLillo, Barbara Kamholz, Mike Friedman, Erika Lawrence, Doug Mennin en Lindsey Cohen voor jullie wijze adviezen, mening en gezelschap. Lois en Bobby Suruki, Jen Rutan en Zach Purser, dank voor de dinsdagavondbezoeken aan Moe. En ook Ilene en Gabe Farkas, Anna Gassman-Pines, David Halpern, Mo Pleil en Ryan Williams ben ik een bedankje schuldig voor al hun bijdragen en aanmoediging. En dan mijn vrienden van Davie Hall in Chapel Hill, vooral Eric Youngstrom, Jon Abramowitz, Deborah Jones, Anna Bardone-Cone, Don Baucom, Don Lysle en Kristen Lindquist: dank jullie wel voor jullie steun. Steve Reznick, ik mis je. Veel dank ook aan de groeiende groep schrijvers van populairwetenschappelijke boeken verbonden aan de Universiteit van North Carolina, die me ongelofelijk waardevolle adviezen heeft gegeven: Barb Fredrickson, Kurt Gray, en vooral mijn boekentweelingbroer Keith Payne. Adam Grant, dank je wel voor je behulpzaamheid en advies, je fantastische publicatiebronnen en je functie als rolmodel. Ik dank Gary Sosinsky, David Kraut, Alan Calderon en Michael Cohen omdat ze mijn middelbareschooltijd zo leuk hebben gemaakt, en dank aan

Jami en Andrew Huber, en Steve en Melissa Brooks, die me sindsdien door dik en dun hebben gesteund.

En ik had dit boek natuurlijk niet zonder mijn familie kunnen schrijven. Mijn moeder Judy, mijn broer Rich, en Dick en Etta Reigel hebben me de basis gegeven die alles mogelijk heeft gemaakt. Maar er is één familielid die vooral mijn dankbaarheid verdient, en dat is degene voor wie ik altijd ontzettend veel respect zal hebben en die ik altijd erkentelijk zal zijn.

Het is een wonder dat ik haar ooit ontmoet heb. In een verre uithoek van West Virginia, in een vallei tussen Cheat Mountain en het Alleghenygebergte, ligt het stadje Arbovale. Het ligt zo'n drie kilometer van de National Radio Astronomy Observatory (nationale radiosterrenwacht) en wordt ook wel de 'stiltezone' van het land genoemd, omdat radio-uitzendingen er beperkt zijn om de integriteit van het werk van de sterrenkundigen te beschermen. Terwijl de rest van de wereld steeds afhankelijker is geworden van de voortdurende beschikbaarheid van het internet, sms'jes en de sociale media, mogen de inwoners van Arbovale geen mobiele telefoons, draadloos internet, hoogfrequente radiostations en zelfs krachtige magnetrons gebruiken. Het stadje is van de rest van de kletsende wereld afgeschermd (het ligt zo'n vijf kwartier van de dichtstbijzijnde supermarkt of bioscoop) en het is de laatste plek waar je heen zou gaan om aan je status te werken. Misschien is het dan ook geen toeval dat de aardigste vrouw die ik ooit had ontmoet in Arbovale woonde. Ze heet Tina en ik ben met haar getrouwd. De lessen in *Populair* zijn veel meer dan ik kan zeggen geïnspireerd door haar. Ze is een sociaal fenomeen in elke zin van het woord: ze is de aardigste op haar werk en in onze gemeenschap, waar we ook heen gaan. Ze vrolijkt iedereen die ze tegenkomt op, en vanwege haar populariteit is ze opvallend succesvol in alles wat ze onderneemt. Tina belichaamt de kracht van innemendheid. Zoals zoveel partners van schrijvers, heeft ze me over tientallen ideeën feedback gegeven en tijdens het schrijven van dit boek naar talloze versies van het manuscript geluisterd. Ze heeft haar leven aangepast om het mogelijk te maken voor mij om aan dit nieuwe avontuur te beginnen. Maar het belangrijkst is dat Tina gewoon door zichzelf te zijn het boek *Populair* mogelijk maakte, en dat haar liefde wat mij betreft de enige vorm van populariteit is die ertoe doet.

Noten

Inleiding

1. John D. Coie en Kenneth A. Dodge. 'Continuities and Changes in Children's Social Status: A Five-Year Longitudinal Study.' *Merrill-Palmer Quarterly* 29, nr. 3 (1983): p. 261-282.
2. Mitchell J. Prinstein en Michael C. Roberts. 'The Professional Adolescence of Clinical Child and Adolescent Psychology and Pediatric Psychology: Grown Up and Striving for Autonomy.' *Clinical Psychology: Science and Practice* 13, nr. 3 (2006): p. 263-268.
3. M. Roff. 'Relation Between Certain Preservice Factors and Psychoneurosis During Military Duty.' *United States Armed Forces Medical Journal* 11 (1960): p. 152.
4. Emory L. Cowen et al. 'Long-term Follow-up of Early Detected Vulnerable Children.' *Journal of Consulting and Clinical Psychology* 41, nr. 3 (1973): p. 438; Jeffrey G. Parker en Steven R. Asher. 'Peer Relations and Later Personal Adjustment: Are Low-Accepted Children at Risk?' *Psychological Bulletin* 102, nr. 3 (1987): p. 357.
5. Mitchell J. Prinstein, Jacqueline Nesi en Casey D. Calhoun. 'Recollections of Childhood Peer Status and Adult Outcomes: A Global Study.' (Universiteit van North Carolina, Chapel Hill, 2016).
6. Sarah E. Nelson en Thomas J. Dishion. 'From Boys to Men: Predicting Adult Adaptation from Middle Childhood Sociometric Status.' *Development and Psychopathology* 6, nr. 2 (2004): p. 441-459; Ylva B. Almquist en Lars Brännström. 'Childhood Peer Status and the Clustering of Social, Economic, and Health-Related Circumstances in Adulthood.' *Social Science & Medicine* 105 (2014): p. 67-75; Bonnie L.

Barber, Jacquelynne S. Eccles en Margaret R. Stone. 'Whatever Happened to the Jock, the Brain, and the Princess? Young Adult Pathways Linked to Adolescent Activity Involvement and Social Identity.' *Journal of Adolescent Research* 16, nr. 5 (2001): p. 429-455.

7. Amanda M. Jantzer, John H. Hoover en Rodger Narloch. 'The Relationship Between School-aged Bullying and Trust, Shyness and Quality of Friendships in Young Adulthood: A Preliminary Research Note.' *School Psychology International* 27, nr. 2 (2006): p. 146-156; Joseph P. Allen, Megan M. Schad, Barbara Oudekerk en Joanna Chango. 'Whatever Happened to the "Cool" Kids? Long-term Sequelae of Early Adolescent Pseudomature Behavior.' *Child Development* 85, nr. 5 (2014): p. 1866-1880.

8. Gabriella Conti, Andrea Galeotti, Gerrit Mueller en Stephen Pudney. 'Popularity.' *Journal of Human Resources* 48, nr. 4 (2013): p. 1072-1094.

9. Alexa Martin-Storey et al. 'Self and Peer Perceptions of Childhood Aggression, Social Withdrawal and Likeability Predict Adult Substance Abuse and Dependence in Men and Women: A 30-Year Prospective Longitudinal Study.' *Addictive Behaviors* 36, nr. 12 (2011): p. 1267-1274; Marlene J. Sandstrom and Antonius H.N. Cillessen. 'Life After High School: Adjustment of Popular Teens in Emerging Adulthood.' *Merrill-Palmer Quarterly* 56, nr. 4 (2010): p. 474-499.

10. A.A. Mamun, Michael J. O'Callaghan, G.M. Williams en J.M. Najman. 'Adolescents Bullying and Young Adults Body Mass Index and Obesity: A Longitudinal Study.' *International Journal of Obesity* 37, nr. 8 (2013): p. 1140-1146.

11. Jenny Isaacs, Ernest V.E. Hodges en Christina Salmivalli. 'Long-term Consequences of Victimization by Peers: A Follow-up from Adolescence to Young Adulthood.' *International Journal of Developmental Science* 2, nr. 4 (2008): p. 387-397; Bitte Modin, Viveca Östberg en Ylva Almquist. 'Childhood Peer Status and Adult Susceptibility to Anxiety and Depression. A 30-Year Hospital Follow-up.' *Journal of Abnormal Child Psychology* 39, nr. 2 (2011): p. 187-199; Sandstrom en Cillessen. 'Life After High School': p. 474-499; Lexine A. Stapinski et al. 'Peer Victimization During Adolescence and Risk for Anxiety Disorders in Adulthood: A Prospective Cohort Study.' *Depression and Anxiety* 31, nr. 7 (2014): p. 574-582.

12. Nelson en Dishion. 'From Boys to Men': p. 441-459; Sandstrom en Cillessen. 'Life After High School': p. 474-499.

13. Sarah E. Nelson en Thomas J. Dishion. 'From Boys to Men': p. 441-459.

14. Per E. Gustafsson et al. 'Do Peer Relations in Adolescence Influence Health in Adulthood? Peer Problems in the School Setting and the Metabolic Syndrome in Middle-Age.' *PLoS One* 7, nr. 6 (2012): e39385; Lisa Dawn Hamilton, Matthew L. Newman, Carol L. Delville en Yvon Delville. 'Physiological Stress Response of Young Adults Exposed to Bullying During Adolescence.' *Physiology & Behavior* 95, nr. 5 (2008): p. 617-624; Caroline E. Temcheff et al. 'Predicting Adult Physical Health Outcomes from Childhood Aggression, Social Withdrawal and Likeability: A 30-Year Prospective, Longitudinal Study.' *International Journal of Behavioral Medicine* 18, nr. 1 (2011): p. 5-12.

15. William E. Copeland, Dieter Wolke, Adrian Angold en E. Jane Costello. 'Adult Psychiatric Outcomes of Bullying and Being Bullied by Peers in Childhood and Adolescence.' JAMA *Psychiatry* 70, nr. 4 (2013): p. 419-426; Bonnie L. Barber, Jacquelynne S. Eccles en Margaret R. Stone. 'Whatever Happened to the Jock, the Brain, and the Princess?': p. 429-455.

16. Philip C. Rodkin, Thomas W. Farmer, Ruth Pearl en Richard Van Acker. 'Heterogeneity of Popular Boys: Antisocial and Prosocial Configurations.' *Developmental Psychology* 36, nr. 1 (2000): p. 14; Antonius H.N. Cillessen en Amanda J. Rose. 'Understanding Popularity in the Peer System.' *Current Directions in Psychological Science* 14, nr. 2 (2005): p. 102-105; Mitchell J. Prinstein en Antonius H.N. Cillessen. 'Forms and Functions of Adolescent Peer Aggression Associated with High Levels of Peer Status.' *Merrill-Palmer Quarterly* 49, nr. 3 (2003): p. 310-342.

1. Het schoolplein van de volwassenen

1. Lee S. Sobel, William Anderson en Jade Shipman. *Market Acceptance of Smart Growth*. Washington, DC: US Environmental Protection Agency, 2011.

2. Persoonlijk gesprek met Daniel Clemens, 10 mei, 2016.

2. Sympathieke leider of lompe bullebak

1. Ahmet Doğan Ataman, Emine Elif Vatanoğlu-Lutz en Gazi Yildirim. 'Medicine in Stamps-Ignaz Semmelweis and Puerperal Fever.' *Journal of the Turkish German Gynecological Association* 14, nr. 1 (2013): p. 35; zie ook Sherwin B. Nuland. *The Doctors' Plague: Germs, Childbed Fever, and the Strange Story of Ignác Semmelweis* (Great Discoveries). New York: W.W. Norton, 2004.

2. Ignaz Semmelweis. *Etiology, Concept and Prophylaxis of Childbed Fever*. Vertaald door K. Codell Carter Madison: University of Wisconsin Press, 1983.

3. Howard Markel. 'In 1850, Ignaz Semmelweis Saved Lives with Tree Words: "Wash Your Hands."' PBS *Newshour*, 15 mei 2015, afkomstig van http://www.pbs.org/newshour/updates/ignaz-semmelweis-doctor-prescribed-hand-washing.

4. Rebecca Davis. 'The Doctor Who Championed Hand Washing and Briefly Saved Lives.' NPR *Morning Edition*, 12 januari 2015, afkomstig van http://www.npr.org/sections/health-shots/2015/01/12/375663920/the-doctor-who-championed-hand-washing-and-saved-women-s-lives.

5. Semmelweis. *Etiology, Concept and Prophylaxis of Childbed Fever*.

6. Ibid.

7. Ibid.

8. Wellicht onterecht toegeschreven aan Yogi Berra. Hugh Rawson en Margaret Miner. 'Yogi Berra 1925-,' *Oxford Dictionary of American Quotations*, 2e editie. New York: Oxford University Press, 2006.

9. William M. Bukowski. 'Popularity as a Social Concept.' *Popularity in the Peer System* (2011): p. 3-24. Afkomstig van http://www.etymonline.com.

10. John D. Coie, Kenneth A. Dodge en Heide Coppotelli. 'Dimensions and Types of Social Status: A Cross-Age Perspective.' *Developmental Psychology* 18, nr. 4 (1982): p. 557.

11. John D. Coie en Janis B. Kupersmidt. 'A Behavioral Analysis of Emerging Social Status in Boys' Groups.' *Child Development* 54, nr. 6 (1983): p. 1400-1416; zie ook Kenneth A. Dodge. 'Behavioral Antecedents of Peer Social Status.' *Child Development* 54, nr. 6 (1983): p. 1386-1399.

12. Coie en Dodge. 'Continuities and Changes in Children's Social Status': p. 261-282.

13. Dorothy Miell en Steve Duck. 'Strategies in Developing Friendships.' In *Friendship and Social Interaction*. Valerian J. Derlega en Barbara A. Winstead (red.). New York: Springer, 1986: p. 129-143.

14. R.I.M. Dunbar. 'Bridging the Bonding Gap: The Transition from Primates to Humans.' *Philosophical Transactions of the Royal Society B: Biological Sciences* 367, nr. 1597 (2012): p. 1837-1846; Alan W. Gray, Brian Parkinson en Robin I. Dunbar. 'Laughter's Influence on the Intimacy of Self-Disclosure.' *Human Nature* 26, nr. 1 (2015): p. 28-43.

15. Coie en Kupersmidt. 'A Behavioral Analysis of Emerging Social Status in Boys' Groups': p. 1400-1416; zie ook Andrew F. Newcomb, Wil-

liam M. Bukowski en Linda Pattee. 'Children's Peer Relations: A Meta-analytic Review of Popular, Rejected, Neglected, Controversial, and Average Sociometric Status.' *Psychological Bulletin* 113, nr. 1 (1993): p. 99.

16. Zie bijvoorbeeld Almquist en Brännström. 'Childhood Peer Status and the Clustering of Social, Economic, and Health-Related Circumstances in Adulthood': p. 67-75; zie ook Ylva B. Almquist en Viveca Östberg. 'Social Relationships and Subsequent Health-Related Behaviours: Linkages Between Adolescent Peer Status and Levels of Adult Smoking in a Stockholm Cohort.' *Addiction* 108, nr. 3 (2013): p. 629-637; zie ook Isaacs, Hodges en Salmivalli. 'Long-term Consequences of Victimization by Peers': p. 387-397.

17. Robert J. Coplan en Julie C. Bowker (red.). *The Handbook of Solitude: Psychological Perspectives on Social Isolation, Social Withdrawal, and Being Alone*. New York: John Wiley & Sons, 2013; Kenneth H. Rubin, Robert J. Coplan en Julie C. Bowker. 'Social Withdrawal in Childhood.' *Annual Review of Psychology* 60 (2009): p. 141.

18. Jennifer Connolly, Wyndol Furman en Roman Konarski. 'The Role of Peers in the Emergence of Heterosexual Romantic Relationships in Adolescence.' *Child Development* 71, nr. 5 (2000): p. 1395-1408; Annette M. La Greca en Eleanor Race Mackey. 'Adolescents' Anxiety in Dating Situations: The Potential Role of Friends and Romantic Partners.' *Journal of Clinical Child and Adolescent Psychology* 36, nr. 4 (2007): p. 522-533.

19. Coie en Dodge. 'Continuities and Changes in Children's Social Status': p. 261-282.

20. Antonius H.N. Cillessen, Hendrik W. IJzendoorn, Cornelis F.M. Lieshout en Willard W. Hartup. 'Heterogeneity Among Peer-Rejected Boys: Subtypes and Stabilities.' *Child Development* 63, nr. 4 (1992): p. 893-905.

21. Audrey L. Zakriski en John D. Coie. 'A Comparison of Aggressive-Rejected and Nonaggressive-Rejected Children's Interpretations of Self-directed and Other-directed Rejection.' *Child Development* 67, nr. 3 (1996): p. 1048-1070.

22. Karen Linn Bierman en Julie B. Wargo. 'Predicting the Longitudinal Course Associated with Aggressive-Rejected, Aggressive (Nonrejected), and Rejected (Nonaggressive) Status.' *Development and Psychopathology* 7, nr. 4 (1995): p. 669-682.

23. Mitchell J. Prinstein en Annette M. La Greca. 'Peer Crowd Affiliation and Internalizing Distress in Childhood and Adolescence: A Longitu-

dinal Follow-Back Study.' *Journal of Research on Adolescence* 12, nr. 3 (2002): p. 325-351.

24. Jaana Juvonen en Tamera B. Murdock. 'Grade-Level Differences in the Social Value of Effort: Implications for Self-Presentation Tactics of Early Adolescents.' *Child Development* 66, nr. 6 (1995): p. 1694-1705; Margaret R. Stone en B. Bradford Brown. 'Identity Claims and Projections: Descriptions of Self and Crowds in Secondary School.' *New Directions for Child and Adolescent Development* 1999, nr. 84 (1999): p. 7-20.

25. David W. Moore. 'Instant Reaction: Bush Beats Gore in Second Debate.' Gallup News Service, http://www.gallup.com/poll/2443/instant-reaction-bush-beats-gore-second-debate.aspx.

26. Parker en Asher. 'Peer Relations and Later Personal Adjustment.' 357; Mitchell J. Prinstein en Annette M. La Greca. 'Childhood Peer Rejection and Aggression as Predictors of Adolescent Girls' Externalizing and Health Risk Behaviors: A 6-Year Longitudinal Study.' *Journal of Consulting and Clinical Psychology* 72, nr. 1 (2004): p. 103; Mitchell J. Prinstein, Diana Rancourt, John D. Guerry en Caroline B. Browne. 'Peer Reputations and Psychological Adjustment.' In *Handbook of Peer Interactions, Relationships, and Groups*: p. 548-567. New York: Guilford Press, 2009; Gustafsson et al. 'Do Peer Relations in Adolescence Influence Health in Adulthood?' e39385.

27. Michael J. Prinstein et al. 'Adolescent Girls' Interpersonal Vulnerability to Depressive Symptoms: A Longitudinal Examination of Reassurance-Seeking and Peer Relationships.' *Journal of Abnormal Psychology* 114, nr. 4 (2005): p. 676.

28. Patricia H. Hawley. 'Pro-social and Coercive Configurations of Resource Control in Early Adolescence: A Case for the Well-Adapted Machiavellian.' *Merrill-Palmer Quarterly* 49, nr. 3 (2003): p. 279-309.

29. Marion K. Underwood, Janis B. Kupersmidt en John D. Coie. 'Childhood Peer Sociometric Status and Aggression as Predictors of Adolescent Childbearing.' *Journal of Research on Adolescence* 6, nr. 2 (1996).

30. Jennifer T. Parkhurst en Andrea Hopmeyer. 'Sociometric Popularity and Peer-Perceived Popularity, Two Distinct Dimensions of Peer Status.' *Journal of Early Adolescence* 18, nr. 2 (1998): p. 125-144.

31. Ibid.

32. 'In 1850, Ignaz Semmelweis Saved Lives with Tree Words: "Wash Your Hands".'

33. Kay Codell Carter en Barbara R. Carter. *Childbed Fever: A Scientific*

Biography of Ignaz Semmelweis. New Brunswick, NJ: Transaction Publishers, 2005.

3. Het probleem met populariteit

1. 'Your Resourceful Site on the Trevi Fountain in Roma,' http://www.trevifountain.net/description.htm; 'Trevi Coins to Fund Food for Poor.' BBC News, 26 november 2006. http://news.bbc.co.uk/2/hi/618 8052.stm.

2. Kenneth R. Olson en Dale A. Weber. 'Relations Between Big Five Traits and Fundamental Motives.' *Psychological Reports* 95, nr. 3 (2004): p. 795-802.

3. Susanne Scheibe, Alexandra M. Freund en Paul B. Baltes. 'Toward a Developmental Psychology of *Sehnsucht* (Life Longings): The Optimal (Utopian) Life.' *Developmental Psychology* 43, nr. 3 (2007): p. 778.

4. Tim Kasser and Richard M. Ryan. 'Further Examining the American Dream: Differential Correlates of Intrinsic and Extrinsic Goals.' *Personality and Social Psychology Bulletin* 22, nr. 3 (1996): p. 280-287.

5. Laura A. King en Sheri J. Broyles. 'Wishes, Gender, Personality, and Well-being.' *Journal of Personality* 65, nr. 1 (1997): p. 49-76.

6. Tim Kasser. 'Aspirations Index,' http://faculty.knox.edu/tkasser/aspirations.html.

7. Cameron Anderson, John Angus D. Hildreth en Laura Howland. 'Is the Desire for Status a Fundamental Human Motive? A Review of the Empirical Literature.' *Psychological Bulletin* 141, nr. 3 (2015): p. 574-601.

8. Leah H. Somerville, Rebecca M. Jones en B.J. Casey. 'A Time of Change: Behavioral and Neural Correlates of Adolescent Sensitivity to Appetitive and Aversive Environmental Cues.' *Brain and Cognition* 72, nr. 1 (2010): p. 124-133; Leah H. Somerville. 'The Teenage Brain Sensitivity to Social Evaluation.' *Current Directions in Psychological Science* 22, nr. 2 (2013): p. 121-127; B.J. Casey. 'The Teenage Brain: An Overview.' *Current Directions in Psychological Science* 22, nr. 2 (2013): p. 80-81.

9. Kristen A. Lindquist et al. 'The Brain Basis of Emotion: A Meta-analytic Review.' *Behavioral and Brain Sciences* 35, nr. 3 (2012): p. 121-143; Kristen A. Lindquist en Lisa Feldman Barrett. 'A Functional Architecture of the Human Brain: Emerging Insights from the Science of Emotion.' *Trends in Cognitive Sciences* 16, nr. 11 (2012): p. 533-540; Robert P. Spunt en Matthew D. Lieberman. 'An Integrative Model of

the Neural Systems Supporting the Comprehension of Observed Emotional Behavior.' *Neuroimage* 59, nr. 3 (2012): p. 3050-3059.

10. Kent C. Berridge, Terry E. Robinson en J. Wayne Aldridge. 'Dissecting Components of Reward: "Liking", "Wanting", and "Learning".' *Current Opinion in Pharmacology* 9, nr. 1 (2009): p. 65-73.

11. Somerville, Jones en Casey. 'A Time of Change.' 124-133; Laurence Steinberg. *Age of Opportunity: Lessons from the New Science of Adolescence.* New York: Houghton Mifflin Harcourt, 2014.

12. Berridge, Robinson en Aldridge. 'Dissecting Components of Reward': p. 65-73.

13. J.T. Klein, S.V. Shepherd en M.L. Platt. 'Social Attention and the Brain.' *Current Biology* 19, nr. 20 (2009): p. 958-962; Jessica E. Koski, Hongling Xie en Ingrid R. Olson. 'Understanding Social Hierarchies: The Neural and Psychological Foundations of Status Perception.' *Social Neuroscience* 10, nr. 5 (2015): p. 527-550; Noam Zerubavel, Peter S. Bearman, Jochen Weber en Kevin N. Ochsner. 'Neural Mechanisms Tracking Popularity in Real-world Social Networks.' *Proceedings of the National Academy of Sciences* 112, nr. 49 (2015): p. 15072-15077.

14. Tom Foulsham et al. 'Gaze Allocation in a Dynamic Situation: Effects of Social Status and Speaking.' *Cognition* 117, nr. 3 (2010): p. 319-331.

15. Christopher G. Davey et al. 'Being Liked Activates Primary Reward and Midline Self-related Brain Regions.' *Human Brain Mapping* 31, nr. 4 (2010): p. 660-668.

16. Leah H. Somerville, Todd Hare en B.J. Casey. 'Frontostriatal Maturation Predicts Cognitive Control Failure to Appetitive Cues in Adolescents.' *Journal of Cognitive Neuroscience* 23, nr. 9 (2011): p. 2123-2134.

17. Erik C. Nook en Jamil Zaki. 'Social Norms Shift Behavioral and Neural Responses to Foods.' *Journal of Cognitive Neuroscience* 27, nr. 7 (2015): p. 1412-1426.

18. Susan Harter. 'Developmental Processes in the Construction of the Self.' In *Integrative Processes and Socialization: Early to Middle Childhood.* T.D. Yawkey en J.E. Johnson. Hillsdale (red.). NJ: Lawrence Erlbaum Associates, 1988: p. 45-78.

19. Lindquist et al. 'The Brain Basis of Emotion.' (2012): p. 121-143; Spunt en Lieberman. 'An Integrative Model of the Neural Systems Supporting the Comprehension of Observed Emotional Behavior"' p. 3050-3059.

20. *Almost Famous.* Geregisseerd door Cameron Crowe. Los Angeles: Dream-Works, 2000.

21. Jane Goodall. *My Life with the Chimpanzees*. New York: Simon & Schuster, 1996.
22. 'Chimpanzee Facts.' http:// www.janegoodall.org (geraadpleegd 7 oktober 2015); Peter Buirski, Robert Plutchik en Henry Kellerman. 'Sex Differences, Dominance, and Personality in the Chimpanzee.' *Animal Behaviour* 26 (1978): p. 123-129; Stephanie F. Anestis. 'Behavioral Style, Dominance Rank, and Urinary Cortisol in Young Chimpanzees (Pan Troglodytes).' *Behaviour* 142, nr. 9-10 (2005): p. 1245-1268.
23. 'Updates from the Islands – the Jane Goodall Institute,' http://www.janegoodall.org (geraadpleegd 7 oktober 2015).
24. Don E. Merten. 'Being There Awhile: An Ethnographic Perspective on Popularity.' In *Popularity in the Peer System*. A.N. Cillessen, D. Schwartz en L. Mayeux (red.). New York: Guilford Press, 2011: p. 57-76.
25. Willard W. Hartup. 'Aggression in Childhood: Developmental Perspectives.' *American Psychologist* 29, nr. 5 (1974): p. 336; Konrad Lorenz. *On Aggression*. Vertaling Marjorie Latzke. Londen: Methuen, 1966; Kenneth A. Dodge en John D. Coie. 'Social-Information-Processing Factors in Reactive and Proactive Aggression in Children's Peer Groups.' *Journal of Personality and Social Psychology* 53, nr. 6 (1987): p. 1146.
26. 'Cliques: Behind the Labels.' *In the Mix*. New York: Castleworks, 2000.
27. Prinstein en Cillessen. 'Forms and Functions of Adolescent Peer Aggression Associated with High Levels of Peer Status' p. 310-342; Cillessen en Rose. 'Understanding Popularity in the Peer System.' 102-105.
28. 'In Tense Moment, Cruise Calls Lauer Glib,' http://www.today.com/id/8344309#.WBuBSPorLa8, 28 juni 2005.
29. Seth Mnookin. *The Panic Virus: A True Story of Medicine, Science, and Fear*. New York: Simon & Schuster, 2011.
30. Robert D. Putnam. *Bowling Alone: The Collapse and Revival of American Community*. New York: Simon & Schuster, 2001.
31. Joan Jacobs Brumberg. *The Body Project: An Intimate History of American Girls*. New York: Vintage, 2010.
32. Abraham Harold Maslow. 'A Theory of Human Motivation.' *Psychological Review* 50, nr. 4 (1943): p. 370.
33. Christopher S. Sheppard et al. 'Is Popularity Universal? A Cross-cultural Examination of Popularity Among Peers.' Zie ook Li Niu, Shenghua Jin, Ling Li en Doran C. French. 'Popularity and Social Preference in Chinese Adolescents: Associations with Social and Be-

havioral Adjustment.' *Social Development* 25, nr. 4 (2016): p. 828-845.

34. Jane D. Brown, Carolyn Tucker Halpern en Kelly Ladin L'Engle. 'Mass Media as a Sexual Super Peer for Early Maturing Girls.' *Journal of Adolescent Health* 36, nr. 5 (2005): p. 420-427; Victor C. Strasburger, Barbara J. Wilson en Amy B. Jordan. *Children, Adolescents, and the Media.* Thousand Oaks, CA: Sage Publishing, 2009.

35. Joshua Gamson. *Claims to Fame: Celebrity in Contemporary America.* Berkeley: University of California Press, 1994; Denis McQuail. *Mass Communication.* New York: John Wiley & Sons, 1983; Violina P. Rindova, Timothy G. Pollock en Mathew L.A. Hayward. 'Celebrity Firms: The Social Construction of Market Popularity.' *Academy of Management Review* 31, nr. 1 (2006): p. 50-71.

36. Marlene J. Sandstrom en Antonius H.N. Cillessen. 'Likeable Versus Popular: Distinct Implications for Adolescent Adjustment.' *International Journal of Behavioral Development* 30, nr. 4 (2006): p. 305-314.

37. Donna Rockwell en David C. Giles. 'Being a Celebrity: A Phenomenology of Fame.' *Journal of Phenomenological Psychology* 40, nr. 2 (2009): p. 178-210.

38. 'Faces of Depression: Philip Burguières.' In the series *Depression: Out of the Shadows + Take One Step: Caring for Depression, with Jane Pauley.* PBS, http://www.pbs.org/ wgbh/takeonestep/depression/faces.html.

39. 'Imagine Dragons on Being "Atypical" Rock Stars, and Singer Dan Reynolds on His Depression Struggles and Conflicts with His Mormon Faith.' Billboard, 13 februari 2015, http://www.billboard.com/articles/6472705/imagine-dragons-cover-smoke-and-mirrors-touring-grammys.

40. 'Ian Thorpe: "I Was Surrounded by People but Had This Intense Loneliness."' *The Guardian*, 12 november 2012, https://www.theguardian.com/sport/2012/nov/12/ ian-thorpe-swimming-depression.

41. Allen, Schad, Oudekerk en Chango. 'Whatever Happened to the "Cool" Kids?': p. 1866-1880.

42. Kennon M. Sheldon, Richard M. Ryan, Edward L. Deci en Tim Kasser. 'The Independent Effects of Goal Contents and Motives on Well-being: It's Both What You Pursue and Why You Pursue It.' *Personality and Social Psychology Bulletin* 30, nr. 4 (2004): p. 475-486.

4. De kudde en koppijn

1. *Citizen Kane.* Geregisseerd door Orson Welles. Los Angeles: RKO Radio Pictures, 1941.
2. Interbrand, 2015, http://interbrand.com/ best-brands/best-global-brands/2015/ranking/ in October.
3. Matthew J. Salganik en Duncan J. Watts. 'Leading the Herd Astray: An Experimental Study of Self-fulfilling Prophecies in an Artificial Cultural Market.' *Social Psychology Quarterly* 71, nr. 4 (2008): p. 338-355.
4. Charles Mackay. *Memoirs of Extraordinary Popular Delusions and the Madness of Crowds.* Londen: George Routledge and Sons, 1869.
5. Ibid.
6. Geoffrey L. Cohen en Mitchell J. Prinstein. 'Peer Contagion of Aggression and Health Risk Behavior Among Adolescent Males: An Experimental Investigation of Effects on Public Conduct and Private Attitudes.' *Child Development* 77, nr. 4 (2006): p. 967-983.
7. Centers for Disease Control and Prevention. Youth Risk Behavior Survey Data (2015), afkomstig van www.cdc.gov/yrbs.
8. *Mean Girls.* Geregisseerd door Mark Waters. Los Angeles: Paramount, 2004.
9. Nathalie Wolchover. 'Why Did Humans Prevail?' *Live Science*, 6 juni 2012, http://www.live science.com/20798-humans-prevailed-neanderthals.html; Robert Boyd en Joan B. Silk. *How Humans Evolved.* New York: W.W. Norton, 2012; Robert C. Berwick, Marc Hauser en Ian Tattersall. 'Neanderthal Language? Just-So Stories Take Center Stage.' *Frontiers in Psychology* 4 (2013): p. 671.
10. Julianne Holt-Lunstad, Timothy B. Smith en J. Bradley Layton. 'Social Relationships and Mortality Risk: A Meta-analytic Review.' *PLoS Med* 7, nr. 7 (2010): e1000.316.
11. Centers for Disease Control and Prevention, National Center for Injury Prevention and Control. Web-Based Injury Statistics Query and Reporting System (WISQARS) (2005), www.cdc.gov/injury/wisqars (geraadpleegd 14 december 2016).
12. Nicole Heilbron en Mitchell J. Prinstein. 'Adolescent Peer Victimization, Peer Status, Suicidal Ideation, and Nonsuicidal Self-injury: Examining Concurrent and Longitudinal Associations.' *Merrill-Palmer Quarterly* 56, nr. 3 (2010): p. 388-419; Mitch Van Geel, Paul Vedder en Jenny Tanilon. 'Relationship Between Peer Victimization, Cyberbullying, and Suicide in Children and Adolescents: A Meta-analysis.' *JAMA Pediatrics* 168, nr. 5 (2014): p. 435-442.

13. Yang Claire Yang et al. 'Social Relationships and Physiological Determinants of Longevity Across the Human Life Span.' *Proceedings of the National Academy of Sciences* 113, nr. 3 (2016): p. 578-583.

14. David Spiegel, Helena C. Kraemer, Joan R. Bloom en Ellen Gottheil. 'Effect of Psychosocial Treatment on Survival of Patients with Metastatic Breast Cancer.' *Lancet* 334, nr. 8668 (1989): p. 888-891; Bert N. Uchino, John T. Cacioppo en Janice K. Kiecolt-Glaser. 'The Relationship Between Social Support and Physiological Processes: A Review with Emphasis on Underlying Mechanisms and Implications for Health.' *Psychological Bulletin* 119, nr. 3 (1996): p. 488.

15. Bruce S. McEwen. 'Stress, Adaptation, and Disease: Allostasis and Allostatic Load.' *Annals of the New York Academy of Sciences* 840, nr. 1 (1998): p. 33-44; Anna C. Phillips, Annie T. Ginty en Brian M. Hughes. 'The Other Side of the Coin: Blunted Cardiovascular and Cortisol Reactivity Are Associated with Negative Health Outcomes.' *International Journal of Psychophysiology* 90, nr. 1 (2013): p. 1-7.

16. Casey D. Calhoun et al. 'Relational Victimization, Friendship, and Adolescents' Hypothalamic-Pituitary-Adrenal Axis Responses to an In Vivo Social Stressor.' *Development and Psychopathology* 26, nr. 3 (2014): p. 605-618; Ellen Peters, J. Marianne Riksen-Walraven, Antonius H.N. Cillessen en Carolina de Weerth. 'Peer Rejection and HPA Activity in Middle Childhood: Friendship Makes a Difference.' *Child Development* 82, nr. 6 (2011): p. 1906-1920; Casey D. Calhoun. 'Depressive Symptoms and Acute HPA Axis Stress Regulation in the Context of Adolescent Girls' Friendships.' Proefschrift, Universiteit van North Carolina in Chapel Hill, 2016.

17. *Pleasantville*. Geregisseerd door Gary Ross. Los Angeles: New Line Cinema, 1998.

18. Naomi I. Eisenberger, Matthew D. Lieberman en Kipling D. Williams. 'Does Rejection Hurt? An fMRI Study of Social Exclusion.' *Science* 302, nr. 5643 (2003): p. 290-292; Naomi I. Eisenberger en Matthew D. Lieberman. 'Why Rejection Hurts: A Common Neural Alarm System for Physical and Social Pain.' *Trends in Cognitive Sciences* 8, nr. 7 (2004): p. 294-300; Naomi I. Eisenberger. 'Social Pain and the Brain: Controversies, Questions, and Where to Go from Here.' *Annual Review of Psychology* 66 (2015): p. 601-29.

19. Helen E. Fisher et al. 'Reward, Addiction, and Emotion Regulation Systems Associated with Rejection in Love.' *Journal of Neurophysiology* 104, nr. 1 (2010): p. 51-60; Ethan Kross et al. 'Neural Dynamics of Rejection Sensitivity.' *Journal of Cognitive Neuroscience* 19, nr. 6

(2007): p. 945-956; Harald Gündel et al. 'Functional Neuroanatomy of Grief: An fMRI Study.' *American Journal of Psychiatry* 160, nr. 11 (2003): p. 1946-1953; Eisenberger. 'Social Pain and the Brain': p. 601-629.

20. C. Nathan DeWall et al. 'Acetaminophen Reduces Social Pain-Behavioral and Neural Evidence.' *Psychological Science* 21, nr. 7 (2010): p. 931-937.

21. C.D. Allis, T. Jenuwein, D. Reinberg en M. Caparros. *Epigenetics.* Cold Spring Harbor, NY: Cold Spring Harbor Laboratory Press, 2007.

22. George M. Slavich en Steven W. Cole. 'The Emerging Field of Human Social Genomics.' *Clinical Psychological Science* 1, nr. 3 (2013): p. 331-348.

23. Persoonlijk interview met George Slavich, 11 oktober 2014.

24. Christine Gorman en Alice Park. 'Inflammation Is a Secret Killer: A Surprising Link Between Inflammation and Asthma, Heart Attacks, Cancer, Alzheimer's and Other Diseases.' *Time*, 23 februari 2004.

25. George M. Slavich en Michael R. Irwin. 'From Stress to Inflammation and Major Depressive Disorder: A Social Signal Transduction Theory of Depression.' *Psychological Bulletin* 140, nr. 3 (2014): p. 774; persoonlijk interview met George Slavich, 11 oktober 2014.

26. Persoonlijk interview met George Slavich, 11 oktober 2014.

27. Holt-Lunstad, Smith en Layton. 'Social Relationships and Mortality Risk.' e1000.316.

28. *The Matrix.* Geregisseerd door Lana en Lilly Wachowski. Los Angeles: Warner Brothers, 1999.

5. De populariteitsboemerang

1. Willard W. Hartup en Nan Stevens. 'Friendships and Adaptation in the Life Course.' *Psychological Bulletin* 121, nr. 3 (1997): p. 355.

2. Parker en Asher. 'Peer Relations and Later Personal Adjustment.' 357; Scott D. Gest, Arturo Sesma jr., Ann S. Masten en Auke Tellegen. 'Childhood Peer Reputation as a Predictor of Competence and Symptoms 10 Years Later.' *Journal of Abnormal Child Psychology* 34, nr. 4 (2006): p. 507-524; Xinyin Chen et al. 'Sociability and Prosocial Orientation as Predictors of Youth Adjustment: A Seven-Year Longitudinal Study in a Chinese Sample.' *International Journal of Behavioral Development* 26, nr. 2 (2002): p. 128-136; zie ook Peter Zettergren, Lars R. Bergman en Margit Wångby. 'Girls' Stable Peer Status and Their Adulthood Adjustment: A Longitudinal Study from Age 10 to

Age 43.' *International Journal of Behavioral Development* 30, nr. 4 (2006): p. 315-325; Jelena Obradović, Keith B. Burt en Ann S. Masten. 'Testing a Dual Cascade Model Linking Competence and Symptoms over 20 Years from Childhood to Adulthood.' *Journal of Clinical Child & Adolescent Psychology* 39, nr. 1 (2009): p. 90-102; Michelle M. Englund et al. 'Early Roots of Adult Competence: The Significance of Close Relationships from Infancy to Early Adulthood.' *International Journal of Behavioral Development* 35, nr. 6 (2011): p. 490-496; Ann S. Masten et al. 'The Significance of Childhood Competence and Problems for Adult Success in Work: A Developmental Cascade Analysis.' *Development and Psychopathology* 22, nr. 3 (2010): p. 679-694.

3. Newcomb, Bukowski en Pattee. 'Children's Peer Relations': p. 99.

4. William Peters. *A Class Divided: Then and Now*, deel 14021. New Haven, CT: Yale University Press, 1987.

5. Craig A. Anderson et al. 'Temperature and Aggression.' *Advances in Experimental Social Psychology* 32 (2000): p. 63-133.

6. Almquist en Brännström. 'Childhood Peer Status and the Clustering of Social, Economic, and Health-Related Circumstances in Adulthood': p. 67-75; Gustafsson et al. 'Do Peer Relations in Adolescence Influence Health in Adult-hood?' e39385.

7. Mitchell J. Prinstein en Julie Wargo Aikins. 'Cognitive Moderators of the Longitudinal Association Between Peer Rejection and Adolescent Depressive Symptoms.' *Journal of Abnormal Child Psychology* 32, nr. 2 (2004): p. 147-158.

8. Jeffrey G. Parker en Steven R. Asher. 'Friendship and Friendship Quality in Middle Childhood: Links with Peer Group Acceptance and Feelings of Loneliness and Social Dissatisfaction.' *Developmental Psychology* 29, nr. 4 (1993): p. 611.

9. W. Furman, B.B. Feiring en C. Feiring. *The Development of Romantic Relationships in Adolescence.* Cambridge, MA: Cambridge University Press, 1999.

10. Newcomb, Bukowski en Pattee. 'Children's Peer Relations': p. 99.

11. Jennifer E. Lansford et al. 'Developmental Cascades of Peer Rejection, Social Information Processing Biases, and Aggression During Middle Childhood.' *Development and Psychopathology* 22, nr. 3 (2010): p. 593-602.

12. Jessica L. Lakin, Valerie E. Jefferis, Clara Michelle Cheng en Tanya L. Chartrand. 'The Chameleon Effect as Social Glue: Evidence for the Evolutionary Significance of Nonconscious Mimicry.' *Journal of Nonverbal Behavior* 27, nr. 3 (2003): p. 145-162; Roland Neumann en

Fritz Strack. '"Mood Contagion": The Automatic Transfer of Mood Between Persons.' *Journal of Personality and Social Psychology* 79, nr. 2 (2000): p. 211; John A. Bargh en Tanya L. Chartrand. 'The Unbearable Automaticity of Being.' *American Psychologist* 54, nr. 7 (1999): p. 462.

13. Harald G. Wallbott. 'Congruence, Contagion, and Motor Mimicry: Mutualities in Nonverbal Exchange.' In *Mutualities in Dialogue*. I. Markova, C.F. Graumann en K. Foppa (red.). New York: Cambridge University Press, 1995: p. 82-98.

14. John A. Bargh, Mark Chen en Lara Burrows. 'Automaticity of Social Behavior: Direct Effects of Trait Construct and Stereotype Activation on Action.' *Journal of Personality and Social Psychology* 71, nr. 2 (1996): p. 230.

15. Madeline L. Pe, Ian H. Gotlib, Wim Van Den Noortgate en Peter Kuppens. 'Revisiting Depression Contagion as a Mediator of the Relation Between Depression and Rejection: A Speed-Dating Study.' *Clinical Psychological Science* 4, nr. 4 (2015): p. 675-682.

16. Thomas E. Joiner and Gerald I. Metalsky. 'Excessive Reassurance Seeking: Delineating a Risk Factor Involved in the Development of Depressive Symptoms.' *Psychological Science* 12, nr. 5 (2001): p. 371-378; James C. Coyne. 'Toward an Interactional Description of Depression.' *Psychiatry* 39, nr. 1 (1976): p. 28-40.

17. Prinstein et al. 'Adolescent Girls' Interpersonal Vulnerability to Depressive Symptoms': p. 676.

6. De erfenis van onze puberteit

1. Nicola Persico, Andrew Postlewaite en Dan Silverman. *The Effect of Adolescent Experience on Labor Market Outcomes: The Case of Height.* Nr. w10522, Cambridge, MA: National Bureau of Economic Research, 2004.

2. Onderzoeksresultaten die verschijnen over de invloed van het autobiografisch geheugen op onze huidige en toekomstige waarneming en ons vertrouwen op onze herinnering om ons de toekomst voor te stellen zijn afkomstig van: Donna Rose Addis et al. 'Constructive Episodic Simulation of the Future and the Past: Distinct Subsystems of a Core Brain Network Mediate Imagining and Remembering.' *Neuropsychologia* 47, nr. 11 (2009): p. 2222-2238; R. Nathan Spreng en Cheryl L. Grady. 'Patterns of Brain Activity Supporting Autobiographical Memory, Prospection, and Theory of Mind, and Their Relationship

to the Default Mode Network.' *Journal of Cognitive Neuroscience* 22, nr. 6 (2010): p. 1112-1123; Mathieu Roy, Daphna Shohamy en Tor D. Wager. 'Ventromedial Prefrontal-Subcortical Systems and the Generation of Affective Meaning.' *Trends in Cognitive Sciences* 16, nr. 3 (2012): p. 147-156.

3. Sarah-Jayne Blakemore en Suparna Choudhury. 'Development of the Adolescent Brain: Implications for Executive Function and Social Cognition.' *Journal of Child Psychology and Psychiatry* 47, nr. 3-4 (2006): p. 296-312; Joan Stiles en Terry L. Jernigan. 'The Basics of Brain Development.' *Neuropsychology Review* 20, nr. 4 (2010): p. 327-348; Rhoshel K. Lenroot en Jay N. Giedd. 'Brain Development in Children and Adolescents: Insights from Anatomical Magnetic Resonance Imaging.' *Neuroscience & Biobehavioral Reviews* 30, nr. 6 (2006): p. 718-729.

4. Lindquist et al. 'The Brain Basis of Emotion': p. 121-143; Lindquist en Barrett. 'A Functional Architecture of the Human Brain': p. 533-540.

5. Nicki R. Crick en Kenneth A. Dodge. 'A Review and Reformulation of Social Information-Processing Mechanisms in Children's Social Adjustment.' *Psychological Bulletin* 115, nr. 1 (1994): p. 74; Elizabeth A. Lemerise en William F. Arsenio. 'An Integrated Model of Emotion Processes and Cognition in Social Information Processing.' *Child Development* 71, nr. 1 (2000): p. 107-118.

6. Sally E. Bahner. 'Marlow's Prostitution Update: Investigation Ongoing; More Arrests Expected.' *Branford Eagle* (CT), 20 januari 2010.

7. Munirah Bangee et al. 'Loneliness and Attention to Social Threat in Young Adults: Findings from an Eye Tracker Study.' *Personality and Individual Differences* 63 (2014): p. 16-23.

8. Anaïs Nin. *Seduction of the Minotaur.* Chicago: Swallow Press, 1972, 124; *Babylonian Talmud: Tractate Berakoth*, Folio 55b. In het Engels vertaald door Maurice Simon onder redactie van rabbijn dr. Isidore Epstein, halakhah.com (geraadpleegd 8 maart 2014).

9. Kenneth A. Dodge, Roberta R. Murphy en Kathy Buchsbaum. 'The Assessment of Intention-Cue Detection Skills in Children: Implications for Developmental Psychopathology.' *Child Development* 55, nr. 1 (1984): p. 163-173; Kenneth A. Dodge en Angela M. Tomlin. 'Utilization of Self-Schemas as a Mechanism of Interpretational Bias in Aggressive Children.' *Social Cognition* 5, nr. 3 (1987): p. 280; Karen R. Gouze. 'Attention and Social Problem Solving as Correlates of Aggression in Preschool Males.' *Journal of Abnormal Child Psychology* 15, nr. 2 (1987): p. 181-197.

10. Michael T. Moore en David M. Fresco. 'Depressive Realism: A Meta-analytic Review.' *Clinical Psychology Review* 32, nr. 6 (2012): p. 496-509.

11. Adam D. Galinsky, Joe C. Magee, M. Ena Inesi en Deborah H. Gruenfeld. 'Power and Perspectives Not Taken.' *Psychological Science* 17, nr. 12 (2006): p. 1068-1074; Michael W. Kraus, Stéphane Côté en Dacher Keltner. 'Social Class, Contextualism, and Empathic Accuracy.' *Psychological Science* 21, nr. 11 (2010): p. 1716-1723; Keely A. Muscatell et al. 'Social Status Modulates Neural Activity in the Mentalizing Network.' *Neuroimage* 60, nr. 3 (2012): p. 1771-1777.

12. Naar: Fritz Heider en Marianne Simmel. 'An Experimental Study of Apparent Behavior.' *American Journal of Psychology* 57, nr. 2 (1944): p. 243-259.

13. Geraldine Downey en Scott I. Feldman. 'Implications of Rejection Sensitivity for Intimate Relationships.' *Journal of Personality and Social Psychology* 70, nr. 6 (1996): p. 1327.

14. Rachel M. Calogero, Lora E. Park, Zara K. Rahemtulla en Katherine C. D. Williams. 'Predicting Excessive Body Image Concerns Among British University Students: The Unique Role of Appearance-Based Rejection Sensitivity.' *Body Image* 7, nr. 1 (2010): p. 78-81; Renzo Bianchi, Irvin Sam Schonfeld en Eric Laurent. 'Interpersonal Rejection Sensitivity Predicts Burnout: A Prospective Study.' *Personality and Individual Differences* 75 (2015): p. 216-219; Teresa J. Marin en Gregory E. Miller. 'The Interpersonally Sensitive Disposition and Health: An Integrative Review.' *Psychological Bulletin* 139, nr. 5 (2013): p. 941; Mattie Tops et al. 'Rejection Sensitivity Relates to Hypocortisolism and Depressed Mood State in Young Women.' *Psychoneuroendocrinology* 33, nr. 5 (2008): p. 551-559; Katherine A. Pearson, Edward R. Watkins en Eugene G. Mullan. 'Rejection Sensitivity Prospectively Predicts Increased Rumination.' *Behaviour Research and Therapy* 49, nr. 10 (2011): p. 597-605; Ozlem Ayduk, Geraldine Downey en Minji Kim. 'Rejection Sensitivity and Depressive Symptoms in Women.' *Personality and Social Psychology Bulletin* 27, nr. 7 (2001): p. 868-877.

15. Katherine E. Powers, Leah H. Somerville, William M. Kelley en Todd F. Heatherton. 'Rejection Sensitivity Polarizes Striatal-Medial Prefrontal Activity When Anticipating Social Feedback.' *Journal of Cognitive Neuroscience* 25, nr. 11 (2013): p. 1887-1895.

16. William Nasby, Brian Hayden en Bella M. DePaulo. 'Attributional Bias Among Aggressive Boys to Interpret Unambiguous Social Stimuli as Displays of Hostility.' *Journal of Abnormal Psychology* 89, nr.

3 (1980): p. 459; Kenneth A. Dodge. 'Social Cognition and Children's Aggressive Behavior.' *Child Development* 51, nr. 1 (1980): p. 162-170; Esther Feldman en Kenneth A. Dodge. 'Social Information Processing and Sociometric Status: Sex, Age, and Situational Effects.' *Journal of Abnormal Child Psychology* 15, nr. 2 (1987): p. 211-227.

17. Nicole E. Werner. 'Do Hostile Attribution Biases in Children and Parents Predict Relationally Aggressive Behavior?' *Journal of Genetic Psychology* 173, nr. 3 (2012): p. 221-245; Zhiqing E. Zhou, Yu Yan, Xin Xuan Che en Laurenz L. Meier. 'Effect of Workplace Incivility on End-of-Work Negative Affect: Examining Individual and Organizational Moderators in a Daily Diary Study.' *Journal of Occupational Health Psychology* 20, nr. 1 (2015): p. 117; Christopher I. Eckhardt, Krista A. Barbour en Gerald C. Davison. 'Articulated Thoughts of Maritally Violent and Nonviolent Men During Anger Arousal.' *Journal of Consulting and Clinical Psychology* 66, nr. 2 (1998): p. 259.

18. Elizabeth A Lemerise et al. 'Do Provocateurs' Emotion Displays Influence Children's Social Goals and Problem Solving?' *Journal of Abnormal Child Psychology* 34, nr. 4 (2006): p. 555-567; David A. Nelson en Nicki R. Crick. 'Rose-Colored Glasses: Examining the Social Information-Processing of Prosocial Young Adolescents.' *Journal of Early Adolescence* 19, nr. 1 (1999): p. 17-38.

19. Richard L. Ogle en William R. Miller. 'The Effects of Alcohol Intoxication and Gender on the Social Information Processing of Hostile Provocations Involving Male and Female Provocateurs.' *Journal of Studies on Alcohol* 65, nr. 1 (2004): p. 54-62; David Schultz, Angela Grodack en Carroll E. Izard. 'State and Trait Anger, Fear, and Social Information Processing.' *International Handbook of Anger*. New York: Springer, 2010, p. 311-325.

7. Klikken en klieken

1. Alan Farnham. 'Hot or Not's Co-Founders: Where Are They Now?' ABC News, 2 juni 2014.

2. 'Our history in Depth,' https://www.google.com/about/company/history/ (geraadpleegd 8 juli 2016).

3. Katharine A. Kaplan. 'Facemash Creator Survives Ad Board.' *Harvard Crimson*, 19 november 2003.

4. Lauren E. Sherman et al. 'The Power of the Like in Adolescence Effects of Peer Influence on Neural and Behavioral Responses to Social Media.' *Psychological Science* 27 nr. 7 (2016): p. 1027-1035.

5. Amanda Lenhart. 'Teen, Social Media and Technology Overview 2015.' Pew Research Center, april 2015; Andrew Perrin. 'Social Networking Usage': p. 2005-2015. Pew Research Center, oktober 2015, afkomstig van http://www.pew internet.org/2015/10/08/2015/Social-Networking- Usage-2005-2015.

6. Lauren A. Jelenchick, Jens C. Eickhoff en Megan A. Morenr. '"Facebook Depression?" Social Networking Site Use and Depression in Older Adolescents.' *Journal of Adolescent Health* 52, nr. 1 (2013): p. 128-130.

7. American Psychiatric Association. *Diagnostic and Statistical Manual of Mental Disorders (DSM-5)*. American Psychiatric Pub., 2013; Jerald J. Block. 'Issues for DSM-V: Internet Addiction.' *American Journal of Psychiatry* 165, nr. 3 (2008): p. 306-307.

8. Jacqueline Nesi, Laura Widman, Sophia Choukas-Bradley en Mitchell J. Prinstein. 'Technology-Based Communication and the Development of Interpersonal Competencies Within Adolescent Romantic Relationships: A Preliminary Investigation.' *Journal of Research on Adolescence* (2016), http://onlinelibrary.wiley. com/doi/10.1111/jora.12274/abstract (geraadpleegd 14 december 2016).

9. Ira Glass. '573: Status Update.' *This American Life*, 27 november 2015.

10. Jacqueline Nesi en Mitchell J. Prinstein. 'Using Social Media for Social Comparison and Feedback-Seeking: Gender and Popularity Moderate Associations with Depressive Symptoms.' *Journal of Abnormal Child Psychology* 43, nr. 8 (2015): p. 1427-1438.

11. '5SOS: How We Bounced Back from Unpopularity.' *Tiger Beat* magazine, mei 2015; 'How to Be Social Media Famous!' *Tiger Beat* magazine, mei 2015.

12. Julia Kramer. 'Blow Up Your Feed: The 10 Commandments of Taking Instagram Food Pics.' *Bon Appétit*, maart 2016.

13. Jason DeMers. '50 Free Ways to Increase Your Instagram Followers.' *Forbes*, 18 juni 2015.

14. Global Selfie Stick Consumption 2016 Market Research Report, http://www.einnews.com/pr_news/336345654/selfie-stick-consumption-industry-2016-market-analysis-and-forecast-to-2022 (geraadpleegd 9 juli 2016).

15. Payal Uttam. 'Death by Selfie? Russian Police Release Brochure After Spate of Fatal Accidents.' CNN, 8 juli 2015, https://mvd.ru/ upload/site1/folder_page/006/158/477/Selfie2015.pdf (geraadpleegd 9 juli 2016).

16. Courtney Rubin. 'Makeup for the Selfie Generation.' *New York Times*, 22 september 2015.

17. Sherman et al. 'The Power of the Like in Adolescence': p. 1027-1035.

8. Ouders en populariteit

1. *The Sound of Music*. Geregisseerd door Robert Wise. Los Angeles: Twentieth Century Fox, 1965.
2. Martha Putallaz, Philip R. Costanzo en Rebecca B. Smith. 'Maternal Recollections of Childhood Peer Relationships: Implications for Their Children's Social Competence.' *Journal of Social and Personal Relationships* 8, nr. 3 (1991): p. 403-422; Mitchell J. Prinstein en Annette M. La Greca. 'Links Between Mothers' and Children's Social Competence and Associations with Maternal Adjustment.' *Journal of Clinical Child Psychology* 28, nr. 2 (1999): p. 197-210.
3. Martha Putallaz, Tovah P. Klein, Philip R. Costanzo en Lea A. Hedges. 'Relating Mothers' Social Framing to Their Children's Entry Competence with Peers.' *Social Development* 3, nr. 3 (1994): p. 222-237.
4. Judith H. Langlois et al. 'Maxims or Myths of Beauty? A Meta-analytic and Theoretical Review.' *Psychological Bulletin* 126, nr. 3 (2000): p. 390.
5. Michelle J. Pearce, Julie Boergers en Mitchell J. Prinstein. 'Adolescent Obesity, Overt and Relational Peer Victimization, and Romantic Relationships.' *Obesity Research* 10, nr. 5 (2002): p. 386-393.
6. Dodge. 'Behavioral Antecedents of Peer Social Status.' 1386-1399; Brian E. Vaughn en Judith H. Langlois. 'Physical Attractiveness as a Correlate of Peer Status and Social Competence in Preschool Children.' *Developmental Psychology* 19, nr. 4 (1983): p. 561; Patricia H. Hawley, Sarah E. Johnson, Jennifer A. Mize en Kelly A. McNamara. 'Physical Attractiveness in Preschoolers: Relationships with Power, Status, Aggression and Social Skills.' *Journal of School Psychology*, 45, nr. 5 (2007): p. 499-521.
7. Judith H. Langlois et al. 'Infant Preferences for Attractive Faces: Rudiments of a Stereotype?' *Developmental Psychology* 23, nr. 3 (1987): p. 363.
8. Judith H. Langlois, Lori A. Roggman en Loretta A. Rieser-Danner. 'Infants' Differential Social Responses to Attractive and Unattractive Faces.' *Developmental Psychology* 26, nr. 1 (1990): p. 153.
9. S. Michael Kalick, Leslie A. Zebrowitz, Judith H. Langlois en Robert M. Johnson. 'Does Human Facial Attractiveness Honestly Advertise Health? Longitudinal Data on an Evolutionary Question.' *Psychological Science* 9, nr. 1 (1998): p. 8-13; Langlois et al. 'Maxims or Myths of Beauty?': p. 390.

10. Michelle de Haan, Mark H. Johnson, Daphne Maurer en David I. Perrett. 'Recognition of Individual Faces and Average Face Prototypes by 1- and 3-Month-Old Infants.' *Cognitive Development* 16, nr. 2 (2001): p. 659-678; Judith H. Langlois en Lori A. Roggman. 'Attractive Faces Are Only Average.' *Psychological Science* 1, nr. 2 (1990): p. 115-121; Judith H. Langlois, Lori A. Roggman en Lisa Musselman. 'What Is Average and What Is Not Average About Attractive Faces?' *Psychological Science* 5, nr. 4 (1994): p. 214-220.

11. Vicki Ritts, Miles L. Patterson en Mark E. Tubbs. 'Expectations, Impressions, and Judgments of Physically Attractive Students: A Review.' *Review of Educational Research* 62, nr. 4 (1992): p. 413-426.

12. Judith H. Langlois, Jean M. Ritter, Rita J. Casey en Douglas B. Sawin. 'Infant Attractiveness Predicts Maternal Behaviors and Attitudes.' *Developmental Psychology* 31, nr. 3 (1995): p. 464.

13. Jerome Kagan, J. Steven Reznick en Nancy Snidman. 'The Physiology and Psychology of Behavioral Inhibition in Children.' *Annual Progress in Child Psychiatry & Child Development* (1988): p. 102-127; Nathan A. Fox et al. 'Behavioral Inhibition: Linking Biology and Behavior Within a Developmental Framework.' *Annual Review of Psychology* 56 (2005): p. 235-362; Kenneth H. Rubin en Robert J. Coplan (red.). *The Development of Shyness and Social Withdrawal.* New York: Guilford Press, 2010.

14. Lisa Allison Efron. 'Linkages Between Parents' Childhood Relationships with Their Parents and Peers, Parents' Relationships with Their Children, and Children's Peer Relationships.' *Dissertation Abstracts International* 56 (1998): p. 3504.

15. Ross D. Parke et al. 'Familial Contribution to Peer Competence Among Young Children: The Role of Interactive and Affective Processes.' *In Family-Peer Relationships: Modes of Linkage.* Hillsdale, NJ: Lawrence Erlbaum Associates, 1992, p. 107-134.

16. Lisa Serbin en Jennifer Karp. 'Intergenerational Studies of Parenting and the Transfer of Risk from Parent to Child.' *Current Directions in Psychological Science* 12, nr. 4 (2003): p. 138-142.

17. Avshalom Caspi et al. 'Maternal Expressed Emotion Predicts Children's Antisocial Behavior Problems: Using Monozygotic-Twin Differences to Identify Environmental Effects on Behavioral Development.' *Developmental Psychology* 40, nr. 2 (2004): p. 149; Ana B. Magaña et al. 'A Brief Method for Assessing Expressed Emotion in Relatives of Psychiatric Patients.' *Psychiatry Research* 17, nr. 3 (1986): p. 203-212.

18. Tara S. Peris en Stephen P. Hinshaw. 'Family Dynamics and Preadolescent Girls with ADHD: The Relationship Between Expressed Emotion, ADHD Symptomatology, and Comorbid Disruptive Behavior.' *Journal of Child Psychology and Psychiatry* 44, nr. 8 (2003): p. 1177-1190.

19. Carolyn Zahn-Waxler, Susanne Denham, Ronald J. Iannotti en E. Mark Cummings. 'Peer Relations in Children with a Depressed Caregiver.' *Family-Peer Relationships: Modes of Linkage*: p. 317-344; Geraldine Downey en James C. Coyne. 'Children of Depressed Parents: An Integrative Review.' *Psychological Bulletin* 108, nr. 1 (1990): p. 50.

20. Tiffany Field. 'Touch for Socioemotional and Physical Well-being: A Review.' *Developmental Review* 30, nr. 4 (2010): p. 367-383; Miguel A. Diego et al. 'Facial Expressions and EEG in Infants of Intrusive and Withdrawn Mothers with Depressive Symptoms.' *Depression and Anxiety* 15, nr. 1 (2002): p. 10-17.

21. Robert M. Hodapp, Eugene C. Goldfield en Chris J. Boyatzis. 'The Use and Effectiveness of Maternal Scaffolding in Mother-Infant Games.' *Child Development* 55, nr. 3 (1984): p. 772-781.

22. Adi Granat, Reuma Gadassi, Eva Gilboa-Schechtman en Ruth Feldman. 'Maternal Depression and Anxiety, Social Synchrony, and Infant Regulation of Negative and Positive Emotions.' *Emotion* (2016), doi:10.1037/emo0000.0204 (geraadpleegd 14 december 2016).

23. Benjamin L. Hankin et al. 'Development of Depression from Preadolescence to Young Adulthood: Emerging Gender Differences in a 10-Year Longitudinal Study.' *Journal of Abnormal Psychology* 107, nr. 1 (1998): p. 128.

24. Mary D. Salter Ainsworth, Mary C. Blehar, Everett Waters en Sally Wall. *Patterns of Attachment: A Psychological Study of the Strange Situation*. Oxford, GB: Lawrence Erlbaum Associates. 1978. Opnieuw uitgegeven door Psychology Press, 2015.

25. J. Elicker, Michelle England en L. Alan Sroufe. 'Predicting Peer Competence and Peer Relationships in Childhood from Early Parent-Child Relationships.' *Family-Peer Relationships: Modes of Linkage*: p. 77-106.

26. Geert-Jan J. M. Stams, Femmie Juffer en Marinus H. van IJzendoorn. 'Maternal Sensitivity, Infant Attachment, and Temperament in Early Childhood Predict Adjustment in Middle Childhood: The Case of Adopted Children and Their Biologically Unrelated Parents.' *Developmental Psychology* 38, nr. 5 (2002): p. 806.

27. Kevin MacDonald en Ross D. Parke. 'Bridging the Gap: Parent-Child Play Interaction and Peer Interactive Competence.' *Child Development* 55, nr. 4 (1984): p. 1265-1277; Eric W. Lindsey, Jacquelyn Mize en

Gregory S. Pettit. 'Mutuality in Parent-Child Play: Consequences for Children's Peer Competence.' *Journal of Social and Personal Relationships* 14, nr. 4 (1997): p. 523-538.

28. Kenneth H. Rubin et al. 'Intrapersonal and Maternal Correlates of Aggression, Conflict, and Externalizing Problems in Toddlers.' *Child Development* 69, nr. 6 (1998): p. 1614-1629.

29. Eric W. Lindsey, Penny R. Cremeens en Yvonne M. Caldera. 'Mother-Child and Father-Child Mutuality in Two Contexts: Consequences for Young Children's Peer Relationships.' *Infant and Child Development* 19, nr. 2 (2010): p. 142-160; Gary W. Ladd en Gregory S. Pettit. 'Parenting and the Development of Children's Peer Relationships.' *Handbook of Parenting Volume 5: Practical Issues in Parenting* (2002): p. 268.

30. Regina A. Finnegan, Ernest V. E. Hodges en David G. Perry. 'Victimization by Peers: Associations with Children's Reports of Mother-Child Interaction.' *Journal of Personality and Social Psychology* 75, nr. 4 (1998): p. 1076.

31. Ladd en Pettit. 'Parenting and the Development of Children's Peer Relationships': p. 268.

32. Ibid.; Gary W. Ladd en Craig H. Hart. 'Creating Informal Play Opportunities: Are Parents' and Preschoolers' Initiations Related to Children's Competence with Peers?' *Developmental Psychology* 28, nr. 6 (1992): p. 1179; Navaz P. Bhavnagri en Ross D. Parke. 'Parents as Direct Facilitators of Children's Peer Relationships: Effects of Age of Child and Sex of Parent.' *Journal of Social and Personal Relationships* 8, nr. 3 (1991): p. 423-440.

33. Bhavnagri en Parke. 'Parents as Direct Facilitators of Children's Peer Relationships.' *Journal of Social and Personal Relationships* 8, nr. 3 (1991): p. 423-440.

34. Gary W. Ladd en Beckie S. Golter. 'Parents' Management of Preschooler's Peer Relations: Is It Related to Children's Social Competence?' *Developmental Psychology* 24, nr. 1 (1988): p. 109.

35. Susan P. Lollis, Hildy S. Ross en Ellen Tate. 'Parents' Regulation of Children's Peer Interactions: Direct Influences.' *Family-Peer Relationships: Modes of Linkage*: p. 255-281.

36. Martha Putallaz. 'Maternal Behavior and Children's Sociometric Status.' *Child Development* 58, nr. 2 (1987): p. 324-340.

37. Robert D. Laird et al. 'Mother-Child Conversations About Peers: Contributions to Competence.' *Family Relations: An Interdisciplinary Journal of Applied Family Studies* 43, nr. 4 (1994): p. 425-432.

38. Ibid.; Jacquelyn Mize en Gregory S. Pettit. 'Mothers' Social Coaching, Mother-Child Relationship Style, and Children's Peer Competence: Is the Medium the Message?' *Child Development* 68, nr. 2 (1997): p. 312-323.

39. Eric M. Vernberg, Susan H. Beery, Keith K. Ewell en David A. Absender. 'Parents' Use of Friendship Facilitation Strategies and the Formation of Friendships in Early Adolescence: A Prospective Study.' *Journal of Family Psychology* 7, nr. 3 (1993): p. 356.

40. James Brooke. 'Terror in Littleton: The Overview; 2 Students in Colorado Said to Gun Down as Many as 23 and Kill Themselves in a Siege.' *New York Times*, 21 april 1999; CNN Library, Columbine High School Shootings Fast Facts, 26 mei 2016, http://www.cnn.com/2013/09/18/us/columbine-high-school-shootings-fast-facts/.

41. H.R. 4776 – To Amend the Safe and Drug-Free Schools and Communities Act to Include Bullying and Harassment Prevention Programs. U.S. Congress, https://www.congress.gov/bill/108th-congress/house-bill/4776.

42. Victoria Stuart-Cassel, Ariana Bell en J. Fred Springer. 'Analysis of State Bullying Laws and Policies.' Office of Planning, Evaluation and Policy Development, U.S. Department of Education (2011); Policies and laws, https://www.stopbullying.gov/laws/.

43. Mark L. Hatzenbuehler et al. 'Associations Between Antibullying Policies and Bullying in 25 States.' *JAMA Pediatrics* 169, nr. 10 (2015): e152411.

44. Maria M. Ttofi en David P. Farrington. 'Effectiveness of School-Based Programs to Reduce Bullying: A Systematic and Meta-analytic Review.' *Journal of Experimental Criminology* 7, nr. 1 (2011): p. 27-56; Christina Salmivalli, Antti Kärnä en Elisa Poskiparta. 'Counteracting Bullying in Finland: The KiVa Program and Its Effects on Different Forms of Being Bullied.' *International Journal of Behavioral Development* 35, nr. 5 (2011): p. 405-411.

45. Lyn Y. Abramson, Martin E. Seligman en John D. Teasdale. 'Learned Helplessness in Humans: Critique and Reformulation.' *Journal of Abnormal Psychology* 87, nr. 1 (1978): p. 49; Lyn Y. Abramson, Gerald I. Metalsky en Lauren B. Alloy. 'Hopelessness Depression: A Theory-Based Subtype of Depression.' *Psychological Review* 96, nr. 2 (1989): p. 358; Benjamin L. Hankin en Lyn Y. Abramson. 'Development of Gender Differences in Depression: An Elaborated Cognitive Vulnerability-Transactional Stress Theory.' *Psychological Bulletin* 127, nr. 6 (2001): p. 773.

46. Sandra Graham en Jaana Juvonen. 'Self-Blame and Peer Victimizati-

on in Middle School: An Attributional Analysis.' *Developmental Psychology* 34, nr. 3 (1998): p. 587.

47. Judy Garber en Cynthia Flynn. 'Predictors of Depressive Cognitions in Young Adolescents.' *Cognitive Therapy and Research* 25, nr. 4 (2001): p. 353-376.

48. Aaron T. Beck (red.). *Cognitive Therapy of Depression*. New York: Guilford Press, 1979; Judith S. Beck. *Cognitive Behavior Therapy: Basics and Beyond*. New York: Guilford Press, 2011.

49. Kenneth A. Dodge et al. 'Reactive and Proactive Aggression in School Children and Psychiatrically Impaired Chronically Assaultive Youth.' *Journal of Abnormal Psychology* 106, nr. 1 (1997): p. 37.

50. David Schwartz, Kenneth A. Dodge, Gregory S. Pettit en John E. Bates. 'The Early Socialization of Aggressive Victims of Bullying.' *Child Development* 68, nr. 4 (1997): p. 665-675; D. Schwartz, L. J. Proctor en D. H. Chien. 'The Aggressive Victim of Bullying. *Peer Harassment in School: The Plight of the Vulnerable and Victimized*. New York: Guilford Press, 2001: p. 147-174.

51. Roberto Suro. 'Texas Mother Gets 15 Years in Murder Plot.' *New York Times*, 5 september 1991.

52. *Cars*. Geregisseerd door John Lasseter en Joe Ranft. Los Angeles: Buena Vista Pictures, 2006.

9. De grootste kans op succes

1. Penn Medicine. '"Father of Cognitive Behavior" Aaron T. Beck Receives First Ever Kennedy Community Mental Health Award.' http:// www.uphs.upenn.edu/news/News_Releases/2013/10/beck (geraadpleegd 23 oktober 2013).

2. Jeffrey E. Young, Janet S. Klosko en Marjorie E. Weishaar. *Schema Therapy: A Practitioner's Guide*. New York: Guilford Press, 2003; Jeffrey E. Young en Janet S. Klosko. *Reinventing Your Life: The Breakthrough Program to End Negative Behavior... and Feel Great Again*. New York: Plume, 1994.

3. Jeffrey E. Young. *Cognitive Therapy for Personality Disorders: A Schema-Focused Approach*. Sarasota, FL: Professional Resource Press/Professional Resource Exchange, 1990; Norman B. Schmidt, Thomas E. Joiner jr., Jeffrey E. Young en Michael J. Telch. 'The Schema Questionnaire: Investigation of Psychometric Properties and the Hierarchical Structure of a Measure of Maladaptive Schemas.' *Cognitive Therapy and Research* 19, nr. 3 (1995): p. 295-321.

4. Allen, Schad, Oudekerk en Chango. 'Whatever Happened to the "Cool" Kids?' 1866-80; Sheldon, Ryan, Deci en Kasser. 'The Independent Effects of Goal Contents and Motives on Well-being': p. 475-486.